外国人の子どもの教育

就学の現状と教育を受ける権利

宮島 喬――［著］

東京大学出版会

EDUCATING FOREIGN CHILDREN IN JAPAN
Their School Enrollment and the Right to Receive an Education
Takashi MIYAJIMA
University of Tokyo Press, 2014
ISBN 978-4-13-053021-7

はしがき

外国人の子ども、あるいは外国につながる子どもへの教育とは、その課題とは何か——これは過去二〇年来、考えてきたことである。そこで、筆者なりのリサーチと考察の跡をたどり、まとめてみたいと考え、十数年前に発表した論文にまで立ち戻り、始点として、一書をつくることとした。

ニューカマー外国人の子どもたちを捉える共通の困難は、日本語を全く、またはほとんど使えず、日本の学校文化へのなじみもなく、教育の場に参加しなければならなかったことである。学校・教員の側もそうした子どもへの対応は初めてで、戸惑いは大きく、文部省→文部科学省の方針も定まらないなか、手探りで指導を始めたのだった。概して学校では、日本語習得が第一、次いで学校生活の規律への順応重視で、子どもたちを学びの場に導こうとしたとの印象が強い。だが、文化背景による差も大きいが、中途離学（ドロップアウト）した子どもも多い。それをどう理解したらよいか。教育学的、言語学的な説明も色々あり、教えられたが、社会学的な眼からは、社会的・文化的差異と経済的格差のある国々からやってくる移民とその第二世代の位置条件から理解すべき点が多いのではないかと思われ、この視点を加えた。その視点からは、子どもは移民過程の受益者ではなく、むしろ犠牲者ではないかとみられるのであり、一方で「子どもの権利」をめぐる議論を参照し、他方で文化資本、社会（関係）資本なども考察のツールとしながら、その理解を試みた。

以上のような考察からの問題提起、提言は、次の三点をめぐるものであろう。一つは、「第二世代」が負いがちな環境的な不利をできるだけ軽減することであり、次には、学校の選択を保障した上で、より徹底した就学への働きかけがなされることであり、さらに児童生徒の個別的状況（特に文化的な）に対応した指導が展開されることである。本書のなかでのこうした議論や提言がはたして適切なものかどうか、それについては読者、教育関係者の判断にゆだねるものである。大方の御叱正を得られればさいわいである。

なお、本書では、各章での考察に加え、「コラム」四つを配している。コラムは、折々の生徒、教員、支援ボランティアとの出会いと対話に触発された試論（エッセイ）であり、体系化も論証もなしえていない「感想」の域を出ないが、問題提起的な意味はあると考え、あえて設けたものである。

二〇一四年九月

宮島　喬

［初出一覧］
1章「外国人の子どもの就学とその挫折――文化資本の変換の成否と動機づけの問題」（宮島喬・加納弘勝編『国際社会2 変容する日本社会と文化』東京大学出版会、二〇〇二年所収、副題を一部変更）
2章「『就学を希望する者のみ』でよいか」（『解放教育』五二七号、解放教育研究所編、二〇一一年所収、大幅に加筆）
5章「外国人の子どもにみる三重の剥奪状態――貧困・家族・教育」（『大原社会問題研究所雑誌』六五七号、二〇一三年所収、原題には副題なし）
7章「日本的『多文化共生』を超えて――日本の現在・ヨーロッパとの比較も視野に」（『学術の動向』一四巻一二号、二〇〇九年所収、原題「『多文化共生』の問題と課題――日本と西欧を視野に」。なお大幅な加筆、構成の一部組み換え、直近のデータへの置き換えを行っている）

外国人の子どもの教育／目　次

序章　外国人の子どもへの教育の保障とは

いま外国人の子どもたちは……

文化的・社会的背景を異にする移民・外国人の子どもたちに、いかにして適切な教育を保障するか。

およそ四半世紀来、日本に住み、働き、または学び、生活する外国人は増加しつづけ、ピーク年（二〇〇八年）の在留統計で、その数は二二一万人に達した。若干減少をみて、今日では中長期滞在者は二〇〇万人強だが、ここに現れない数十万人の外国人、さらに国籍上もはや外国人ではない帰化者や、国際結婚から生まれた子どもを加えると、大ざっぱな足し算で外国にルーツをもつ者は三〇〇万人近くとみている。総人口の二・五％にあたる数字である。

身近に感じられるデータでは、二〇〇五年一年間に日本で届けられた夫、妻のいずれか一方が外国人である結婚（国際結婚）は四万一四八一件で（厚生労働省 2006）、これは婚姻総数の五・八％となり、誕生した夫婦の一七組に一組が「国際夫婦」となる。ただし、これは法律婚の数であり、統計には載らない非法律婚カップルも多い。そこから生まれる外国籍、日本国籍の子どもたちがたぶん今、学齢に達しようとしている。

だから、以下本書で「外国人の子ども」というとき、国籍が重要である場合を除き、今日のはやりの言葉でいう「外国につながる子ども」を含むことを断っておきたい。インタビューデータなどを使う際も、正確な国籍チェックはできず、同様となっていることが多い。欧米の研究では、国籍に言及しない「移民第二世代」という言葉がよく使われるが、そろそろ日本でもこうしたタームが使われてよい。

そして次のことにも注目したい。滞日外国人のうち、歴史を映す特別永住者のほかに、一般永住者がいちじるしく増え、今後定住していく可能性の大きな在留諸資格（定住者、日本人の配偶者等）の保有者を合計すると、実に三分の二がこれによって占められる。外国人の子どもの多くも当然この定住化のなかで、就学と進路を考えなければならなくなっている。

1　文化的背景を異にする子どもを受け入れる

文化的・社会的背景を異にする移民・外国人の子どもたちへの適切な教育の保障、この課題はなにもここ二〇年来のことではなく、戦前来、朝鮮、中国等からの移住者、定住者があって、同じ課題がありつづけたはずである。それが潜在的にとどまっていたのは、違いを違いとして認識するのをさまたげるイデオロギー（戦前は皇民化イデオロギー、戦後は単一民族論）と、同化を当然視する人々の意識が支配したからであろう。筆者らが小、中学生だった戦後期、クラスの同級生たちはほとんど日本名を使っていて、マルチ・エスニックな現実に気づかずに学校生活を送ることがありえた。横浜という筆者の育った土地柄、「青い眼」の子どもたちも見かけたが、彼らが公立学校に編入してくる例はなかったようだ。当時は、日本語の分からない外国人の子どもはインターナショナル・スクールへ、という振り分けは自明視されていたようで、二つの学校体系は別世界だった。

それが、一九九〇年の改正入管法が施行されて数年のうちに起こったことは違っていた。日本のいくつかの地方の公立小中学校に、日本語をほとんど使えない外国人の子どもたちが、しばしば一〇—二〇人とまとまって編入してきた。それから二—三年の間には、それらの学校には、事実として文化混成的な変化が起こる。増加するブラジル、ペルーなどの出身の子どもを受け入れるのに、公立学校しかなく、戸惑いながらも多文化化への対応を避けるべきではないとする教員、学校長、地方自治体などの態度変化があり、それに協力するボランティアやNGOの行動があった。それは、「日本語の分からない子どもはお断り」的な以前の姿勢を乗り越えるという意味で、一つの意識改革だったといってよい。

外国につながる子どもへの教育の保障とはいったい何だろうか。ヨーロッパ諸国では、外国人・移民の第二世代への教育を、統合政策の一環と位置づける考え方がある。当然とみる向きもあれば、批判的にみる見方もある。たとえばフランスは統合政策のなかに教育を位置付け、フランス語と共和制の諸価値を伝達することに重きを置き、多文化の理念は掲げない。形式上日本と共通点があるが、はたしてそれでよいのか。教育とは——主に初等教育を念頭に置くとき——国家が責任をもつべき、そして社会の存立と発展にかかわる営為だとされるとしても、つねに個人およびそのコミュニティのアイデンティティ、文化の伝達にもかかわり、さらには個としての親および本人の自己実現要求を妨げないものでなければならない。学ぶ文化として何が重要で、それをどのように生かすかを国家が決めうる、という考え方は一面的である。とすると、社会保障、医療、住宅などの政策と異なり、教育はほんらい多少とも多文化的であることが求められる営為ではなかろうか。これは本書の観点でもある。その点で、九〇年代以降の日本の教育に投げかけられてきた課題は重要であり、学校も教員も貴重な経験をもってきたと思う。

右に「適切な教育の保障」といったが、これには、置く力点の異なるいま一つの意味がある。社会的な平等あるいは公正（equity）という観念に裏打ちされた、J・ロールズ流の言い方では、「最も恵まれていない人々の長期的な期待を向上させるように、教育資源の割り当てを行う」という「格差原理」(difference principle)（ロールズ 1979: 178）にもとづく対応がそれである。じっさい、ニューカマー外国人とその家族が日本の生活に参入してきたとき、言語的資源のハンディキャップは決定的なものがあった。社会制度や教育制度の違いもひじょうに大きかったから、日本人の親子と同じスタートラインに立たせることはできない。では、「格差原理」に立っての支援や特別措置はとられていったか。この点は特に筆者の関心の中心にあったが、後に述べるような日本の教育者のもつ平等主義的な能力観や、特別措置＝「不公平」「えこひいき」とみなす意識も手伝い、限られたものにとどまっている。

時間的にさらに遡るが、最初のテストケースともいうべき一九八〇年からのインドシナ難民の受け入れの際、最大級の支援と特別措置がとられるべきであったが、定住促進センター（大和市、姫路市）では、三カ月（のち四カ月に）の日本語教育と一カ月の社会適応指導で、「教育」を終わっている。あまりにも短い。その十数年後、筆者らはその二世の子どもたちにインタビューの機会をもち、親の日本語が十分でないことをこもごもに訴える多くの声を聞いた。子どもたちにも言語、学習上の困難がみられ、それはかなり文化的再生産として説明できると感じた。

ただし、地方からの取り組みの努力は無視できない。一九九〇年四月全国に先がけ、ペルー等外国人児童を編入してきた神奈川県愛川町の二つの学校に「日本語指導学級」が開かれ、同一〇月に、ブラジル人の子どもの転入の進む群馬県大泉町で「日本語学級」が設置され、ポルトガル語を使う助手が各学校に配置されていく。特設教室による「取り出し」授業、および母語を使える指導協力者による授業の補助という、かつてない指導方式のモデルが形をとってくる。こうした地方の新たな教育潮流は、やや遅れて文部省の新しい施策化をも促し、一九九一年には、第一回の「日本語教育が必要な児童・生徒の調査」が実施され、翌九二年からは一定の基準の下に国際教室の設置と教員加配が全国的に実施されていく。

これを承けて、実際の指導の態勢をつくっていくのは地方の教育委員会と学校である。学ぼうとする子どもの多文化化になんとか対応しようとする真摯さは疑うべくもなかったが、いくつかの問題点ないし曖昧な未決のポイントがついて回っていた。

2　教育を進めるうえでの三つの課題

筆者は別の機会に、外国人の子どもへの教育の保障のためには三つの基本課題があると書いたことがある。（1）まず、子どもたちがホスト社会の中に生きていく以上、ホスト国言語の能力および必要な基礎学力を身に付けさせなければならないこと、（2）当人のアイデンティティや家族とのつながりのため、また潜在的言語資本として認識や思考を支えるため母語・母文化の教育の保持、発達をうながす必要があること、（3）そして、当人の言語や文化を、ホスト国の社会および成員が貶価したり、スティグマ化しない、文化尊重、文化理解の環境がつくられること、がそれである（宮島 2011a: 21–24）。

しかし、ニューカマー外国人子弟の学校への登場時には、学校、地方自治体、政府（文部省→文部科学省）の対応は、いずれの課題についてもほとんど準備されていなかった。現在でもなお、対応がなされず、現場の教員やボランティア指導者の努力にゆだねられているものもある。

まずホスト国言語の日本語を身に付けさせることについては、日本語教育というものが学校教育の中に不在で、教科もなければ、資格をもつ教員もいなかった。その状況もまだ基本的には変わっていない。文部省は『にほんごをまなぼう』『にほんごをまなぼう2』などの編纂を進め、JSL（「第二言語としての日本語」）教育プログラムの開発に乗り出したが、専門的に教えられる教員は少なかった。その一方、国語の授業を経験したニューカマーの子どもたちは、そこで学ばなければならない日本語の世界が、彼らの理解をはるかに超える歴史文化語や鑑賞の課題を含んでいるのに驚き、当惑する（宮島 1999: 148)。二〇一三年一二月、ようやく文部科学省は、「日本語」を「特別の教育課程」と位置づけた。これから授業を組んでいくことになるが、指導する人の養成は課題として残っている。

　在日コリアンは日本の学校における民族の言語・文化の教育を求めてきたが、文部省は拒否の立場をとり、わずかに大阪市で公立小学校での民族学級が認められてきたにすぎない。九〇年代以降の新たな状況は、多文化主義を掲げる国々での母語教育や、アメリカのバイリンガル教育の実践などが紹介され、日本の学校のユニリンガリズムへの批判、「母語・母文化尊重の日本語教育」の主張なども展開されるようになったことである（太田 2000b: 183–187)。ただ、母語教育の導入の条件は日本では依然としてつくられていない。このことへの応答が、朝鮮系、中国系、ブラジル系などの外国人学校（民族学校）の存在ではないだろうか。日本語の分からない児童生徒の初期の適応指導に母語が使われないわけではないが、これは母語指導ではない。筆者らの行った調査「外国人児童生徒の就学に関する意見調査」[1]に寄せられた自由回答にも「子どもたちの母語を伸ばす取組みを行った方が良い。どちらの言語もあいまいなまま成長する子どもが多い。家庭でも言語の教育はあまり重視されておらず、教科（国語・算数）にかたよりがち」（一教諭）という声があり、類似の意見は他にもあった。それにつけても、外国人または外国出身の教員の極端に少ない日本で、責任ある持続的な指導ができるのかという問題がある。

　外国人の言語や文化を異質視し、ネガティヴに反応する日本人の子どもや背後社会についてはどうか。単純な判断は下せないが、今なお、「子どもの教育に関する悩み」を尋ねると、子どもをもつ外国人の親の四分の一から三分の一程度が「学校でのいじめ、差別」を挙げる（静岡県県民部多文化共生室 2010: 63など）。いじめや差別には客観的に確認しがたい主観的要素もあるが、それでもこれだけの訴えが常時あることは、それらの事実が存在することを推定させる。外国人多住地域では、教師や学校の注意や働きかけがあり、共生への教育は行われているようだが、外国につながる児童、生徒が数名と、孤立して学んでいる学校ではいじめは直接的であるようだ。

二〇一〇年、群馬県K市で起こった一児童の自殺は、授業参観にきたその母親がフィリピン人であることが知られ、以後言葉の暴力が始まったことが原因だったとみられる（この事件をその後、一般のいじめのケースのように扱うことにした学校、教委の態度は、それなりの理由はあるにせよ、問題を曖昧にし去るものではなかったか）。日本の子どもへの国際理解教育は不十分であり、欧米諸国で実践されている反差別のメッセージを明らかにした「市民性」教育などが必要であろう。

3　平等および差異化へ――就学案内の送付、国際教室の設置

一九九一年以降導入されていった二つの施策は、たしかに外国人の子どもの教育を前進させたものとみることができる。一つは、外国人登録にもとづく就学年齢の子どもへの就学案内の発給であり、他は、外国人多在籍公立学校への「国際教室」の設置である。その意義や問題点について詳しくは1章以降で触れるが、次の二点にわたる意義を確認しておかなければならない。

ひとつは、初等教育をこれを日本国民の育成の場として位置付け、「外国人に強制的に受けさせるのではない」としてきたものが（就学事務研究会 1993）、その外国人にも一斉に案内を送ることとしたからである。この政策転換の直接のきっかけは、一九九一年の日韓の三世問題協議の際に成立した覚書（韓国側の要求に同意したもの）であり、文部省はこの機会に就学案内発給を一挙にあらゆる国籍の外国人対象に広げたもので、一九七九年の批准の国際人権規約の「初等教育は義務的なものにし……」（一三条二（a））に、ようやく一歩近づけることとしたものとみることができる。ただし、就学の「案内」とは、保護者の自由を容れる働きかけであり、就学を希望しない自由も認めるものである。したがって、「就学を希望する者のみでよいのか」という問題は残る。

第二に、「国際教室」の設置とその担当教員の配置は、全国的に行われた大規模なもので、教育の方法と内容（カリキュラム）にもかかわる革新だったといえる。それは、日本語指導が必要な外国人児童・生徒が一〇名以上在籍することを基準に、公立学校に、同教室の設置と担当教員の定数配置を行うとするものである。その教室では、指導の形式も異なる。教科書に従い、学習指導要領に準拠して行われる原学級の授業とちがい、また学年制もとらず、日本語指導を必要とする児童・生徒一人一人のニーズに応じたメニューをつくり、指導するのである。

従来、日本の教育、とくに公教育においては、二重の「平等主義」が支配的だった。すなわち本来的な（生まれながらの）人々の能力の差を認めないとする平等観、したがって教育という作用と個々人の努力とによって学力差を克服することは可能であり、特別措置は必要ないとする、努力主義ともいうべ

表1　愛知県T市における外国人児童生徒の指導者の体制　(人)

	2006年	2007年	2008年	2009年	2010年
外国人児童生徒数	916	1,147	1,292	1,216	1,122
日本語教室（国際教室）担当教員	30	42	55	55	56
外国人児童生徒教育相談員	13	17	17	17	17
スクール・アシスタント	6	8	8	8	7
登録バイリンガル（時間）		1,674	1,500	1,200	1,200

注：外国人児童生徒教育相談員は，外国人児童生徒の多様な課題に対応する．
　スクール・アシスタントは，保護者との連絡，連絡文書の翻訳，国際学級での補助にあたる．
　登録バイリンガルは，中国，フィリピン等の児童生徒の初期適応指導にあたる．

き平等観がそれである（宮島 1999: 94）。志水宏吉が批判しつつ指摘した、文化的背景を異にし、ハンディキャップをもつにもかかわらず、外国人だからとして特別扱いすることを許さない、子どもにも強い、「えこひいきをきらう」という態度である（志水 2002: 77）。

国際教室とそこでの特別授業（取り出し授業）は、こうした平等主義への事実上一つの挑戦だった。さらに自治体によっては、国際教室内に限られず、授業で外国人の子どもたちの理解や活動を援ける、母語の使える指導協力者も導入されている。国の補助はなく、いわば自治体で独自に予算措置をし、これらの指導スタッフを雇用するのである。たとえば、愛知県T市では、市立小・中学校で学ぶ外国人児童生徒が急速に増えるなか、市独自で雇用する教育相談員、スクールアシスタント、登録バイリンガルを表1のように増やしていった。教育相談員の半数以上、スクールアシスタントの多くは、ブラジル出身であり、母語での指導も可能な人々である。

さらにソフトな配慮としては、ニューカマー外国人の子弟が増えた各地の学校では、成績評価の方式に配慮し、外国人子弟には相対評価は適用せず、文章による到達度評価（「前学期に比べ向上しました」などの記述）が行われたりする。

外国人の子どもたちの属性上の不利(2)をカバーするための特別措置、あるいはポジティヴアクションはここまで行われることになった。国と自治体の予算措置が人的資源の配置・投入、指導上の配慮とケアの諸点で行われたことは、かつての同和対策事業のなかの同和教育に充てられた資源にくらべても、小さなものではないだろう。

4　文化資本・社会資本における不利とその作用

にもかかわらず、ニューカマーの外国人の子どもたちの学校教育への参加は容易ではなく、いわゆる学校的成功（school success）を手に入れられる子どもは少ない。特別な言語支援や授業の理解を援けるための指導協力者の配置などの措置がとられても、なお、多くの児童または生徒は、学習困難のなかにあり、成績の相対評価が適用されれば、下位に位置づけられる者が多いのは現実である。このことをどう理解し、問題の所在をとらえるか。筆者は「教育マイノリティ」という概念を提出し、「本人の本源的な能力、知能の問題ではなく、異なる文化環境の下に言語的・知的形成を遂げてきたがために、今・ここに与えられている別種の文化的要求に応えることが困難な者」を指すとし、「文化資本の適合の犠牲となっている者」とも述べた（宮島 2003: 134–135）。そこで、この不利、不適合を推定し捉えるためのツールも必要となってくる。日本語という壁をはじめとするさまざまな要因を列挙していくのも一つの行き方だが、筆者が第1章などでとっているアプローチは、文化資本あるいは資源（ハビトゥス、使用可能な母語、家族の支援、社会関係やモデル、等々）を適切に利用していくことができるか否か、に目を向けての要因解明である。文化的再生産仮説の適用といってもよい。

第1章で触れたが、インドシナ系やブラジル系とその第二世代にとっては、非漢字文化圏出身という言語資本の不利はそれ自体が大きい。言語にくわえて、暗黙知領域も含む制度的知識でも、親たちは断絶を経験している。親が自らの就学経験やノウハウを子どもに有意味なかたちで伝達しうる「界」(champ) の外に、子どもたちは置かれた。学校制度がひじょうに異なるため、親は子どもにほとんどアドバイスができない、親は高学歴なのに、来日後、日本語が十分習得できないため、子どもと意思疎通が困難になり、学習のアドバイスも支援もできない、といった状況もある。

子どもの学ぶことへの動機づけにかかわる要因に何があるか。その一つに広義の社会資本、つまり自分がその中で生きている関係における友人、知己、先輩のなかにモデルが見いだせるかどうか、がある。日本滞在の長い、言語、教育レベルでも統合されている在日コリアンや中国系に比べ、インドシナ系、南米系、フィリピン系ではまだ進学や職業的進出のモデルは少ない。ベトナム難民のなかで早い時期に注目を浴びた、高校卒、医学部進学→医師試験合格というコースをたどった一女性は、もともと華僑として教育を受け、漢字理解に問題がなく、きょうだいに日本留学者がいるという、平均的ではない有利な条件にあった(3)。ブラジル人では近年、大学に進学する者が散見されるようになり、就職者のモデルも現れているという指摘もあるが、全般には少ない。くわえて、外国につながる生徒や学生の学歴達成や職業的地位獲得を困難にする、日本的な評価や選別のメカニズムがあるとすれば、問題である。

家族もまた、事実上一個の文化資本とみることができる。今日教育社会学で言及される「ペアレントクラシー」（Brown 1990）[4]などの視点に立つのではなく、一定の統合性をもった家族のなかに定位してこそ、子どもは物的、精神的支援を得、学習への動機づけをもつことができるという古典的見方からの議論である。この点からみるとき、家族関係の破たんや不安定に悩んでいる外国人の子どもは少なくない。前述のアンケート調査「外国人児童生徒の就学に関する意見調査」では、「親の離婚や継父との関係で悩んでいる子どもがいる」ことで「心配した」と答えた指導者は五六・六％に達した（坂本ほか 2014）。国際結婚夫婦の離婚率が日本の夫婦の平均をはるかに超えていること（一八一頁をみられたい）も、家族資本の弱さを表わしている。離婚や別居により母子世帯化した外国人母子は、生きること自体において支援を必要とし、危機が克服されるまでの間、子どもはしばしば不登校状態に置かれる。失業など経済的困難も家族生活に危機をもたらし、子どもの就学に影響をおよぼす。授業料を負担できないからと就学をストップさせるケースは、特に外国人学校（特にブラジル人学校）に子どもを送っていた家族に多く見られ、そうした子どもたちは不就学になりやすい。

文化資本、社会資本の不利に対して、欧米では移民ないしマイノリティ統合政策がいろいろと試みられてきている。日本では、経済的困難家庭を援ける就学援助制度（学校教育法二五条など）はあるが、自助によるエンパワーメントと、一部の教師のそれこそ献身的な指導にゆだねられる面が大きい。自助努力の限界を認識した上での、特別支援措置が制度化されるべきだろう。たとえば就学前言語指導のためのプレスクールの強化、地域学習室など学習支援ネットワークへの公的補助、高校進学の特別ガイダンスと特別入試、そして家族支援の仕組みづくり、などがそれである。4章では、特に進学の支援という課題に触れている。

5 教育を受ける権利は保障されているか

ニューカマー外国人の子どもは当然のごとく日本の学校に迎えられているだろうか。就学案内が保護者に送られるなど、就学の確かな道筋は付けられているようにみえるが、必ずしもそうではない。義務教育にあたる初等教育では、該当年齢の外国人で日本の公私立の学校に通っている者は六割前後であり、残りの四割についてはその実態がよく分かっていない。全日制の外国人学校、民族学校、インターナショナルスクールに通学している子どももがいる。だが、それを差し引いても、不就学と思われる子どもたちが相当数いると推測される（2章で触れている）。外国人には就学義務を適用しない、という日本政府のとってきた立場が、不就学を生じる背景の一つをなすことは否定できない。

実際、外国人の子どもの就学を確かなものとするための働きかけである就学状況調査や個別フォローアップ（追跡調査）も、一般にはなされていない。そして考えなければならないのは、外国人といっても、いまやその多くが長期滞在または永住資格をもつ存在となっていることである。前記のように定住、永住が進んでいる状況では、日本人－外国人を二分する理由はうすれてきており、後者の不就学はいずれは、「『人間の安全保障』を脅かす深刻な事態」(太田 2005: 72)になろうという指摘もなされている。国際人権規約(日本は一九七九年批准)、子どもの権利条約(九四年批准)がいずれも、初等教育の義務化を求めていて、欧米諸国の多くが、外国人も将来の市民(社会成員)となる可能性に重きを置き、国籍のいかんにかかわらず一定年齢の子どもには就学義務を適用しているのも、それゆえである。

だからといって就学義務化へ進むべきか、これには反対論もある。それぞれの文化背景の下にある親たちの教育の権利、つまり子どものために親が最善と思う学校を選ぶ権利を侵すのではないか、また、外国人学校や民族学校の独自の理念や目的による教育を阻害するのではないか、と。とすると、個人の教育の選択や民族の教育の権利の尊重との両立が必要で、そうであってこそはじめて、教育を受ける権利も国籍の別なく保障できるのではなかろうか。現状では、外国人に就学義務がないことを理由に、該当年齢児の就学の確認、追跡調査が行われなかったり、学校への受け入れにあたり、就学態度についての条件をつけ、条件に反する行動があれば退学を勧告するといった状況がある。前記の「就学に関する意見調査」では、外国人の子どもに教育を受ける権利は実現されているとする意見は五三%、そう思わないという意見が三二%という微妙な数字が示され、回答者の三分の二以上が、外国人に義務教育を適用すべきだという意見を支持している。

その上で、日本の学校教育を開くための配慮、および改革の必要がさまざまにあることを確認したい。それらは2章、3章で扱っている問題であるが、とりあえず二つの問題を先取りして示せば、日本の初等教育が「日本の国民」の育成という理念に導かれていて、その枠づけが教科書使用や学習指導要領の遵守におよんでいること、そして義務教育学校とは、公式の解釈では学校教育法の第一条に定められた日本の学校とされていること、が大きな論点となろう。これについては開かれた議論が必要であり、何らかの解決がないかぎり、外国人の保護者や教育関係者は、教育を受ける権利の保障よりも、拘束の強化を感じることになろう。

なお、第一の論点はもとより、第二の論点も日本人に無関係とはいえないことを付言したい。国際化が進むなかで、帰化や国際結婚によって日本国籍をもつ者の多様化も進行し、外国人学校やインターナショナルスクールで学びたいとする日本人の子どももつねに存在するからである。たとえば横浜山手中華学校に学ぶ児童生徒のマジョリティが「日本人」であること（一一一頁）は、出自の多様化した「日本人」への教育のあり方を問いかけている。

6　進学と進路をもとめて——どんな再生産か

ニューカマー生徒たちの就学状況について確かなデータはないが、日本の中学校に在籍する外国人は一二—一四歳の外国人人口の六六％ほどにすぎないと推定され、その数字は、かれらの将来を案じさせるものである。残り三四％のうちかなりの者が日本の学校以外の何らかの学校に通っているとしても。もしも不就学、中退、不登校などの子どもたちが日本の中に生きていくならば、不安定就労、貧困などと向き合うことは避けられないだろう。現代日本の貧困の特質と分布について岩田正美は、ワーキング

表2　子どもの将来の進路に関する希望

	度数	%
日本で高等教育を受けさせたい	463	32.5
日本で職業訓練を行うような学校に行かせたい	172	12.1
子どもには母国で高等教育を受けさせたい	282	19.8
高等教育より早く働いてほしい	26	1.8
無回答・不詳	483	33.9
合　計	1,426	100

プア、ニート（無業者）と最も結びつきやすい特性は低学歴であり、高卒でさえその恐れはあり、中卒や高校中退では失業やホームレスとの結びつきはより強まるとしている（岩田 2007: 144-155）。外国人の低学歴者には、それとは異なるニッチ的な就労パターンがあるのだろうか。実態は分からないが、おそらく日本人の若者と同様か、外国人だけによりいっそう不利をこうむる恐れがある。

外国人生徒たちも、ある程度これに気付き、現実に向き合い、進路も考え始めている。日本に滞在しつづける可能性の高い者は、自分のキャリアを考えなければならないし、それが考えられなくても、とりあえずは高校までは進み、修了しなければならない、と。その意識を知る適当なデータはないが、外国人の親に質問をすると、南米系が比較的多い静岡県では、今後相当の期間日本に留まると思われる者が三分の二を数えており、子どもに「日本で高等教育〔短大・大学以上〕を受けさせたい」が約三分の一、「日本で職業訓練を行うような学校に行かせたい」が一割強となる。この後者の選択肢は、高校進学、またはその上での専門学校までを意味するのだろう。回答の三分の一が無回答・不詳であるが、日本の中で高校、大学へという将来図をえがく親が相対多数であることは分かる（**表2**）（静岡県県民部多文化共生室 2010:

64)。

親たちの希望は以上のように表明されるが、現実は二重の意味で厳しい。かれらの高校進学率は高まったとはいえ、中学在学者に対する比率は六割程度、高校在学年齢（一五―一七歳）の外国人への外国人高校在籍者の割合は三〇％前後にすぎない。小、中の段階での不就学や中退があり、日本の公私立学校以外の学校に学ぶ者が少なくとも三割におよんでいることが、この数字を説明してくれよう。いずれにせよ日本人の高校進学率の九〇％台後半とは大きな開きがある。いま一つの厳しさは、高校進学がかなう場合でも夜間高校の比率が高いなど、進学先の高校が限られることである。一種のポジティヴアクションといってよい各県での外国人特別入試制度でも、有力校に特別枠が設けられている例は少ない。それゆえ、この特別入試で言語的ハンディキャップがカバーされて、かれ／彼女らの学習意欲をいっそう刺激するような環境（ランクの高い高校）に進むことはむずかしい。

意欲ある生徒たちに期待・希望をあたえるような制度改革ができないものだろうか。

また特別入試において、日本人生徒と内容的に変わらない科目、出題ではなく、生徒たちの二言語的・二文化的な能力を評価できるような選択可能な入試（「多文化入試」と呼びたい）は不可能だろうか。多くの県では、外国語では英語一言語であって、面接でも英語使用を認めるケースはあるが、たとえば中国語、スペイン語、ポルトガル語などを認める例はないようだ（ただし、特別入試で、特定母語による作文を認めている例はある）。入試における母語の選択の導入は、単に彼らにとって有利であるからというだけでなく、外国人生徒に日頃からの母語の保持・学習を励ますという意味もある。

ニューカマー生徒で希望する者はほぼ高校に進学できるようになった、ということが教育関係者から語られる昨今である。しかし高校進学の適格者主義がそれだけ緩められているから、当然、日本語指導や、より広い学習支援を継続的に必要とする生徒が進学してくる。高校の中で日本語・学習の支援の体制はあるのだろうか。それをどうつくっていくのか、これは大きな緊急の課題となっている。

高校だけではなく、さらにその先へと進学を考える者は、当面のサバイバルのためだけではなく、自己実現のために自らの進路を考えなければならない。その際、ロールモデルがいるのかという問題にはすでに触れた。日本人生徒は親などの助言の下に、または進学塾などに通いつつ学力診断を受け、進路を決めていくことがまだ可能だと思われるだけに、真に助言を求めているのは、彼らではないだろうか。

十分なデータはない。しかし高校進学率三〇%という現状、また中学を修了した者への比率では六〇%といわれるニューカマーの進学率は、社会学的モビリティ研究の目からは、懸念すべき事態である。従来、移民研究が暗黙のうちに前提してきたことは、移民の一世たち（*primo arrivants*）に対し、二世たちはホスト国の言語習得と学校教育を経てより高い地位へと移動するものだという想定である。だが、もしもかれ／彼女らが日本社会の中で生きていくと仮定すれば、社会的経済的地位において上昇移動できるかどうかは楽観できない。岩田正美、阿部彩らが確認してきたように、中卒者や高校中退者が高い割合で貧困層を形成していくとすれば（岩田 2007、阿部 2008）、外国人の第二世代の低学歴層がたどる道も同様でないとはいえまい。4章でこの問題を論じる。

7 「子どもの権利」という原点から考える

国籍、民族などを問わずすべての子どもに教育（少なくとも初等教育）を受ける権利を保障しなければならない――これは「世界人権宣言」、「国際人権規約」、「子どもの権利条約」へと、一貫して流れている考え方である。子どもの権利条約は一九八九年に国連総会で採択され、一九九四年に日本も批准していて、同条約は多くの点で、外国人の子どもの教育のあり方を考え、判断する規範を提示している。しかし学校、教育委員会、司法などにおいてどの程度それが認識され、生かされているか。不十分と思われる点がある。

教育を受ける権利についてはすでにだいぶ論じてきたので、他の二、三の問題にここでは触れておきたい。

外国人であるかぎりどの国でもその滞在の合法、不法（正規、非正規）の問題があるが、親の「地位」（status）によって子どもが差別されてはならないとする規定は、子どもの権利条約の基本的な主張の一つをなしている（第2条）。親がオーバーステイになれば、子どもも自動的にそのような扱いになる。その場合、公立学校への就学が認められるのか否かという問題が直接に関係する。就学不可という明文の規定があるわけではないから、現に就学させている例や、親がオーバーステイでも子どもが学校に通い続けている例はある。教育委員会のなかには、就学手続きの際に外国人登録証（現在では在留カード）の提示を求めず、仮に非正規滞在と分かっても国に通報しないことを方針としているところもある。だが、国の方針として親の在留資格の有無にかかわらず居住の事実がある者には就学を認めるということを明示しているだろうか。それゆえの不安から、子どもを就学させていない親たちがいる。

親が非正規滞在におちいった場合、子どもの在留資格を親のそれから切り離し、保護するような措置がとられるべきではなかろうか。また、欧米諸国のように、国籍の別なくすべての一定年齢の子どもに就学義務を課して、親の滞在資格にかかわらないことを明示するのも一つの考え方である。また、不正規滞在家族の正規化の条件の一つに、子どもが就学していることを挙げている国もあって、学校に通う子どもたちの存在が、家族を救ってくれる場合もある。親が不正規・不法ならば、それに何の責任もない子どももその未来を閉ざされる、という事態は避けられなければならない。

子どもの権利条約は、子どもの意見表明権（一二条）、表現・情報の自由（一三条）などを含んでいる。しばしば「管理主義的」といわれる日本の学校では、服装、髪型から校外の店の出入りまで事細かに定めた校則や注意事項がある上、正課では、多人数への一斉授業が主で、子どもへの個別的な指導はあくまで従となっている。中学生になれば、学校評議会に代表者を送り、発言をさせるという国もあるが、そういう機会は日本ではないだろう。

授業の中ででも、学校の運営にかんしてでも生徒が質問し、自分の意見を述べ、教員が真剣に答えるという光景は少ない。ペルー系の一保護者は、次のように述べる。

「自分の子どもも日本の学校に通いました。学校では人権尊重の形は整っているが、中身に問題があると思う。まず、日本の学校は子どもの意見を真剣に聞きません。一個の固有の人格として尊重しているとも思えません。また、『女らしく、男らしく』と言いすぎます」（棚原 2005: 117）。

ジェンダー問題も含めて、生徒を受け身の位置に置いて、決まりを守らせ、学校の秩序を維持していこうとする姿勢、それがまさに問題とされている。

ほかに多く論じるべき点があって、6章で触れることになるが、子どもの権利条約は、まさに原点に立ちもどって日本人、外国人の子どもの教育を考えさせる章典をなしている。

8 「多文化共生」を問う――持続していく課題として

外国につながる子どもたちの今後を占うのに、統合と共生[5]の理念、施策は重要である。現在、地方から国までの施策をみちびくかのごとく使われる「多文化共生」は何を意味し、子どもたちにどうかかわってくるのだろうか。

欧米で移民の受け入れとともに展開されるにいたった多文化主義（multiculturalism）の考え方と実践は知っておきたい。移民として到来した人々が、先進国の都市世界という異郷で、自らの言語、宗教、生活の型、関係の型を容易に変えられず、むしろそれらが自らのアイデンティティを失わずに生を送る上での必要な資源をなすことを認めること、それが出発点にあった。そして英米社会では子どもの教育については親の権利は尊重されるから、地域の中で母語教育やバイリンガル教育が認められていく。これが単に在来コミュニティを再生産させるのではなく、個のアイデンティティの把持にかかわり、また第二世代の第二言語（英語）の習得にも、さらに全体として言語活動、認知発達にもむしろプラスになるという言語学者の主張も、これに論拠を与えた。

だが、多文化主義にはさまざまな批判も寄せられる。そのなかで特に留意すべきだと思われるのは、言語や文化のレベルの施策や改革をもっぱらにし、諸文化の担い手たちがマイノリティとして不平等と剝奪のなかに置かれていることが軽視されがちだという指摘である。たとえばイギリスのアジア系移民やアメリカのラティーノの移民たちはその多くが、不熟練、半熟練労働に就き、低所得層をなしている。とすれば、彼らの文化の承認だけではなく、不平等への取り組み、反差別の諸施策が欠かせないのであり、それがなければ、〝多言語ゲットー〟（二四三頁参照）が放置されるのではないか、とさえ批判された。

多文化主義をめぐるこうした議論に照らして、日本的な多文化共生の理念、施策をみてみるとどうか。「多文化共生」の名の下に、国、地方自治体が推進しているのは日本語教育、多言語表示、通訳などコミュニケーションの改善および、福祉、医療、教育など日本の既存の制度の案内および適用（生活支援）が中心で、外国人を「助け、適応させるべき存在」とみる視点が強くはたらいている。双方向的、相互的な文化の尊重とその保障という観点からすれば、限られた視点からの施策にとどまっている。

「多文化」を語るなら当然に視野に入れるべき、外国人の母語や母文化の尊重やそれを援ける施策も、押し出されてはいない。ただし、現実を動かそうとするささやかな企てはある。母語を失わないように、と、期せずしてある外国人多住市では複数の学校で、最も多くの外国人生徒が希望する母語の教室を開くことにし、国の助成金を獲得しこれに充てている。また、市教委に申請し、講師の交通費程度の補助を獲得することができたという。

それゆえ、こうした「多文化共生」理念に従うだけでは、外国につながる子どもたちの就学、学習の困難の背景にある問題の考察も、どのように学校を、教育を変え、かれ／彼女らの二言語・二文化のポテンシャルを生かすか、という課題を追求することもむずかしいのではないか。これは筆者の率直な感想である。

本書は、文化的・社会的背景を異にする子どもへの適切な教育とは何か、という問いについてこれまで考えてきたことを記したもので、施策や制度の「予想図」を描くなどということとはほど遠い。しかし、問題を考えていく過程で通らなければならないと思うテーマは、以下七つの章で取り上げていて、それらが重要な問題提起を含んでいることは理解してもらえると思う。

（1）同調査は、科学研究費基盤研究Ｂ（平成二二―二四年）の研究代表者（宮島喬）と研究分担者、研究協力者によって二〇一二年五―七月に実施された。対象は、全国の外国人多住自治体の教諭、指導主事、教育支援者計四三二名。有効回答数は二六六件だった。調査報告論文としては、坂本ほか（2014）がある。

（2）属性（ascription）とは、行為者当人の行為、努力によっては容易に変更できないような所与条件を指す。身分、家柄のような古典的なものから、性、エスニシティ、宗教、母語、身体的特徴などまで含む。

（3）ベトナム難民のトラン・ゴク・ランは一九七九年に来日。日本で高校を卒業し、医科大学に進学し、医師となった。その日本での学校教育経験については、トラン・ゴク・ラン（1992）を参照。

（4）イギリスの社会学者P・ブラウンは、現代では子どもの教育達成のためには本人の能力、努力よりも、達成を可能にする親の知識や熱心さが重要になっているとし、これをペアレントクラシーと呼んだ。しかしこれは意図的な、計算された親の行為を指し、子どもにとっての家族の意味、機能を捉えたものではない。

（5）移民・外国人を、彼らに権利を付与しながらホスト社会に受け入れていく政策においては、雇用、社会保障、住宅などについては非差別、平等を重視する点で「統合」と呼んでよいが、差異の尊重とその承認を旨とする言語文化や教育の一部の施策については、「共生」の語がふさわしいと考えられるため、区別した。

1章 外国人の子どもの就学とその挫折

文化資本の変換の成否と動機づけの問題

1 学習困難のいくつかの文脈

「お父さんが日本語をしゃべれて、お母さんがしゃべれない。だからお父さんと話すときには日本語で、お母さんに話すときはお父さんを通して言ってもらう。家の中では主として日本語。お母さんと二人だけになったとき、困ることはある。たとえば、学校のことで話したいのに、お父さんがいない時があるじゃないですか。ジェスチャーでとりあえず言う」（インドシナ系、一七歳）。

「高校には行くつもり。あまり頭のよすぎる〔レベルの高い〕高校には行けないし、だから普通の高校に行きたい。……大学にも行きたいとは思っている。〔将来就きたい職業は〕今だと、モデルをやりたくて。もしそれが無理ならプロのバスケ選手」(南米系、一三歳)。

〝異郷〟日本に生きる外国人児童・生徒の経験世界は、困難にみちている。難民として来日した母は、十数年間日本に住んでいて、なお日本語は片言程度。その子は、親と一緒に暮らしているから当然母語が使えそうなのに、ほとんど話せない。これにはいくつかの不幸な事情が重なっているようなのだが、インドシナ系の元難民の家庭のなかでは全く例外のこととも言えない。

一三歳といえば、中一くらいだが、すでに高校進学の希望を述べ、大学のことも口にしている。ニューカマー生徒としては珍しい。母親は母国で大学を卒業していて、その存在から娘は影響を受けているらしい。だが、進学に自信があるというわけではない。モデルかプロのバスケ選手という将来イメージは、いったいどこからきたのだろうか。彼女には、現実的な将来の進路がほとんどみえていないことを感じさせる。

＊本章は、初出が二〇〇二年であり、示されている在留外国人関係などのデータは当時のものであることを断っておきたい。

一九八〇年代以降、さまざまな経緯で来日してきた外国人および、日本国籍者を多く含む「中国帰国者」などの直面している大きな問題に、子ども(場合によっては孫)の教育、学習がある。以下では、

「ニューカマー」とも呼ばれるこれらの人々の子どもたちの就学の状況、学習への態度、学習の難易の社会文化的背景と要因について考察する。

彼らの学習の状況を示す適切な客観的データがあるわけではない。それを求めるのは現状では無理であるが、いくらか指標性をもつデータには次のものがある。一つは、公立学校に在籍しているニューカマー児童生徒のうち、「日本語教育を必要とする者」は約四割に上ることである。次に、南米系の子どもが多く学ぶ地域の学校では、相対評価よりも到達度評価の対象となっている者が少なくないことである[1]。さらに、義務教育修了後の外国人の高校進学率を、おおざっぱに推計してみると、外国人特別募集制度をもち、比較的進学率が高いと思われる神奈川県でも四割程度にとどまっていること、があげられる[2]。日本人子弟ではこれが一〇〇%に近いことは、あらためていうまでもない。

子どもの学業達成《アチーブメント》には、たしかに出身の国、地域による差異がみられる。従来これは、しばしば漢字文化圏の出身者とそうでない者というラインを引くことで説明されてきた。たしかに、その傾向からみて東アジア出身の子どもたちが、日本の学校教育での学習適応には有利であって、それ以外の出身の子どもたちに相対的に学習困難者の率が高いことが指摘される。相対的には、そうである。

しかし、たとえば中国人にとって（台湾系は別として）、簡体字で育った子どもが日本の漢字に戸惑っているという事実、日本語の読み方や話し言葉はまったく別なので、努力して学ばなければならないという事実がある。さらに「中国帰国者」とその関係者を通じて次のことも気づかれるようになった。その子、孫にあたる子どもたちには少なからぬ学習困難が認められ、出身の階層・地域、来日の経緯、受け入れの態勢がどうだったか、も無視できないといわれるように、単に「中国人」としてカテゴリー化して一律にとらえてよいことではないようだ。

鍛冶致は、そのきわめてユニークな考察のなかで、中国帰国者生徒を、出身国のなかで習得した「優等生文化」を保有する「知識青年」と、農村部や地方都市から来日し、「優等生文化」の保有度の低い、「反学校的」ともいえる文化に生きる生徒（Dip-lise）とを区別している。はたして後者の子どもたちは日本の高校へ進学できるだろうか。必ずしも容易ではなく、「セミリンガル」（話し言葉には流暢でも、抽象思考言語などの獲得に失敗している状態という意味で）に終わってしまう恐れもある、としている（鍛冶 2000: 256 以下）。ここでは、「優等生文化」というものが多分に、抽象語やそれによる思考の習得の可能性にかかっていることが示唆されていて、まさにピエール・ブルデューらの展開した言語資本による利、不利のテーゼを裏書きしている。

また、非漢字文化圏の出身の子どもたちについてはどうか。

そこでも、不就学や中途離学が多いグループもあれば、就学それ自体では安定した行動を示すグループもある。親の命じることに逆らえないとする文化をもつインドシナ系家族では、子どもはほぼパンクチュアルに通学する。学校に行くのはぜったいの義務とする態度を内面化し、向学校的な態度をつくりあげているとみられる子どももいる。だが、その多くが好成績をあげているかというと、そうではない。なかには、「勉強を教えてくれる人は〔家の中には〕いない。お姉ちゃんは自分のことで精いっぱいという感じ、家では落ち着いて勉強ができない」、「日本語がむずかしくて質問内容をうまく伝えられなかったり、また友達の説明もむずかしくてわからない。そのまま〝ありがとう〟で終わってしまう」と、不安な気持ちを隠さずに語る者がいる（坪谷 2001: 74）。いずれも学校には比較的きちんと通い、ボランティアの地域学習室にも足を運んで指導を受ける子どもたちであるが、授業についていくのでほとんど精いっぱいという状態にある。

外国人の生徒たちの学習困難のもっとも可視的な帰結といえば、不登校だろうが、かれ／彼女らの場合必ずしもあてはまらない。規則的に学校に通いながらも、各々の内面では挫折感、落伍感をいだいている生徒も少なくないわけである。何がその背景であり、要因なのだろうか。

以下の考察では、主なデータとして、筆者らが神奈川県下で一九九八―九九年に行った外国人中学生・高校生へのインタビューの結果を用いる。[3] インタビューイーとして本章で主にとりあげ、論及する一〇名の生徒のプロフィルとその回答の要旨は、**表2**に示した。なお、インタビューイーの選定にあたっては、学習支援ボランティアの紹介、当人による友だちの紹介など、種々の機縁によっている。ボランティアが地域学習室で指導にあたっていて、そこに通ってくる生徒を紹介してくれることが多かったためか、「地域学習室の利用」という設問項目については、イエスと答える比率が高い。むしろそうした学習支援の場に通わない子どもたちのほうがマジョリティだと考えるなら、例外性をもっているかもしれない。このことを断っておきたい。

事例研究であるため、母集団を代表させるという考え方に立っていないが、それでも南米系、インドシナ系、東アジア系は、神奈川県におけるニューカマー外国人就学者中の代表的なグループであることは考慮した。韓国・朝鮮を除く、一九九九年の神奈川県内公立中学校の外国人在籍者の比率は、中南米三七%、中国三一%、インドシナ三国二一%、その他一一%となっている(県教育庁調べ)。

なお、以上の数字は、国籍上の外国人を指すが、筆者らがインタビューの対象とした生徒たちのうちには日本国籍取得者も含まれている。ただ、全員が外国人の親の下に生まれ、異なる文化・社会背景の出身者であることは重要であり、以下では、現在の国籍によって区別し、論及することはしない。

2 文化資本・行為・戦略

では、かれ/彼女たちの就学の行動や学習態度におよんでいるであろう社会文化的諸条件を探るのに、どんな切り口から、どんな方法でアプローチするか。

本章では、理論的視点として、まず行為者にとっての資源、資本[4]とは何かを検討し、その利用可能性と利用の戦略を推定しつつ明らかにするという文化社会学的アプローチをとる。筆者はこれまで、ピエール・ブルデューとジャン゠クロード・パスロンによって提出された「文化資本」(capital culturel)の概念を、より動的に用いることに努めながら、移民・外国人の適応、アカルチュレーションの考察へと関心を寄せてきた(宮島 1994など)。本章も基本的にその視点に立っている。

文化資本の動的概念化とは、とりわけ、単にストック的な資本だけではなく、編成的な資本[5]の作用にも注意をむけ、それが可能にしてくれる、行為(プラティック)における多様な変換の可能性と、そこにはらまれている戦略性に着目することである。「戦略」と言ったが、意識的な計画や選択という意味のみではなく、与えられた環境条件のなかでの行為者の意識・無意識の習得の所産である、置き換え可能な性向（ハビトゥス）にもとづくさまざまな状況への対応行為をも指す（Bourdieu 1972）。

ただし、次のことを付け加えなければならない。そうした戦略が実り多い成果を生むか、結果からみて合理的な行為を選びとらせるか、は無条件に保証されるものではない。それは、文化的「場」(champ) の性質、提供されるチャンスの広狭、適切なモデルの有無などの客観的条件、および動機づけの強さなどの主体の側の条件との双方にかかっている。じっさい、生徒たちが自分の就学について示す「戦略」とはどのようなものだろうか。ブルデューとパスロンの挙げた例示を紹介すると、ある所与の地域、親族、家族のなかに置かれた生徒が、上の学校（たとえば大学）に進学しようとするかどうかは、日頃感じとっている機会の有無から教えられることと、それについてつくる表象によって方向づけられる（ブルデュー、パスロン 1997: 13–14）。ある環境に置かれた生徒たちは、自分の周囲に大学進学者などほとんどいず、「自分には考えられない進路だ」と見切ってしまう。だが、別の環境に生きてきた生徒たちは、親もきょうだいも大学経験者であるから、「大学に行くのは当たり前だ」と考える。「そしてそれらのイメージが、今度は勉学上の適性の決定原因になっていく」と。ここから言えることは、大学進学などに背を向けて早々に職に就く生徒が自分の学業能力の過小評価をしている可能性もあること、逆に大学に進むのは当然と考える生徒が、勉学の努力を怠っていて、形ばかりのディレッタント学生に終わる可能性もあること（フランスでは、高校修了資格試験《バカロレア》をパスできれば、入試はなく、大学に登録できる）である。

それぞれのイメージに従う選択が、どういう結果をみちびくのかは、広義の文化資本の三重、四重の関係のなかで決まっていくのではなかろうか。じっさい、「文化資本」は、（1）言語、知識の操作力のようなかたちで、（2）蔵書、レコード、芸術作品のような利用可能なストック的形態で、（3）社会関係資本としての家族サポートや身近な行為者モデルとして、（4）時間の知覚や価値優先度の知覚を通して、人々の実践行為を規定する。

行為者はその社会化のなかで習得した性向（ハビトゥス）を通して、これら文化資本を、状況に応じて動員する。しかし、移民の場合はまず、例外的ケースでもなければストック的資本はミニマムに近く、たとえば日本語の図書、雑誌、新聞などは家にはない。インタビューイーのなかでは、Bの家庭だけがその例外でありそうである。また、予備的社会化を経ずに異なる社会、文化に参入しなければならないから、文化資本をアダプトさせるのに、多かれ少なかれ制約を負う。特に参入しようとする社会が、文化体系上ひじょうに異質である場合——アルファベット世界から漢字文化世界へ、など——文化の変換はかなり困難で、象徴的習得の過程とそのための時間が必要であるかもしれない、と筆者は推定している。

「象徴的習得」とは、ブルデュー＝パスロンの用語であり、とるべき行為の規則を言葉や文字を媒介させて、それ自体において習得することである。文法から入る座学での習得過程などがそれで、学校的習得といってもよい。植民地出身移民は、現地の初等教育の下でたとえ短期間でもそうした言語習得過程をもってきた可能性がある。この点は、たとえばフランスの旧植民地の出身のアルジェリア系移民と、来仏してほとんど初めてフランス語にふれるトルコ系移民の差であろう。

そして漢字を使用する日本語の習得が、学校で学ぶという象徴的習得の過程抜きではたして可能なのかどうか。それは、おそらく困難だと思うが、問うべき大きな問題だろう。

くわえて、日々の厳しい生活条件の下で、その生活の生産・再生産に追われていて、「必要性への距離」(6)（ブルデュー）をとることができず、とかく子どもの教育への関心は二義的なものとなり、家庭内での親の教育への関与も不十分になりがちである。

資本、資源、行為、戦略をキーとする視点からの研究は、移民が家族ぐるみで定住するようになる一九七〇年代後半以降のヨーロッパに登場するのであり、フランスのZ・ゼルルー、A・サイヤッド、流れは少し異なるが、イギリスのS・ウォルマンなどにこれをみることができる。次節で、これらの紹介と検討をこころみる。

日本でも、増大する外国人とその家族、とりわけ学齢期の子どもをめぐり、やや類似した観点からの研究がみられるようになったが、調査や研究の展開にくらべて、問題の進行があまりにも急である。東海地方のある外国人多住都市では、ブラジルなど南米系で、日本の公立学校に就学しない者が、小学校段階で二割、中学校段階で四割を超えるという推計もあって、事態の進行に驚かされた（太田 2000a）。文化資本の作用の問題、そしてかれ／彼女らの戦略の適切性のいかんという問題が、それこそまったく猶予なしに問われるようになっている。それだけに、先行研究にならいつつ、文化資本からの接近による、かつ動的な行為（実践）の理論とも統合された研究の必要性が痛感される。

3 移民第二世代にとっての文化資本——いくつかの先行研究から

フランス、イギリスなどでのこのテーマの研究には、一つの特徴がある。外国人・移民の子どもの教育に関する議論において、言語を独立的要因、またはそうでなくとも主要因として明示的に取り上げる研究は多くはないことである。なお、ドイツではこれといくらか異なり、たとえばトルコ人の第二世代については、ドイツ語使用のハンディに関する指摘は多い。

先のウォルマンは、ロンドンのインナーシティのバタシー地区の八組の家族を焦点としていて、移民または移民出自の家族とは明言していないが、「西インド諸島出身」と明示されていたりもし、読めばそうとわかる。かれ／彼女らの生活への適応を可能にする資源として、「時間」「アイデンティティ」「情報」をあげている（ウォルマン 1996）。ユニークな着眼で、これらは、移民マイノリティに限らず、あらゆる行為者にとって重要な資源だといえるが、言語はそのものとしては特に言及の対象になっていない。彼らの出身背景であるアフリカやカリブ海域諸島は、旧植民地で、英語世界だといえるからであろうか、または二世代目であるなど、定住の年月が経ているからと考えるからだろうか。

やや似た傾向はフランスの諸研究にもみられるのであり、自身アルジェリアの出身であるA・サイヤッドは、この旧フランス植民地を背景とする移民第二世代の適応において注目しているのは、言語以外のもろもろのハビトゥスである。言語資本の重要性は自明であるからこそ、あらためて問題にされないのだろうか。しかし実際には、言語は隠されたイシューである可能性がある。フランスで九〇年代に実施された大規模な移民の調査では——対象は主に第一世代と思われるが——「フランス語がよく話せる」という回答は、アルジェリア系で五八%、ブラックアフリカ系では六八%となっている（Tribalat 1995: 39）。微妙な数字である。尋ねられているのは、「話す」能力であって、読み、書くという言語能力を問えば、もっと答えは変わっているだろう。

イギリス、フランスでは移民とその子弟における言語的な困難がそれほど論及されないのは、おそらく旧植民地‐宗主国の間の文化的絆の存在が仮定されているからだろう。初等教育程度の英語、フランス語の教育を受け、現地でもさまざまな機会にこれらの言語を使っていたはずだ、という想定がなされたにちがいない。だが、これらの想定には問題がある。(7)

では、どのようなアプローチが主にとられたか。それは、文化資本のうちでも、編成的資本（ハビトゥス）や、社会関係資本を重視するという傾向である。

サイヤッドは、アルジェリア移民の第二世代の女子大学生について、彼女の独白の形をとったすぐれたモノグラフを作成している（Sayad 1979）。周囲の反対を押し切って、自立をめざして大学進学を選んだ彼女の目から、男きょうだいの挫折がどのように看取されているか。長兄が今就いている仕事は、これといった技術も職業資格もいらないタクシー運転手である。少年期に、年齢がやや高くなってフランスにやってきて、長男ゆえに家族からは伝統的な（家父長主義的な）価値観をすり込まれ、フランスの学校教育を受けてもそれを払拭できなかった。尊大で、学業も中途半端で、勤勉に職業資格の取得に努めることもせず、その結果今の仕事に就いている、と。移民第二世代には、学校教育から有効な資源、機会を引き出すことのないこういう生き方もあったのである。

さらに代表的な研究として、Z・ゼルルーの分析をみておきたい（Zéroulou 1988）。かれは、北部フランスのリール市とその近郊に住んでいるアルジェリア移民を対象にし、子どもが高等教育にまで進学している一五の家族（G1）と、子どもがすべて義務教育段階だけで終わっている一五の家族（G2）を取り出している。その両グループを比較して、客観的な属性の異同と、家族の示す態度との関係に光をあてている。親の現在の職業または就労領域をみると、多くがブルーカラーであって、G1、G2間で大きな違いはない。また学歴、フランス語レベルにも、G1、G2でそれほど大きな差は認められない。だが、両者の態度、行動にはかなりの対照がみられるとする。その相違が生まれる要因を探っていくと、母国アルジェリアでの祖父母（第二世代の子どもからみて）の職業背景のほか、家族の構造、態度、行動様式が浮かび上がってくる。**表1**にそれをまとめた。

ここでは子どもの学業達成に影響をおよぼす家族的要因が系統的に分析されているとはいえないが、少なくとも大きな括りで次の三つの要因の作用がある程度弁別的にとらえられている。（1）家族の構造が安定していて連続性をもっているか否か、（2）定住の事実を認識し、受け入れ、長いタイムスパンで家族再生産を考えることができるか否か、（3）何らかの困難が生じたとき、家族が一体でサポートするという態勢がとられうるか否か。さらに以上のもろもろの態度の形成に総合的に影響をおよぼす

表1　子どもの教育への二群の移民家族の対応

	G1	G2
祖父・祖母の職業	吏員，店主，警察官，教員などがみられる	ほとんどが農民
家族生活の安定性，連続性	高い，早期の家族呼び寄せで実現	断絶あり，家族呼び寄せに時間を要した
地位上昇の意志，計画	明確，フランス滞在を肯定的に受け入れている	出稼ぎの意識，帰国後の地位形成を夢見る，郷里の家族との絆の重視
教育の考え方	社会的適応のための長期投資とみなしている	受動的で，一貫しない
学校の表象	肯定的，学校による子どもの文化変容を受け入れている	差別的制度とみなし，不信感をいだく
困難への対処の仕方	家族で一丸となって対応	運命論的，しばしば諦め

出所：Zéroulou（1988），表は宮島が作成．

ものを職業的背景にみ、親の母国での職業、さらにさかのぼって祖父母方の職業までが参照されている。子どもの「学校的成功」の成否を規定するこれらの要因総体を、ゼルルーは「経歴タイプ」（type de trajectoire）と呼んでいる。表にうかがえるように、G1は都市型の経歴タイプ、G2が農村型タイプとみなすことができる。

以上の考察には、G1とG2の条件の差異を説明することを主眼としたため、もっぱら対照性を強調する単純化におちいっているうらみがなくはないが、しかし家族の提供してくれる資源（資本）のどのような要素が子どもの教育達成に関わるか、あるいは逆にそれを阻むか、を推測する手がかりを与えてくれる。日本における外国人の子どもの事例においても、追証されうるだろうか。

4　文化資本の継受の可否

聞き取りのフィールドとなった神奈川県下の現実に簡単に触れておく。

一九七八年にベトナム難民、七九年にラオス、カンボジアを含む難民の受け入れが政策決定され、兵庫県姫路市とならんで、大和市に一九八〇年に難民定住促進センターが開所される。三ヵ月間（後に四ヵ月に延長）日本語の講習を受け、生活適応のオリエンテーションを受けたインドシナ難民は就職のあっせんを受け、やがて徐々に地域社会へと参加していく。子どもは地元の公立学校に通いはじめる。いちょう団地、横内団地のような大きな公営住宅群、およびそれらに隣接した公立小・中学校が、彼らを迎えることになる。けれども、わずか三ヵ月では日本語の習得はむずかしい。くわえて、就職先が工場など日本語の使用頻度の低い職場では、日本語能力はセンター在所中よりもさらに低下するとさえ言われる（田房 2000: 153）。九〇年代には、その呼び寄せ家族が目立たないかたちでこれに合流してくる。次いで、九〇年代、県内には中国系、ブラジル、ペルー、アルゼンチンなどの南米系が増えていくが、南米系ではペルー人が比較的高い割合を占め、工業団地の製造業などで雇用される。ブラジル人はやはり自動車産業の下請企業に多く、それらが立地するいくつかの市と周辺に居住していった（その後、工場閉鎖、転出も多かったが）。子どもを伴う夫婦での就労も少なくなかった。

これら「ニューカマー」の子どもたちは、どんな文化的・社会関係的な資本とともに学校教育の場に参加してきたのだろうか。

インドシナ系の場合、滞日者は総数でも二万人にもみたず（九〇年代末）、なかでもカンボジア、ラオスはそれぞれ一五〇〇人強にすぎない（同）。日本への帰化者がいるとしても、それを合わせてもマイノリティ中のマイノリティであろう。それだけに日頃同化の圧力を強く感じていて、学齢期の子どもはすでに母語保持のむずかしい状況にある。それでいて、それが統合が進んだことの証かといえば、そうともいえない。親たちで長い者は来日以来すでに二〇年になるが、滞在年数に比例して日本社会との距離が縮まっているというわけでもなく、狭間でかなり孤立した姿を示している（田房 2000）。

他方、ブラジル人、ペルー人など南米系日系人は、滞在がたとえ長くなっても、「出稼ぎ」という来日動機をなお心理的に引きずっていることが多く、「帰国と長期滞在の両可能性」をにらみながら、いわば「保険をかける」という心理で、日本の諸制度と全面的にではなく、部分的にかかわっているといえる（宮島 1996: 5）。

文化資本、社会資本の機能に目をむけるかぎり、移民の送出国とホスト国での経験の連続性を重視するか、不連続性に目をむけるかは、大きな論点となる。ヨーロッパの移民研究のなかには、たとえばアルジェリアのカビール地域、トルコのエルジンジャン地域からそれぞれフランス、ドイツへのチェーン・マイグレーション的な動きに着目し、長年の移民経験の蓄積を重くみ、暗に連続性仮説に立っているものもある。だが、少なくとも日本におけるニューカマー外国人と子どもが経験するのは、主として不連続性である。すなわち初めての移住者として、先行者からの文化資本の継受がほとんどなく、また

ンタビュー概要

（――は，回答を得られなかったもの）

E	F	G	H	I	J
インドシナ	南　米	インドシナ	インドシナ	東アジア	インドシナ
14	14	15	18	16	17
11	8	3	1	13	5
0	0	0	2	0	1
母の日本語は不十分．家では母語	平仮名の簡単なものは読める．手紙はFが読んであげる	母はかなり話せ，勉強熱心．父は一応話すが，家では母語中心	父は話すがぎこちない．母は敬語が使えない	父母とも全くできない	父は使える．母はできず，ジェスチャーで意思疎通
警察官，母は教師．父はタイのキャンプで教師もした	――	（農業と思われる）	――	建設の設計	――
――	高校，母は大学	小学校中退	高校，母は不就学	――	――
平和だったら国に帰りたい	親は来年帰国するようなことを言っている	定住者	親は老後帰りたい様子．自分は未定	自分は日本にずっといたい	ずっといると思うが，平和すぎ物足りない
英語は好き．歴史は好きだが，漢字は苦手	数学が苦手．難しすぎる	漢字が分からない．分数も分からない．社会は覚えるだけ	数，理は苦手．古文は暗記．英語はまだよい	読書，漢字，計算は大丈夫．英語は難しい	数学は嫌い．分からない．政経はわりに好き
高校に行かないと駄目と親は言う	まだ考えていない	経験として行ってみたい	親が望んだ．長続きする職に就きたい．短大志望	大学まで行きたい	自分で進学に決めた．だが志望校のレベルを落とした
H商業．コンピューターもできるから．入れるかどうか分からない	――	H商業．友達の姉さんが行っているから	より偏差値の高い高校へ行きたかった	国際ビジネス科のあるI高校	薦められ今の高校に．部活が盛んで，それに惹かれた
独力でやれと言われる．高校進学は当然と考えている	親からスペイン語を習っている	ない．農業をさせたくないから進学を望む	小学校の時，父が．今はなし	兄に教えてもらうことが多い	家の中では援助はなかった
大いに利用．ある先生が家で教えてくれるので外国人5人で行く	最初から通う．日本語がこれだけできるのはそのお陰	行ったことはある．今は週一度ボランティアに英語を習う	中学の時，大学生に教えてもらい助かった	なし．国際教室や友人から学ぶ	なし．普通の塾に半年ほど通ったことがある
いっぱいあるが，モデルもその1つ	ガーナで教師になること	声優．専門学校に行きオーディションを受けたい	看護師．入院し親切な看護師を知る	まだ考えていない	調理師．その準備に食品会社に就職したい

表2　中高生イ

	A	B	C	D
地　域	南　米	南　米	南　米	インドシナ
年　齢	18	19	13	16
来日年齢	12	7	3	13
国内移動回数	0	3	4	0
親の日本語能力	父はある程度分かる．母は分からない．家での会話は母語	母は非日系で苦手．通訳が必要．家では母語．日本の新聞を購読	父は話すが，母は少しだけ．家では母語	父は通信教育で学び，読み書きも可．母はよくできない
父の母国での職業	商業自営	——	——	教　師
父の学歴	——	大　学	高校，母は大学	大　学
今後の滞在プラン	父は土建業だが，不明．父が帰れば自分も帰る	定住者．家族で帰化申請中	日本にずっと住みたい	定住者
勉強の自己評価	体育以外，よくない	勉強は好き，特に英語	皆より遅れている．国語，歴史は嫌い	英語，数学は好き．漢字は練習したが使い方は難しい
高校進学について	H商業に合格した	父は大学まで行けと言った	高校に行くつもり	H商業に合格した
どんな高校が希望か（希望だったか）	公立．無理だと言われ，試験もよくできなかったが	もっと高いレベルの高校にしたかった	普通の高校に行きたい	レベルが高いO高を望んでいたが，就職を考えH商業へ
勉強への親のサポート	父は仕事に懸命．母は日本語が分からず無理	父は夜遅い．受験時の三者面談には母が来た	「勉強はどう」とたまに聞かれるくらい	父母とも元教師だが忙しくて時間が割けない
地域学習室の利用	以前に利用	大いに利用した	利用している	毎回休まず通う
将来の希望の職業	サービス関係，今コンピュータークラブ所属	大学を出て，資格を取り，国際関係や経営の仕事	モデル，駄目ならプロのバスケット選手	銀行員，スチュワーデス

自国で積んだ経験（たとえば教師だったこと）を移住先で資本として生かすには、あまりにも社会、文化の状態に差が大きいことが指摘できるように思われる。

少しくケースに目を向けてみたい（**表2**を参照）。

まず親の学校経験（学歴）を中心にみると、Dにおいては、父は大学を出て母国では教師だった。来日後は、きわめてまれな例と思うが、日本語の通信教育を受講して、日本語の読み書き能力も獲得している。ほかにも一〇事例中、大卒の親は三名いて、その他でも多くは高校レベルではないかと判断される。ただ、インドシナ系の一人はポルポト（クメール・ルージュ）時代に強行された学校閉鎖の犠牲者であって、不就学であり、いま一人Gの親は、農業従事者だったようで、小学校中退となっている。それでも、一九八〇年代、九〇年代の来日外国人の教育程度は平均すると、ヨーロッパ諸国の受け入れてきた移民（マグレブ系、トルコ系等）に比してかなり高いといえる。また都市出身者の割合も低くはないと思われる。

しかしD、Jは自分の進学希望高校のレベルを下げたと言っている。Dは、自分でいうには、就職のことを考えて、地元の商業高校とした（それには合格）。親が教師であって、しかも日本語の通信教育もまっとうしたとみられること、そのような父にならいつつ、Dは「学びのハビトゥス」は身に着けていたようだ。だから、ボランティアの運営する地域学習室に毎回休まずに通った。しかし、親は今の仕事に忙しくて、子どもの学習をサポートするだけの余裕がない。学校の学習では、英語、数学はよいが、漢字はむずかしい、と答えている。ということは、親からの文化資本は部分的に生きているとしても、日本語という媒体、とりわけ漢字を交えてのそれが継受をむずかしくしているると推定されるということである。

日本語という壁は、まず親たちの場合にはたいへんに厳しい。両親ともに「日本語をよく話せる」(と子どもが判定している)ケースは、面接対象の一〇人の家庭のなかでも稀であり、日本の新聞などの文字文化も家庭の中にはほとんど入っていない。日系人二世で日本語能力をもち、来日経験をその主観のなかで比較的連続性においてとらえている者を例外とすると、言語界の急変は、まず親たちを見舞い、困難を課している。

Fの母は、大学卒であるが，来日して難民定住促進センターでの日本語講習の期間には健康を害していて、満足にこれに参加できなかった。今でも平仮名が少し読める程度で、子どもの教育には関われず、自分の知識や学校経験をわが子にほとんど伝えられなかったようである。

5 学習言語日本語の問題

日本語はそれ自体無視できない問題であり、日常の言語コミュニケーションではともかく、ことに学習の場ではそうである。比較には無理があるが、おそらく右でみたカリビアン移民やアルジェリア移民それぞれにとっての英語、フランス語よりも高いバリアーといえよう。くわえて日本語の書記体系の特有性は、経験ゆたかで広い比較の目をもつ西欧の言語学者も、「恐ろしく難しいものであって、これと他の言語と比べても間違いなく難しいと言える」とみなしている（クルマス 1987: 337）。アルファベット言語圏出身者だけでなく、アジア諸語を母語とする者にもそうであろう。

先のDも、漢字まじりの書記と、国語という授業のメッセージがともにつかめず、困惑している。「国語は、勉強しても分からないから、勉強する気にならない。漢字の読み書きはたくさん練習したが、意味がよく分からない」。すでに高校生になろうとしているが、今でも、漢字・仮名まじり文は、理解の対象というよりは、ほとんど頭からの暗記の対象となっているようである。もちろん、この点では、母国で教師だった親からも何の援助もない。

ちなみに「国語」という教科については、英米系の国々の教科としての「英語」とも、フランスにおける「フランス語」とも異なる、類を見出しがたい性格がある。「日本語（学習）」とも、明らかに異質である。「日本語」が、文法的知識をベースにし、しばしば英語など他言語との比較を暗示しつつ、文の組み立て方や、多様な展開を教えるのに対し、国語はひじょうに異なるメッセージを送っている。授業内容は多岐にわたり、漢字学習がつねにあり、文法の説明、作文、作品鑑賞、読解、古典解釈、短歌・俳句などが盛り込まれている。神奈川県の中学校教員柿本隆夫は、国語学習を、情緒の要素が強く加えられた「母国的なものを日本語によって表現・理解する力の育成」（柿本 2001: 26）ととらえる。このような教科が中学校でも高等学校でも主要三教科の位置を占めていること、そこに外国人生徒たちが参入していかなければならないことを、教育関係者はどう考えるべきか。筆者が生徒たちに尋ねたかぎり、彼らには「国語」が「日本語」とは似て非なるものであることは分かるが、その非の部分が何であるかつかめず、諦めて投げてしまうか、「丸暗記をする以外にない」という答えが圧倒的である。柿本は、これを外国籍生徒に、日本人生徒と同列に何の問題意識もなく教え込むのはきわめて問題だと述べている。

日本語の問題はあらゆる教科に影を落とす。長年外国人生徒の指導に携わってきた神奈川県下の中学校の教員増田登は、各教科で使われている日本語を詳細に検討したうえで、こう指摘している。「話す」言葉としての日本語は特別にむずかしくはないと思われるが、「読み」と「書き」は知る限りのほとんどの言語に比してもむずかしい。一つのことに三通りの文字での表し方があり、数限りない漢字を覚えて、二種の文字とミックスして使わねばならず、さらに読むには音訓を知らなければならないからである。中学校レベルの社会科（歴史）の教科書のある一ページをみてみると、漢字の単語が全部で八七あり、うちルビ付きは二一単語しかなく、ニューカマー外国人生徒には大半が読めないし、読めた場合でも、理解できない。同じように調べてみた数学の教科書でも、六四の漢語の単語があり、むずかしさは変わらない。くわえて、「話す」「書く」では尊敬語、謙譲語、丁寧語という三種の使い分けができなければならないのである（増田 2001: 31–32）。

右でも何度か触れた現在高校生のJは、五歳で来日しているが、母が日本語をほとんど使えないこともあって、小二くらいまで本人も日本語がおぼつかなかったし、授業にもついていけなかった。幸いにもクラス担任の教員が親身になって心配し、指導してくれた。住んでいる町の私鉄沿線の駅名の読みと漢字、その対応をわからせ、漢字練習をさせるなど、さまざまな工夫をして特別な訓練をしてくれて、なんとか授業に参加できるようになった、と。そのような幸運にめぐまれない子どもは、日本語書記のカベをなかなか越えられないだろう。ところで、今、Jは逆に、母語を使えなくなり、母と母語会話が不可能となっている。学校での日本語学習世界に入っていったことと関係があろうが、母との間に何らかの葛藤を生じたことに原因があったようでもあり、本人はそれについては何も語らない。

Iの場合は、父母とも日本語がまったくできない（おそらく学ぶ意思もない）。ところが、子どもは、読書、漢字に問題はないと言い、「大学まで行く」と答えている。父は建設の設計に携わっていて、兄もよき指南役となり、日頃Iに大きな知的な刺激をあたえているのだろう。文化資本そのものの有効性よりも、編成的資本の親から子への移し替えの効果を感じさせる。

滞在の長さと日常的交わりがある程度解決してくれる社会生活言語としての日本語とちがい、学習言語（教科の言語）は、より抽象的であるが、外国人生徒には、条件が許せば接近可能な普遍性と、明らかな特殊性という二面性をもって表れる。筆者らの面接・インタビューでは、「新陳代謝」「因数分解」「平氏、源氏」、「幕府」「三権分立」などの用語をあげて、あえてかれ／彼女らの理解を問うことをした。「因数分解」や「三権分立」は実際的知識となりうる、または母語に置き換えることができる普遍性をもつためか、分かっているつもりだと答える生徒がいたが、当該社会の特有性に関係する「歴史文化言語」（宮島 1999: 147）ともいうべき「平氏、源氏」「幕府」は、外国人生徒すべてにとって同化しにくい特殊な言葉で、ほとんど棒暗記の対象だった。

それ以外でインタビュアーが気づき、特に印象的だったのは、Eの言語への反応の活発さである。小学校高学年での来日だが、すでに母語によっていろいろな知識、概念を獲得していたようで、たとえば理科で学ぶ「イオン」については、来日前にすでに学習していて知っていた旨を語っている。親が元教師であり、早くから「高校に行かないと駄目だ」と言われ続けてきて、本人も意識的に学習に取り組む姿勢をもっていたようだ。そのEにとっても、日本の社会、歴史、文学などにかんする用語になると、理解の手立てがなく、ほとんど「覚える」（暗記する）以外に道はないかのように語られる。

6 学習への順応、学習への抵抗

それ以外にも、不連続を生みだしているいくつかの要因があるとみる。それは、適切な言い方でないかもしれないが、子どもにおける自己定義の困難、そして動機づけの困難である。自分を学習にいそしむべき存在ととらえ、コンスタントな動機づけをもつには、ゼルルーの分析も示唆したように、生活の安定が必要である。経済的にだけでなく、心理的に、つまり日本滞在のプランがはっきり示され、家族のあいだでの期待と是認が安定していることが必要となる。

この点、インタビューでは、十分正確な情報をもとめることができなかったが、Gの家庭は、親は母国では農民だったらしく、都市生活の経験も、学校経験のないまま来日しており、日本の生活に慣れるのはたいへんだったようだ。現在も、工場労働者としてつましい生活を送っているようで、G自身の生活経験もひじょうに狭いようである。漢字が分からない、分数も分からないといい、高校には「経験として行ってみたい」と語るように、高校のことはよく分からず、進学は身近な経験からはほど遠い。Cの場合も、親の来日以来就労が安定せず、たびたびの移動で、四回も転校を経験している。だから、自分でも「勉強は遅れている」という自覚をもっていて、地域学習室頼みのような心境である。両親はともに学歴は低くなく、本人も高校進学はしなければいけないと思っているが、先のことになると自信がない。

D、G、Hを比べると分かるように、インドシナ系の場合にはかなり多様性があり、都市生活を送ってきた親もいれば、ポルポトの学校閉鎖政策や戦乱の辛酸をなめ、ようやくの思いで避難した親たち（カンボジア系）もいて、しかし概していうと、子どもの就学は当然視され、その通学は一般に規則的である。Gの場合も、勉強への親のサポートはまったくなく、不可能なのであるが、「母が勉強にうるさく、厳しい」と語っていた。「農業をやらせたくないから、進学を望んでいる」と子どもの目から理解されているが、たぶん農業など考えられない世界に来たのだから、学校にきちんと通わせなければならない、という親の心組みはあるのだろう。

一応共通にみられる学校重視、これは、儒教的な学習ハビトゥスの継承とみられる面もあるが、母国を脱出しなければならなかったやむにやまれぬ経緯、事情が子どもにもそれなりに理解され、日本滞在が受け容れられていて、就学は当然とされていると推測される。ただし脱出、移動の意味理解に問題がないわけではない。ある地域学習室の指導者（ボランティア）は、「タイのキャンプで生まれた経験を語る子どもに、そのことの意味を教えてやる必要がある」と語っていたように（坪谷 2001: 79）、親が子どもに語っていないことも多いようである。

このように自分の現在の位置、存在をどう意味づけるかという知のあり方も、実践的な意味のある文化資本とみることができよう。

この点、南米系のFは、「親は来年帰国するようなことを言っている」として、落ち着かず、中二であるが、高校に進学するかどうかも未定である。Aも、親の滞在プランが不明で、「父が帰れば、自分も帰る」と答えている。親が出稼ぎのために来日したことを本人も知っており、日本滞在を肯定的に受け止めているようには思えない。かれ／彼女らにしてみれば、出稼ぎの親とともに送る日本の生活は、いわば「偶発事」であって、消極的に受け止めるほかなく、そこに生きる自分を適切に定義することもできず、学習に身を入れるのもむずかしい。

それでもCのように「日本にずっと住みたい」と答える者がいる。前述のように、国内での転校が多く、学校でも授業についていけず、「遅れている」と自認しているにもかかわらず。たぶんボランティアの指導する地域学習室になじみ、友だちもできているからと思われる一方、母語の保持（読み書き）ができなくなり、主に使う言語が日本語になっていることもその隠れた理由ではないかと感じられた。

日本の学校への順応よりは、抵抗を示す子どももいて、比較的南米系に多いようである。たとえば、神奈川県下の事例ではないが、アルゼンチン人のある男子は、小学校高学年に編入したが、自己の主張がはっきりしていて、遊びなどで友だちとの関係もうまくいかず、教師の理解もえられず、結局学校になじめず、欠席を繰り返して、クラスから足が遠ざかった。中学に進まずに、家で家事や妹の世話をしている（太田 2000a: 102)。こうしたケースは、「反学校的」な、「協調性のない外国人児童」ということですまされがちだが、教室を支配している暗黙の規範との衝突、さらに来日して今の状況に置かれていること自体を受け入れていないことの結果とみたほうがよいかもしれない。

7　モデルと戦略

一般に言えることは、在日外国人家族では滞在が長期間にわたる場合でも、その割には子どもの教育への家族の関わりは浅い。これまで述べてきたように、日本語というものが壁であり、子どもの学習内容が分からない。日本人との接触は少なく、学校制度の違いも大きい、そのうえ、長時間労働の下にあって、子どものために満足に時間が割けない、等々の悪条件が重なっている。

その不利を補う戦略としては、当面、地域学習室を通してボランティアの指導を受けることしかない。インタビュー対象となったB～Fまでが現にそうであり、過去に通った者もいる。日本人の中学生に多いいわゆる塾通いは、Jが半年間ほど経験しただけである。月謝が高くて無理だという外国人家庭も多いだろうが、受験目当ての指導という方式が、初歩的な学習言語の理解にも欠落のあるようなかれ／彼女らにはついていくのがむずかしいというのも実際だろう。地域学習室には、初歩的な分からない事柄（割り算や分数の加減など）にも立ち戻って尋ね、教えてもらえるというメリットがあって、それを知る生徒には貴重な学習の場になっている。このように頼れる学習室をもつということも重要な資源をなすといえる。ただ、そのつながりは神奈川県の例をみても一部の生徒にもたれているにすぎない。

ゼルルーの指摘するような、一丸となって子どもの学校的成功を可能にするような家族の構造、態度は、日本のマイノリティの諸事例のうちにみることができるだろうか。それを検証するのは、今後の課題であるが、二、三の傾向をみておきたい。

インタビューでは一例のみだが、東アジアの出身のIの場合、親は安定した職にあるようで、兄も高校生か大学生で、勉強をみてくれ、大学まで行くのを当然と考えているようである。前述の鍛冶致の用語を借りれば、「優等生文化」の保有されている環境だといえよう。

南米系の場合、「帰国」をなんらかのアジェンダに乗せているケースが多く、そのことが親の「教育投資」にたいする手控え（必ずしも金銭的な意味ではない）と、子どもの側の心理的留保を引き起こしている。いま・ここに行っていることは暫定的なものとされやすい。長いタイムスパンで将来のことを考えることができないため、親子双方にとって教育参加は中途半端なものになる恐れがある。

その南米系のなかで、Bの家庭は、親が高学歴で、数少ない母語と日本語の新聞の購読者であるうえ、本人も父を尊敬している。母は非日系人だが、三者面談にやってきて熱心に意見を述べたようで、Bが通訳したという。この親の態度など本人の進学のための好条件、好資源が用意されていたといえる。一家は帰化を申請していて、日本永住を決めたようで、南米系に多い将来プランの不分明さもない。

インドシナ系のうちで家族が比較的一体性をもって子どもを包んでいる事例に注目しよう。

Hは、タイのインドシナ難民キャンプ生まれで、一歳半の時に来日した典型的な難民第二世代。父は高校卒でフランス語も使えるが、母はポルポト派による学校閉鎖期に遭遇して、不就学である。それでもHの勉強を励ます家庭の雰囲気はあり、小学校時代、父は彼女の勉強をみてくれた。国際教室にはあまり頼らず「勉強が遅れると困るので、だいたい原学級で授業を受けるようにした」。家族はHの高校進学を望み、本人も「高校を出て、(アルバイト的なものではなく)長続きのする仕事に就きたい」と思うようになった。親は県立高校の入試システムもだいたい理解してくれ、学校での面談にも来てくれた。受験手続きは、担任や友だちとも相談したが、基本的には自分でした。今通っているN高校は、家から1時間半かかる県立で、一応は進学校である。自分が小さいときに母が心臓病の大手術を受けたが、この母の大病の時には一家そろって懸命にこれに対応したことを覚えている。そのとき母を励ましてくれた病院の看護師に心うたれ、「自分もそうした仕事を希望するようになり、現在、県立看護短大の受験の準備をしている」。父は同国出身の人々を助けるボランティア活動をしており、Hも、その意義を理解し、共鳴し、自然に協力するようになり、可能な限り通訳ボランティアを引き受けている。

Hのように、危機を経験しながらも、自分の進学等に家族ぐるみでサポートをしてくれる環境に恵まれた者は多くないだろう。さらに、将来自分が就きたい仕事のモデルを見出しえたことは、それ以上に大きな資源となっているといえよう。じっさい、子どもがどんな就学コースをとり、将来どんな職業をめざすかは、本人の選択に、広義の文化資本である社会関係資本が関係する。きょうだい、親戚、身近な友人、同国出身者にモデルとなる人と生き方があれば、それに刺激され、励まされ、または倣って、あるコースを歩むということが多い。

しかしその面からみるとき、ニューカマーの子どもたちの将来イメージは、しばしばモデルの不在、貧困、またはステレオタイプを感じさせる。進学希望の学校としてはよく自分の兄、姉の通っている学校が挙げられ、選択の範囲が狭い。職業としては歌手、モデル、スチュワーデス、プロのスポーツ選手など、マスメディアを通して憧れをかき立てられるといった類の仕事が多く挙げられている。それらは、メディア上はともかく、実際の生活で身近に触れる人、仕事ではないから、実際はどんな職なのか、どんな就学コースと訓練を経て就けるのかもよく分かっていない。身近で実現性の高いキャリアコースを志向できず、具体的戦略不在のまま、一挙に飛躍した夢を追うのではなかろうか。

一方、理系への進学、すなわち技術者やコンピューター・プログラマーを挙げる者は意外に少なく、したがって、モデルも少ないようで、この点、欧米諸国におけるアジア系移民ともやや異なるようである。欧米での移民子弟の理系志望の理由、それは、人文・社会分野のような言語操作力や古典的教養などのバリアーに煩わされることなく、「実力」をアピールできるからだといわれる（宮島 1999: 23）。これと違いを生む要因がもし考えられるとすれば、漢字、漢語使用の教科の言語のむずかしさが、数学や理科でも例外ではないこと、がそれではないか。これは筆者の仮説にすぎないが、「数学はきらいではなく、計算問題は大丈夫だが、文章問題や証明の問題になると言葉がむずかしくて、途端に分からなくなる」という言葉を幾度となくインタビューイーから聞いた。とすると、英語世界や仏語世界とはまた異なる、日本語にかかわる文化資本が働いていることになる。

結びにかえて

文化資本からのアプローチをとることで、いま一つ重視されてくることがある。

所与の文化的「場」のなかで行為の選択をしなければならないとき、行為者はその場を支配している基準に適合した行動をとることができないことがある。そして当面のリスクを小さくしようとし、長期的にみれば自己実現にむすびつかないような選択をすることがある。建築士になりたいという希望をいだいていたある青年は、「来日当初で、よく分からず、情報もなく、いつか帰国すると思い、すぐ就職してしまったが、二、三年して高校に行きたいと思うようになった」と述懐している（外国人のための高校進学説明会におけるあるOBの体験報告）。

筆者らはかつて外国人の子どもの高校選択にかんして、「進学ハビトゥス」の不適切さを指摘したことがある（宮島・鈴木 2000: 183）。前掲のインタビュー事例のなかにも、「普通の高校に行きたい」（C）、「友だちの姉さんが行っているからH商業に行きたい」（G）、「経験として行ってみたい」などの言葉がある。言葉からうかがうかぎり自分の将来の希望と高校志望との関係、高校間格差、入試の方法、自分の成績などがほとんど認識されていない。言い換えると、所与の「場」のなかでの価値優先度が適切にとらえられていないのである。日本では一〇〇％近い生徒が高校に進むのだから、義務教育と変わりがない、という意見もあろうが、やはりどのような高校に進み、修了するかは、かれ／彼女らの将来を左右する。その意味で、教員（学級担任、国際教室担当教員）、学習室ボランティア、進学説明会を行う有志教員たち、等々の助言は重要になってくる。

その点からあらためて振り返ると、日本に限らず、移民マイノリティの示す就学戦略は、親・家庭から提供される資源、かけられるコスト、周囲の差別的反応などに制約され、しばしば一時しのぎ的に「切り抜ける」という選択に向かいがちである。中卒、または中学中退での就労はそれだろう。先に示した神奈川県の推定高校進学率からすれば、六割の生徒はそのような道をたどることになる。進学するよりも早く職に就いて家計を助けることを望むという親の「戦略」は、子どもの社会参加を長期的に図るという観点からすれば、適切とはいえない。とはいっても、当座の失業に脅かされ、高卒時の日本人と肩をならべての就職競争における差別を予感している外国人親子にとり、それ以外の道も平坦なものではないだろう。ドイツでも似た状況はあって、トルコ人労働者等の子弟では、基礎学校《グルントシューレ》から基幹学校《ハウプトシューレ》までの九年間が終わると、熟練労働者への職業訓練コースに行かず姿を消してしまう者が多い。

である以上、事態は、外国人親子への助言や学習支援のまったなしの必要を告げるとともに、より根本的には文化資本、編成資本上で子どもたちに不利をもたらしている諸条件を緩和する改革をも要求している。それには、学習言語日本語の見直し、カリキュラム改革、そして家族への働きかけと支援などが含まれなければならない。

(1) 到達度評価とは、1、2、3……などの相対評価方式をとらず、文章で記されるもので、「1」などの評価を避けるための学校側の配慮を示すものである。外国人児童に到達度評価が多く適用されることについては、太田(1996)を参照。

（2） 神奈川県の一九九九年度の公立中学校在籍者数に対する県立高校在籍者数の比率からの推定。私立の中、高は含まれていないから、その点の正確さを欠く。

（3） この面接調査に従事したのは、宮島のほか「地域の国際化」研究会の佐久間孝正、エウニセ・イシカワ、竹ノ下弘久、坪谷美欧子、田房由起子、山本伸一（故人）、鈴木美奈子の諸氏である。

（4） 筆者は、「資源」を一般的タームとして用い、その変換（場合によっては交換）の可能性を重視する場合には、「資本」のタームをとることとしている。

（5） ブルデューの文化資本形態論では、「身体化された様態」に対応するといえるが、別の表現では「生成的」(générateur) とか「構造化する」(structurant) という形容詞を付して表される文化資本のことであり、「ハビトゥス」と同一視されることもある。

（6） 日常的に差し迫った経済的必要に一義的に関心を払う態度においては、教育の固有の意義を認識し重視することは容易ではない。この意味においてブルデューは経済的必要から距離をとれる態度——当然社会の中・上層の成員により可能な態度——の機能に注目した（ブルデュー 1990：上 85）。

（7） 右のような調査結果を得たM・トリバラは、「フランス語の基礎を知っていることが使用者（移民たち）にそれで十分だと感じさせ、その後の進歩を遅々たるものにしてしまう」(Tribalat 1995: 195) と書いている。ちなみに、「ひとりでフランス語の手紙を書ける」者は、アルジェリア移民第一世代の三六％であった (Ibid., p. 198)。

〔追記〕 本稿の発表後、二〇〇〇年代には、増加する南米系児童生徒を主な対象とし、主に東海地方で、新たな教育実践と知見がいろいろと蓄積されていった。たとえば宮島・加藤（2005）もそれにあたる。文化資本からのアプローチにも、若干の示唆はもたらされたが、大きな修正は必要ないと考え、本稿を再録した。

【コラム1】 言語を学ぶこととは

日本語の語彙はわずか、母語も心もとない

リンゴ、犬、雲……などの描かれた絵カードを見せ、「これは何ですか？」とたずねる。ブラジル人の多く住む東海地方の一都市では、教育委員会の教育相談員たちが小学校入学時の子どもの日本語語彙の獲得状況をテストしている。そのデータによれば、日本の保育園を経てきた者に比べ、そうでない者は明らかに語彙が少ない。後者の正解率は二〇—三〇％で、「キャベツ」「三角（形）」「牛」などはまさに難語だった。「高い」「長い」なども子どもたちの確かに使える言葉に入っていない。リーマンショック直前の数字だが、同市の小学校への外国人入学者の二割程度はブラジル人経営の保育所からの子どもたちだった（宮島・築樋 2007）。彼らには日本語と接する機会はほとんどなく、家で見るテレビから流れる日本語が唯一のもので、語彙も少なければ、発話も困難である。

では、その園の中で保育士（ブラジル人）と会話し、ポルトガル語は身に着けているかというと、そうでもない。テストを担当したブラジル人の教育相談員の判定では、同じ絵でのポルトガル語の正解率が七七％という子もいたが、やはり全般に語彙の少なさ、基本的形容詞の混同（「長い」と「大きい」など）が目立つという。筆者も数度ブラジル人保育所を訪ねた。保育士一人当たりの子どもの

数が多く、マン・ツー・マンの語りかけはむずかしいようで、広めの部屋で年齢もちがう多数の子どもにビデオを見せているといった光景が多かった。

同市立諸小学校では日本語力の不十分な子どもに母語を使い学習支援をすることがあるが、母語の語彙も足りない者には「置き換えによる理解」を進めることができない。授業サポートをするブラジル人教育相談員たちも苦労している。

非自発的な移動と言語

日本にやってくるという移動に臨む姿勢も、言語の習得に影響するとみる。来日を望まず、納得しないまま日本の学校に投げ込まれ、教室の片隅になすすべもなく座っている子どもがいる。親から呼び寄せられた者、日本人と再婚した母親に伴う〝連れ子〟、中国帰国者の係累から「日本に来なさい」と来日させられた中国育ちの子、等々にそういう感情が示される。知らない異言語、日本語でいきなり学べといわれても、理解の手がかりもつかめず、学習への動機づけをもてない。

フィリピン人のNは、連れ子として来日、母とも継父ともうまくいかず、「学校はつまらない」と言いながら、漢字学習では、筆順の指導は受けたのだろうが、図形を描くかのようにゆっくりと文字の形を再現している。中国から呼び寄せられたLは、曽祖母が日本人ということだが、「X省にいた時は楽しかった、おれは日本に連れてこられた」とつねづね言い、日本語習得に身が入らず、中国人仲間とともに昼休みに大声を発したり、と反学校的にふるまっている（趙 2010: 85–92）。彼らはいずれも、J・オグブが提出した有名な「非自発的マイノリティ」という、学習意欲や成功への期待感をもつことのむずかしい移動者のタイプ（Gibson and Ogbu 1991）に似ている。

文化資本・言語資本を生かせない

インドシナ難民というと、多くの国が分担受け入れをし、フランスに向かった者は仏語習得者が多く、それだけにホスト社会への言語的適応には問題が少なかった。しかし来日者には日本語既習者はほとんどいない。定住促進センターで初めて三カ月の日本語講習を受けたが、それで言語を使えるわけがない（そのためか、後に四カ月に延長）。それだけではない。難民には、移住前に迫害、戦乱、海上漂流などを経験し、トラウマをもち、所属社会の喪失の痛切な経験をしている人々がいる（宮地 2011: 50）。そう簡単に新しい社会に適応し、新しい言葉を吸収していく状態になれなくて当然だ。職に就かねばならない者（主に男性）は、職場で必要なミニマムの日本語は身に着ける。家にとどまる者（主に女性配偶者）はそうではない。二〇年経ってもなお、敬語、丁寧語を使う会話はおぼつかず、漢語入りの文書は一人では読めない。

故国では官吏、教師だった教育レベルの高い人々もいるが、故国と日本の言語、文化、制度がひじょうに異なるため、その文化資本をもって自ら適応すること、まして子どもに助言、支援することはむずかしかった。子どもは学校で継続的に日本語に触れ学習するから別だが、それでも習得はあまりうまくいかない。家庭には日本語活字の本や雑誌がなく、日本家庭なら毎日手にする新聞もない。複雑な表現や、抽象語の獲得がうまくできない。親たちの母語による会話からよい刺激を受けることができないことも、影響しているだろう。母語が高いレベルで保持されていないためである。

それでも、買い物の際や、手続き書類を書くとき、親は子どもに頼る。A・ポルテスは、「不協和な文化変容」(dissonant acculturation) という言葉を使っているが (Portes and Rumbaut 2001)、そうした状況は、インドシナ系家族でも南米系家族でもみられる。母語の喪失、親とのコミュニケーション不全、親の権威の失墜などからなる危機状況がそれで、親子がしっかり信頼に結ばれていれば乗り越えられようが、それが揺らいでいた家庭も少なくない。齟齬は表面化しなくとも、「親が尊敬できない」と子どもがひそかに悩んでいるケースもあった。

バイリンガルの話者たち

一方、日本語、それも日本語の学習言語の習得に成功したと思われる生徒にも出会う。それも筆者の観察では二通りあるように思う。生徒A。日系の父親は高学歴で、Aに「大学まで行きなさい」と初めから言っていた。母は非日系で、日本語ができず、家の中でほとんどポルトガル語が使われている。父母は日本への定住を決めているようで、父は日本の新聞もとっている。Aは学校で頑張ったほか、ボランティアの日本人の主宰する地域学習室もよく利用した。母は日本語が使えないが、教育は大事だと考えていて、父の帰りが遅い時には三者面談にもやってきた (Aが通訳する)。Aはポルトガル語も日本語もかなり高いレベルで使える数少ない例である。

Bはベトナム出身。流暢とはいえず、むしろ訥々とした日本語だが、自分を表現するのに活発な女子中学生だ。難民受け入れ事業終了後に呼び寄せられてやってきた。会話の最中、「うまく言えない、ベトナム語なら言えるのに……」とよく口にしていた。来日前にすでに母語が確立途上にあり、母語で一定の知識を獲得し、学習に必要な抽象概念もかなり身に着けていたようで、それを用いながら一生懸命日本の学習言語の意味をつかもうと努めていた。家族的背景は分からないが、「獲得的文化資本」を自らつくっていくタイプなのだろう。「Bさんは、日本語にもう少し慣れれば、学力はぐんと伸びるでしょう」と、担任の教員は語っていた。

AとBの共通点は、母語がよく使えて、それと日本語がばらばらにではなく、相互に資源として組み合わされて理解や認識を援けているとみられる点である。二人は学習者としてバイリンガルの資源利用に成功している者といえよう。Bの日本語の使い方はまだまだとしても。

努力、そして動機づけをどう保つか

アルファベットの国から来た子どもは、数の限られた文字を組み合わせて一定の意味をもつ語をつくるというシステムは理解する。日本の仮名はアルファベットとずいぶん性質はちがうが、文字数に限りがあるから、平仮名の用法の理解にはあまり問題はない。だが漢字はちがう。「漢字の数は無限」と聞かされた時のブラジル人やフィリピン人の子どもの絶望感は、察してあまりある。

日本人にとっても漢字の習得は根気のいる作業だが、それでも漢字をどう使うかのノウハウは小学校低学年の頃からもう体得し続けている。そうした基盤がない者には、どこまで続くのか分からない漢字学習は苦役と感じられる。ブラジル人一少年。来日し、九歳で小学校三年に編入、日本の文字への理解はなかった。平仮名をなんとか覚え、ほっとしたところが、次に漢字が出てきて大変になった。四年生になると漢字が一段とむずかしくなり、「もうとても覚えれん、と思って、そのときに勉強をあきらめた」と述懐する（竹ノ下 2005: 121）。かれがほどなくして不登校になる伏線がそこにあった。

ある教員はこう語る。「違う文化の世界から日本の学校に編入する彼らは、日本人の子どもの三倍も五倍も努力しないと同じレベルに立てない。できるだけそれを援けるのが教師の役目だが、やはり根本は生徒が強いモチベーションをもってくれるかどうかだ」。

そして、社会学徒の目から気づくことは、「社会関係資本」の点で不利を負う子どもたちに、発話の機会が十分になく、狭いコミュニティ、家族、友人の間での限定コードによるやりとりが多いことである。社会的関係の中に身を置き、精密コードにしたがって自分を表現する言語の使い方ができることは、高校に進み、やがては社会人として巣立っていく上でも必要なことである。国際教室の担当経験のあるある中学校教員は、外国につながる生徒たちに「あなたのルーツと経験を、後輩たちの前で語ってもらいたい」と声をかける。たいていの生徒は一瞬戸惑った後、「やってみます」と答えて、その準備をする。そして、日頃の授業時の寡黙さをうちやぶるような活発な言語使用が聞かれるという。「強制はしないが、彼らが自己を表現するチャンスをつくってあげることは、大切と考えている」という。また、別の指導者は、コミュニティ外、学校外の社会的な場に出ていって、話を聞き、質問をすることが大事だ考え、いろいろな社会見学の機会を与えるようにしている。

言語に寛容な社会へ

だれでも母語以外の言語を学び、その習得した言語を使う場合、困難を感じる。日常生活言語なら文脈に応じたパターンを身に着ければよいが、そうではない自分の意思、意図、特定主題への意見などを語るための言葉になると、習慣で身に着くものではない。外国人生徒はこれに苦労している。

ある中学校教員からこんな話を聞いた。「昼休みに〝居場所〟として国際教室にやってくる生徒に、〝母語で自由に話しなさい〟と奨める。すると、彼ら同士の会話は、子どもらしい他愛ない日常的おしゃべりかと思いきや、その様子からして意外にも学習言語（抽象語）を使いながら午前の授業で聞いた事柄を確認し合っていたりするようである。教室では手も挙げず、黙りこくっている子がこれだけ考えていたのだ、と驚く」。とすれば、使える言語（日本語）の自由さの度合いからその生徒の理解度や思考力を推し量るのは危険である。理解しているが、日本語ではいえない。無理に「答えなさい」と言われると、きれぎれの、またはしどろもどろの日本語しか出てこない。「結局、自分は授業が分かっていない生徒と見られたのではないか」と、当人は思ってしまう。

言語への寛容、がまん強く聞いてやること、これは必要なことである。日本は、ある型ないしモデルにぴたりとあてはまる言語使用をよしとし、誰もが同じことができるのを当然とみなす傾向の強い社会である。これは、マイノリティの人々にプレッシャーとなる。母親が東南アジア系であるある子どもは、「お母さんは敬語を使えないから、授業参観に来てほしくない」と語る。周囲の眼と予想される陰口を恐れてのことである。言語の習得途上の人間にとり、表現とはつねに冒険の不安にみちた試みであろう。ブロークンな日本語でも、日本語であり、何よりもまず意味を運ぶ一個の言語である。そういう幅の広い言語観を社会がもってこそ、外国人の家族や子どもたちの言語活動を励ますこともできる。

2章 「就学を希望する者のみ」でよいか

二つのプロフィール

南米のある国から来日して二年になるマリアは、年齢では中学一年生に相当するが、「日本の学校には行きたくない」という。家から通える範囲にスペイン語学校などないから、もし通うとすれば日本の公立学校しかない。親はマリアのことを案じ、幾度も「学校に行こう」と勧めたが、彼女は首を横に振り、小さな妹の世話をしたり、家事を手伝いながら、ほとんどの時間を家の中で過ごしている。もっとも、来日したために母国で小学校の課程を修了していない彼女が、日本の中学校に受け入れてもらえるかどうかはわからない。

カンボジア系のNが述懐するには、親はかつてタイのキャンプ経由で来日、難民定住促進センターで日本語講習を受けたが、母は体調を崩し、きちんと講習に出席できなかった。だから母の日本語はほとんど片言。父のほうは仕事上の必要最小限の会話ができる程度で、日本生まれの自分だけが読み書きを含め日本語を使える。自分が学校に行く歳になって就学案内が届いても親はどうしたらよいか分からず、心配して「お子さんは幾つ？」と尋ねたボランティアが市役所に連絡をしてくれたという。さもなければ、自分は不就学になっていただろう、と。

以上は、しばらく前になるが筆者が関東地方で聞き取った外国人の子どもの生活の事例である。「外国人の」といったが、国籍をいちいち確認しているわけではないから、「外国につながる子ども」と言った方がよいかもしれない。

日本に滞在し（もしくはNのように生まれ、育ち）、学校に学ぼうとする外国人の子どもが、教育を受ける権利をどれだけ保障され、かれ／彼女らを真に成長させてくれる教育とどれだけ出会えているか。特に今ニューカマーの子どもの置かれている状況はどうであろうか。一律には論じられないだろうが、困難に出会っている児童生徒は少なくない。マリアのように、来日すること自体に納得していなかったようで、日本の学校を拒むケース（「不就学」と呼ばれる）や、Nがこれまでに経験してきたような、滞在の年月を重ねても親は日本の生活に十分参加できず、親の助言や支援も得られないような環境でひとり頑張らねばならないケースは、必ずしも例外ではないと思う。

こうした子どもたちに教育を保障するとは、どういうことだろうか。

1　子どもたちはどこで学んでいるか

中長期的に在留する外国人のうち、義務教育年齢にあたる子どもはどのくらいの数になるのか。二〇一二年現在、その推定総数は、一〇万三〇〇〇余名である。後にも参照するので、六―一四歳の外国人数を国籍別に示しておく（**図1**）。実はこれは推定の近似値というべきものであるが[1]、過去数年、総数はやや減少を示している。首座にあったブラジル人の減少、韓国・朝鮮人の帰化（日本国籍取得）および少子化の双方によるものと思われる減少がそれである。三つの国籍グループが抜きんでて多く、フィリピンがこれにつづく。この数字、および以下の数字でも、韓国・朝鮮人の内からニューカマーではない在日の子どもを分離することができないので、それを含んだ数字であることを断っておきたい。

なお、ここで、国籍上「日本人」である外国につながる児童生徒についてであるが、筆者は次のような間接データしかもたない。後にも触れる、ほぼ現在義務教育年齢にあると思われる一九九九―二〇〇七年に生まれた国際結婚児は計二三万三〇〇〇余人に上ること（厚労省『人口動態統計』より）、過去一〇年間ほどの一五歳未満の帰化者が数万人と推定されること、今一つ、横浜市教育委員会が小中学校在籍者を、「外国籍」と「外国につながる」児童生徒に分け、二一八六人／三五四三人（二〇一〇年）／二〇八三人／三九四二人（二〇一一年）として示していること。以上を総合し推定すると、「つながる」

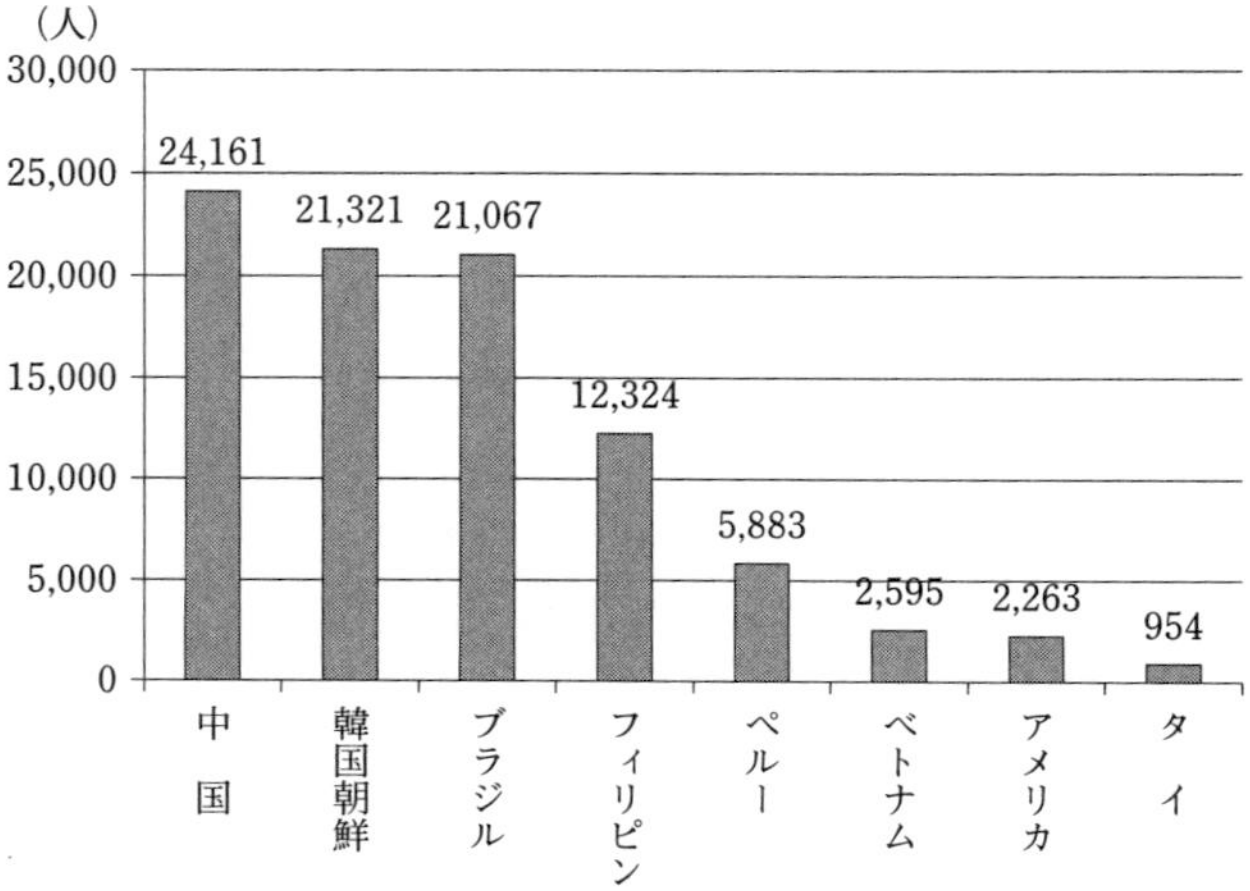

図1　6–14歳の推定人口（2012年）

児童生徒数は約二〇万人前後ということになる。この子どもたちは義務教育下に置かれるが、日本語指導を必要とする者を含んでいる。

ニューカマー外国人の急カーヴの増加が始まったのは九〇年代半ばであり、二〇年以上が経過し、来日する外国人も学齢期の子どもを伴う場合、日本の教育と学校について何らかの情報をもち、来日後、さらに新たな情報と助言にもとづき、いずれかの学校に子どもを通わせているはずである。来日し、国際結婚をし定住し子どもをもうける場合、より地域に根付いていて、子どもの就学では日本人と類似した行動をとるだろうと思われよう。そして、少なくとも八割は、近隣に必ずある日本の公立学校に子どもを送っているはずだ、と予想されよう。

ところが、われわれの知るデータではそうなっていない（**表1**）。

ここで驚くのは、A／Bが六割前後であり、AとB

表1　日本の小中学校の外国人在籍者数と義務教育年齢の外国人数

年	A　外国人在籍者数（小・中学校）	B　6–14歳の外国人数（推定）	A／B
2008	68,382	120,785	0.57
2009	68,871	115,934	0.59
2010	66,463	110,641	0.60
2011	64,427	105,905	0.61
2012	63,100	103,319	0.61

の差がひじょうに大きいことである。約四割前後の子どもは日本の学校に通っていないことになる。この大きなギャップをどのように説明するか。文科省もこれを説明するデータをもたない。そこで関係者や研究者からは、このギャップの説明につき、次のような三つほどの仮説が提出されてきた。

A　外国人登録データが外国人滞在の実勢を正確に反映せず、すでに当該市町村から転出したり、帰国している個人も含んでいるため（外国人新管理制度が適用される二〇一三年からはデータが変わると思われる[2]）。

B　右の理由に加え、日本の公私立学校以外の、外国人学校（民族学校）、およびインターナショナル・スクールなどに通う者が相当数いること。

C　以上を勘案しても、ギャップは十分に説明できず、いずれの学校にも在籍していない不就学の子どもが相当数いるため。

たしかに旧外国人登録制度では、転出の際に転出届の提出を要しなかったため、旧住所に相当期間登録が残ることがある。行政から何らかの通知が送られても、「転居先不明」でもどってくる率は高かった。しかしこの率が仮に二割に達するようなことがあっても、そのすべてが帰国したとはとうてい思えず、国内にあって登録が滞るかたちで滞在しているのではないか。そこに不就学の子どもが含まれる可能性はあろう。

Bに関連し、外国人学校（民族学校）に通う者のことを考えると、まず文科省の学校基本調査の報告では、各種学校の内の「外国人学校」（二〇一三年）の項目に二万五六〇〇余人という生徒数が挙げられている。だが、この数字は各学校からの報告数で実態とずれがあることが多く、経済状況によって変動する。そして、後に触れるように外国人学校には日本国籍者が高い比率を占めるところもあるから、外国人生徒は最大限に見積もっても二万人程度ではないかと思われる。

とすると、仮説Cも排除しにくい。大ざっぱな推測しかできないが、いずれの学校にも在籍しない者が、少なく見積もっても、数千人から多ければ一万人の範囲で数えられるのではないか。これをすべて不就学とみなすには慎重でなければならず、各種学校に認可されない私塾同然のブラジル人学校などに通う子どもたちも就学者に加えるべきだとする見方もあろう。しかし、それでもなお不就学率は、初等教育年齢の外国人の五％から一割の範囲の数字となろうというのが、筆者の判断である。義務教育下にある日本人においては、不就学はごく例外的な事態（重い病弱、居所不明など）で、〇・一％に満たないことを考えると、これは大きな数字である。

佐久間孝正は、外国人の子どもの不就学に五つほどの原因別類型があるとし、本人の学習意欲の欠如、頻繁な移動や滞在予定の不明など親・家族の行動、いじめなど人間関係、日本語指導や受け入れ態勢の不備を挙げ、第五に「構造化された不就学」があるとした（佐久間 2006: 74）。もちろん、前の四つはそれぞれ重要だが、第五のそれは「制度的」につくられる不就学であり、他の要因とは次元を異にし、たとえば親がオーバーステイなど非正規滞在であると、就学申し出が困難となる事実はそれである。だが、この制度的要因のより根底にあるのは、外国人が就学義務の外に置かれていること、そのことではないだろうか。

近年、滞日外国人の内では「特別永住者」(在日韓国・朝鮮人など)のほか、「永住者」資格を取得する外国人がじりじりと増加している。その子どもたちが将来確実に日本社会の成員市民になっていくとすれば、この制度が維持されてよいかどうか、問うべきであろう。文科省も、不就学という見えにくい実態があることを認め、座視できないと感じ、自治体の協力を得て調査を試みたが、部分的な事態の把握にとどまった(一〇〇頁も参照)。それとならんで、同省は、外国人の子どもの就学の促進のため、二〇〇六年六月、初等中等局長通知「外国人児童生徒教育の充実について」を発し、就学の案内の徹底や就学の手続きの弾力化への配慮をもとめた(後述)。さらに、不就学者への支援、学校への就学促進などに取り組む自治体や団体を補助する事業(「虹の架け橋教室」)を、全面出資し二〇〇九年に開始している。この事業が、ブラジル人学校等に通いながら日本語教育を希望する子どもも対象に含めたことは注目される。(3)

だが、そもそも外国人には就学義務を適用しないとはどういうことなのか、不適用という制度がどのように運用され、機能しているのか。そのことの意味と問題点を、本章では中心的に追ってみたい。

2　なぜ義務教育の外に置かれるのか

二〇一二年に筆者らが行った「外国人児童・生徒の就学に関する意見調査」（序章注(1)をみられたい）では、外国人の子どもたちに教育を受ける権利が実現されていると思うかという問いと、就学義務を外国人にも適用したほうがよいと思うか、という問いを発している。前の問いには「そう思う」と答えたのは五三%、後者の問いへの、外国人への就学義務を適用すべきだとする回答は六七%となっている。この二つの取り合わせは、外国人の子どもの教育に関わっている指導者の判断をよく表していると思う。

繰り返すが、日本で六―一五歳の子どもをもつ保護者に課される就学義務は、外国人には適用されない。その理由について政府筋の現在の説明は、あまり明瞭でも、説得的でもない。その論旨はほぼ、日本国民を育成することを主旨とする義務教育を外国人の子どもにも及ぼすのは適当ではない、ということに尽きている。

ところが、アメリカ、フランス、ドイツなど欧米諸国の大勢は、特定年齢範囲の子どもには国籍にかかわりなく就学の義務を課しているのである。たとえばフランスは一九三六年に外国人への義務教育の適用に踏み切ったが、当時すでにこの国には三〇〇万人を超える外国人が数えられ、定住の傾向をまし、子どもは将来のフランス社会の成員となることが十分に予想され、かれらにとって学校が必須の社会化の場と考えられたのである（Schor 1996: 101）。また今日、この就学義務の規定ゆえに、親の正規の滞在資格の有無とは関係なく、子どもの就学は認められる、と法曹やＮＧＯは解釈している（GISTI 2007: 8）。この外国人の定住化という点で、状況は現在の日本と根本的に異なっているだろうか。

また、日本国憲法の定める教育の権利・義務（第二六条）については、「国民の」権利・義務となっているが、法学研究者の見解も次のように言う。「権利の性質上、日本国民のみをその対象としているものではなく、広く在留する外国人にも、これらの権利・義務が存在するものと解すべきである」（手塚 1995: 270）。国際人権規約Ａ規約などを批准したにも拘わらず、国民の権利・義務に固執するのは、不自然の感さえある。法学者大村敦志も、外国人の定住化が進んでいることにかんがみ、「今日重要なのは、まずは、ルールを法定すること、そして、その際には、日本に在住する外国人を等しく義務教育の対象とする立法政策を採用することだろう」としている（大村 2008: 152）。

むしろ、現時点では説得的には示しがたいこの外国人の就学義務の適用除外には、過去の歴史的理由が大きかったのではないか。時期を遡ってみる。一九五一年のサンフランシスコ講和会議で対日平和条約調印を経、日本が「独立」した当時、ほとんど唯一といってよい外国人集団だった（正確には、日本政府の一方的な国籍変更によって「外国人」集団にされた）朝鮮人の子どもにはどういう対応がとられたか。これについては、他にも類似の発言はあっただろうが、「当然日本の法令による義務教育を受ける権利を喪失する」という一九五二年九月の東京都教育長名の通達に出会う（佐野 2011: 104）。また一九五三年一月、文部省（当時）はある県の教育長からの照会への回答として、彼らには就学義務はなく、

「(教育委員会側に) 無償で就学させる義務はない」とさえ言い切っている。戦後も日本国籍者として義務教育を適用されていた人々に対して、である。手のひらを返すような扱いだったといえる。

彼らを朝鮮半島に「帰還するべき存在」とみなす考え方は、戦後一貫して日本政府側にあり、彼らを外国人化した以上、なおさら、「外国人のまま長期に日本に滞在し続けることは日本政府の望まぬところだった」(佐久間 2005: 220)。その後、たしかに半島への帰還は進められたが、解放された独立国になっても経済的には厳しく、密かに日本に舞い戻った人々(密入国者となる)もあり、それら当時の言葉でいう「潜在居留民」も含めて、六〇万人以上の人々が「在日」として日本に滞在しつづける。

右の就学義務不適用という決定は、そのようにみなされる朝鮮人に無償で日本の初等教育を受けさせる必要はない、という排除の論理を内包していたわけで、もしも彼らの子弟を日本の公立学校に就学させることを望むなら、「誓約書」も提出しなければならないとされた。それは、学校長に充てられたものので次のような文言からなる。

「入学許可の上は日本国の法律を遵守することは勿論校則を守り学校当局に迷惑をかけません。万一学校長において、迷惑をかけ、他の生徒の勉学の邪魔になる行為があったと認められた場合、退学の申付があれば何時でも、異議なく退学させ、いささかの異議も申し立てない事を制約いたします」。

そうした日本の公教育のなかでは、彼らの望んだ民族教育はとうてい認められるはずはなかった。

以来十数年、一九六五年の日韓法的地位協定の締結によって、ようやく状況がいくらか変わった。在日の子どもの就学の保障が韓国側から求められ、日本はこれに応じ、日本の公立学校に就学を希望する韓国人には無償化を図るものとした(4)。同措置は、それ以降、韓国人以外の他の外国人にも拡大されていった。

その後、さらに次のような変化があった。前記のように、日本は一九七九年六月国際人権規約A規約を批准し、そこには「初等教育は、義務的なものとし、すべての者に対して無償のものとすること」(一三条二―a)という条文がある。「すべての者」とは、国籍を問わずという意味であり、当然外国人も含まれる。政府は批准の際、この条項に留保をしたといわれるが、正確にはそうではなく、留保したのは、中・高等教育の無償化だとする指摘がある(安藤 1999: 50)。外国人にも無償という措置をすでに取っているから、という理由からだろうか。

では、「義務的なもの」にすべしという点ではどうだったか。それから一〇年経っても、政府が初等教育を国籍の別なく義務的なものに近付ける具体的努力を行ったという証拠はみられなかった。

3　初等教育の無償化、「就学案内」の送付

さて、日本では前述の国際人権規約A規約の批准が行われても、特段の法改正は行われていない。では、「難民の地位に関する条約」(難民条約)の批准の際、そして一九八〇年前後からインドシナ難民が

次々と受け入れられていく時にはどうだったか。

難民の子どもたちが姫路や大和の定住促進センターに姿を現すのは、一九八〇年頃である。センターでは、六歳以上の入所者には日本語等の教育が行われたが、子どもの教育はそれで済むものではもちろんない。大和のセンターに隣接する同市立南林間小学校では、八一年から子どもたちの受け入れが行われているが、それは、なんと同小学校の教員たちの「自主的なとりくみ」によるものだった（堀 2001: 10）。だから当初、子どもたちの受け入れには土曜日が充てられたという。それから数カ月遅れて、大和市が正式に受け入れを決め、次いで神奈川県が「インドシナ難民担当教員」（三名）を配置する。だが、こと教育面に関するかぎり、対応における国の影は薄かった。

国がある程度動きをみせるのは、日韓両政府の間で主に在日の三世（六五年の日韓協定で永住の資格を得た者の孫という意味で）の法的地位について協議され、合意された際の「日韓覚書」（一九九一年一月）以後のことである。同覚書の文言中の該当する部分を念のためにかかげると、「日本人と同様の教育機会を確保するため、保護者に対し就学案内を発給することについて、全国的な指導を行うこととする」というものである。こうして在日韓国人家庭に日本の学校への就学案内（日本人家庭には命令的な意味のある「就学通知」）が送られることになる。この合意を承け、同年文部省は、「韓国人以外の外国人にも準用すること」として、市町村教育委員会は、公立の義務諸学校に入学を希望する者がその機会を逸することのないよう、相当する年齢の者の保護者に入学の案内を発給すること、という通知を行った。いわゆる「就学案内」の発送の開始である。

なお、右の通知で、同じく「覚書」にもとづいて、「(学校教育法第一条に規定する) 学校に在籍する在日韓国人に対し、課外において、韓国語や韓国文化等の学習の機会を提供することを制約するものではないこと」としている。これのもつ意義はそれなりにあって、大阪市では公立学校に設けられた民族学級で、民族講師への予算措置が拡大されるなど、改善がみられた (黒澤 2011: 74)。

ただ、「案内」については、いくつかの曖昧さは残された。右の通達では、小学校入学のみならず中学校進学時にも「就学案内」を発給すべきかどうかには言及していない。小学校に学んで高学年になれば当然、中学に進学しなければならないことや、自分の住所がどこどこの中学の学区にあることを知るようになるから、案内を送る必要がない、と考えるところが多い。ところが、小学校の外国人在籍者を自動的には中学校の就学予定者名簿に載せないという運用をしている自治体もある。X市では、「外国人のお子さんが市立中学校に入学するためには、保護者の申し出が必要です」という事実上の就学案内を、小六の保護者向けに送っている (高橋 2010: 164)。くわえて、ニューカマー外国人児童の場合、高学年で編入し不登校状態が続いていたり、親の学校制度への知識が不十分であることも多いから、就学案内による注意喚起がなされないと、中学校進学の機会を逸する恐れがある。

なお、ここで未解決といってよい問題を示す。

ニューカマーの子どもの増加につれ、学制や就学年数の違い、その他の理由から、日本の小、中の学齢の規定にマッチしない外国人の受け入れの課題が生まれる。学校教育法は、保護者は六歳に達して後の最初の学年の初めから一二歳に達した日に属する学年の終わりまでを小学校に、および小学校を修了した日以降の最初の学年の終わりまでに中学校に就学させる義務を負う、としている（第一七条①⑥）。就学案内は年齢基準で発給されるから、就学を希望していても、この案内が配布されないことがある。

そして次の問題は、「学齢超過者」の扱いである。なんらかの事情で母国で中学校課程を修了せずに来日し、一六歳以上で日本の中学校に編入を希望するような場合である。文科省は一律に「ノー」とはせずに、「学校の収容能力や他の生徒への影響を考慮して、入学を許可しても差し支えない場合もある」としているが、それとは別個に、許可しないという判断を下し、それら希望者には夜間中学への就学を奨めている県、自治体もある。もっとも、夜間中学は全国で八都府県内と、ごく限られた自治体にしか設けられていない。受け入れをこばむ理由にはさまざまなものが挙げられるが、これまでの例では、一五歳の就学希望者を断り、理由として「日本語ができないから」とする対応もあったとされる[5]。年齢のこともさりながら、この理由づけは、初等教育の達成を望む者への対応としては問題であり、現在では許されないだろう。

たしかに「就学案内」発給は、就学保障への必要な第一歩であり、外国人家庭に就学を翌年に控えた子どもがいれば、秋口にはこの案内を手にすることになった。また、来日して外国人登録を済ませた親たちにも、「わが子の学校をどうしようか」と考えるとき、教育委員会に行くようにとの案内もなされるようになった。

しかし、政府はこれによって外国人の「教育を受ける権利」（憲法第二六条）の保障に問題はなくなったとみるのだろうか。ここで、そもそも権利が保障されるとはどういうことか、考えてみたい。

4　教育を受ける権利の保障ということ――「希望する者のみ」でよいか

「××の権利が認められる」ということは、一般には××を行うことを義務付けられることを必ずしも意味しない。公に認められている権利でも、それを行使する・しないの自由はある。たとえば、公職の選挙の投票権がそうである。投票しないことが一つの権利と考えられることもある（もっとも、国によっては棄権をなんらかの処罰の対象としている例もある）。また、すべての人には就労の権利があり、職業に就き、職業を変える自由が認められているが、といって職業をもつことが義務付けられるわけではない。いわゆる「専業主婦」の道を選ぶことも自由である。しかし学校教育とは果してそれと同じような性質のものだろうか。

筆者は別の機会に、就学の義務について次のように論じたことがある。

「同じ義務でも、たとえば『納税の義務』などと同質のものだろうか。納税には、国や地方自体からさまざまなサービスを受けることへの対価、見返りという意味合いがある。しかし教育の義務に、そのような対価性をみるのは無理であろう。むしろ教育を受けさせる義務とは、教育を受ける権利の保障と一体なのであって、少なくとも近代の教育理念ではそうである。だから、就学の義務を免じられるからといって、それに甘んじて保護者が無為でいることはできず、わが子が人間として成長し、能力を開花させ、友人をもち、社会のなかで生きていく術を身に付けるための学校教育という貴重な機会への権利を、子どものためには放棄するわけにはいかない。このことを思わない親はないであろう」（宮島 2013: 60–61）。

教育を受ける権利とは、あっても、その権利を行使しない自由もまた尊重される、というものだろうか。この点は単純に考えることはできない。ある年齢まで学校教育を受けることは、本人の成長、発達、社会化のためにも、すべての子どもにとって欠くことのできないものである。よき市民を育てるという社会の利益からしても、絶対に必要なことである。なかには家庭内教育を望む親もいるかもしれないが、あくまで特殊例である。外国人の親たちも例外なく、わが子が学校教育を受けることを望んでいる。それだけに社会は責任をもって、本人、親の自由意思にある程度逆らっても、子どもの就学の途を講じるべきである。

ところが、特定のカテゴリーの子どもには就学義務を課さないといったん決めると、マイナス面が出てくる。市町村教育委員会など行政の側はそれだけ、一貫して責任感をもっての当該の保護者への就学への働きかけをしなくなる。また、「就学の義務がない以上、彼らに就学を働きかけるのは行政の権限の逸脱ではなかろうか」といった法律論も出てくる。筆者らは、市町村教育委員会に、就学案内を発送しても、意思表示のない外国人保護者には個々にフォローアップ（追跡調査）をしているか、という質問をずいぶんしてきたが、はっきり「イエス」と答えた教育委員会は少なかった。

前述した「外国人児童生徒の就学に関する意見調査」では、「就学案内を送っても就学の申し出のない外国人家庭に対して、どうしていますか」と尋ねている。正確に事態を把握していると思われる指導主事の回答から判断すると、「特に対応していない」とする自治体が約半数、「電話するなどして意向の確認につとめる」が二三％、「家庭訪問をし、就学を勧めている」が一一・五％であった（坂本ほか 2014）。就学を勧めるという努力は行われていないわけではないが、個々へのフォローアップは明らかに不十分で、義務教育の下にある日本人の子どもとの違いは明らかである。

では、教育委員会に対し、わが子を就学させたいと申し出る場合どうするのか。義務ではないのだから、願い出るという形をとる。現に、日本人の場合にはない「就学申請書」を外国人保護者に提出させ、申請－許可という手続きの形式に沿わせようとする。許可する際に条件を付けることもあるとされ、たとえば、親は必ず外国人登録をしていること、無断の欠席はしないこと、学校の規則を守ること、などの「条件」を付けている例がある。これらが守られない場合、許可の取り消し＝退学もありうることが示唆される。ある外国人多住都市では、学校側の判断を保留する「テスト通学」という期間を設け、その期間、子どもが規則的に通学してくるか、学校規則を守って行動するかなどを観察、チェックし、場合によっては就学を認めなくてもよい、としていた。

およそ義務教育下の日本人には、このような条件を付けることはありえない。それが、こと外国人に対しては、教育を受ける権利をなるべく保障しようという姿勢よりも、学校に面倒や心配をもたらすような子どもには就学してほしくない、という論理がほのみえるのである。ただし、これは教員個々人の態度をいっているのではない。なお、二〇〇六年には前述の文科省通知「外国人児童生徒教育の充実について」が出され、以降、教育委員会が受け入れの条件に明示的に合法的滞在をかかげることは、少なくともこの通知には整合しなくなっている。これについては後述する。

5 関心と対応の一貫性の欠如

次のような観察と報告も、外国人児童生徒を義務教育の外に置くことからくる、対応の一貫性の欠如、さらには無責任性を語っていないだろうか。

ブラジル人多住のある町の中学校は文科省の外国人生徒教育の指定校となり、外部からの見学者も多く訪れ、黒板にポルトガル語の単語が書かれ、辞典が使われ、単語にルビがふられたりと、教員たちもがんばっていた。しかし、翌年、研究指定が終わると、教員たちは明らかに外国人生徒たちのことに無関心になり、ケアもしなくなり、そのためブラジル人生徒の多くは中退していき、自ずと日本人－ブラジル人の間にミゾができ、互いの接触も少なくなった（二井 2011: 121）。

ここで、外国人保護者のサイドから、就学の権利について考えてみたい。

子どもを伴って来日する親で、「子どもの教育などどうでもよい」と考える者はいない。仕事、住宅、医療、等々と並んで、子どもの学校をどうするかは彼らにとって最大の関心事の一つであり、心配ごとである。ただし、まだ仕事がうまくいかない、安定しない、住宅が決まらない、といった時、つい子どもの学校のことをなおざりにし、先送りしてしまうことがある。

神奈川県内に学ぶあるボリビア人の中学生は、「○○○県からこちらに移動してきて、仕事や色々なことがなかなか決まらず、親も子どものことに思いが回らず、一ヵ月以上自分は学校に行かなかった」と語っていた。その時、彼女と親に就学するようにと手引きしてくれたのは、地域学習室のボランティアたちで、教育委員会からの働きかけはなかったようである。

日頃、在籍する外国人の子どもが学校に姿をみせなくなっても、家庭訪問など熱心にケアする姿勢が学校にない場合もあるようだ。子どもは学校に通っていたが、DVなどの理由で母（外国人）は家を出、母子世帯となり、そのうちオーバーステイ状態になってしまう。行政とボランティア（NPO）が援助に入り、法律専門家も支援するといった家庭で、その間、母親は子どもの教育、通学に心を向ける余裕がなく、子どももトラウマをかかえ、学校に通わなくなった（通えなかった）というケースが起こる。だが、これら二、三の件についてK市で聞き取りを行った際、学校に行かない子どものためNPOが心配し精神的ケアにあたったことは知ったが、学校が子どもの支援に動いたという例は聞かなかった。外国人だからか、どこか子どもへの臨み方が違い、距離が置かれるのである。また、一般に外国人の場合、欠席が長期化したりすると、退学への勧告、除籍の措置もないわけではない。義務教育下の日本人児童生徒にはありえないことである。

就学案内にもどると、言葉や知識、文書読解力の問題もある。就学案内を受けとった親は、文面が日本語で、漢字まじりで、もしルビもなければ、通訳してくれる者が身近にいないと、何の文書か分からず、就学を申し出ることもできない。同案内の多言語化は、文部省の通達の求めるところではなかったから、当初たいてい地域の外国人支援グループなどの申し入れがあって、実現したものである。神奈川県のS市のように、支援ボランティアと外国人グループの働きかけに教育委員会が応じ、一三言語による案内が発給されてきた所もある。それに対し、筆者らが行った前記の調査では、外国人多住自治体でも二割程度は日本語のみでの案内の発給にとどまっていると推測される。東京都という最多の外国人登録人口をもつ地方自治体でさえ、就学案内は日本語のみで記され、発送されている。読めないがための逸機という事態がどれほどあるだろうか。

総務省行政評価局は二〇〇三年八月、文科省に対し、「就学の案内などの徹底」を趣旨とした勧告を行った。管内に外国人の該当児童がいても、案内を発給していない自治体もあったのである。これを承けて、文科省は二〇〇五年、「外国人児童生徒のための就学ガイドブック」を作成し、都道府県、市町村の教育委員会に配布した。それは七言語（英語、韓国・朝鮮語、ベトナム語、フィリピン語、中国語、ポルトガル語、スペイン語）で作成され、就学案内の例文も掲載されている。これにより、就学案内を送るという業務はかなり徹底されたといわれる。ただし、にもかかわらず日本語一言語のみによる案内の作成をなお続けている自治体もある。

6 申し出の困難な者・迷う者

もし通訳してくれる人がいて、「案内」の文面を理解することはできても、たとえば「日本語の不自由なわが子が日本の公立学校に通っても大丈夫だろうか」といった疑問がきざす場合、確かなアドバイスをしてくれる人がいなければ、自分では決められず、案内はそのまま放っておかれる恐れがある。「日本の学校への就学を希望する者は受け入れます」という今日の教育委員会のスタンスは、申し出る者のみを受け入れます、ということであり、外国人保護者の困難、悩み、逡巡に寄り添うものとはいえない。

日本の学校について保護者たちが噂や伝聞の影響を受け、それが就学の申し出に影響を与えていることもある。こんなケースもあった。来日早々、「日本の学校では外国人の子どもがいじめられる」という噂を耳にし、親はにわかに不安になった。そして子どもはクラスの中で日本人生徒から少しきついことを言われ、おびえ、就学の意欲をしぼませてしまった。親が学校に抗議し、「それほど問題とするような言動ではないはずである」と学校は答えたが、結局親は数カ月後にその子を帰国させることに決めている。「いじめ」への懸念がニューカマー外国人を捉えている強さは、予想以上である。

伝聞に頼っての誤解もあるだろう。だが、残念ながら噂もある程度事実を表しているとみるべきで、教室内の見逃せないいじめは、日本の学校生活経験者から種々証言されている（竹ノ下 2005: 125–126）。

学校内での外国人の子どもやハーフの子どもへの、心ないからかいやいじめはなかなかなくならず、周囲とは異質であることが特殊視や排斥の行動を誘発しやすいことは大きな問題である。欧米の学校で行われているような反差別の教育が、真に必要とされているのではなかろうか。

このいじめへの懸念と関係すると思われるのは、日本の学校生活を支配している複雑なさまざまなコードが読めない、周りとはずれた行動をしてしまうのではないか、という親子の恐れである。元インドシナ難民と思われる、同国出身者を援ける活動をしているラオス系ボランティアは、呼び寄せの子どもについてであろうが、学校生活の適応に一年間かかると語っている。特に、集団生活がまるで分からず、ついていけない。勉強の仕方、給食時の行動、同級生の関わり方まで指導が必要で、これらに慣れるのに子どもは大きな努力、時間をついやし、学習も遅れてしまう、と（かながわ国際交流財団 2013: 36)。こうした細かな規則の網の目をはりめぐらすことが、周囲から「違反者」という眼差しを向けられるマイノリティ児童・生徒を生んでいるという面がある。

いじめの噂や伝聞がある時、日本人の子どもへのきちんとした指導と、外国人保護者の不安を除く責任ある説明がなされなければならない。これを行うべきは、教育委員会であり学校であるが、スタッフとして、保護者とコミュニケーションができ、学校生活の案内もきちんとできる「スクールソーシャルワーカー」の配置が望ましいと考える。一部の自治体ではこれに近い配慮が行われているようであるが、外国人の保護者には、わが子が学校で経験していることへの学校側の説明責任が果たされているとはみえていない。

結語――教育を受ける権利を行使できるために

すでに一部触れたが、過去一〇年ほどの間に、外国人の子どもの就学を確かなものにするべく文科省の取り組みも変わってきた。二〇〇六年六月、前記の初等中等局長通知「外国人児童生徒教育の充実について」が、都道府県知事、指定都市市長、教育長宛てに発せられている。内容的には、周知、徹底、きめ細かな配慮、弾力的な対応を強調したものといえる。主な措置を以下に挙げる。

・就学案内の徹底
　外国語による案内の作成
　就学援助制度の的確な情報提供
　中学校新入学者への就学案内の送付
　外国人の居住状況も踏まえた通学区域の弾力化
・就学手続き時の居住地確認の方法の弾力化
　外国人登録証明書による確認に限らない、他の信頼できる書類も認める
・多様な人材の積極的活用
　多様な言語・文化へのきめ細かな対応をＮＰＯなどの人材を確保しながら行う

過去にさかのぼると、一九五三年の文部省の通達には、ものものしく「入学を許可する場合は、必ず本人の所持する外国人登録証の提示を求め、その記載事項、写真等と入学願書を照合し……」とあるから、スタンスの違いに驚く。半世紀後のこの通知は、在留の合法と否とを問わず就学が認められる、とは述べていないが、そう受け取ってよいのだろうか。

これを承けて、現在、自治体の外国人保護者への対応においても、「在留資格の有無にかかわらず〔就学の〕申請をすることができる」とはっきり告げるところもある。

ただ、二〇一二年から完全移行した新外国人在留管理制度のなかでは、この方針がどんな意味をもってくるかはなお明らかではない。外国人住民も登載されることになった新住民票には、非正規滞在者は載らないから（従来は「在留資格なし」で市町村窓口で外国人登録が行われてきた）、そうした家庭には今後、「就学案内」が送られないことになる。それだけでも、非正規滞在家庭から子どもの就学の申し出が出てきにくい状況が生まれるのではないか。子どもの権利条約批准国として、地方自治体は、保護者の地位から切り離した該当年齢の外国人の子どもの名簿をもつ努力をしなければならないだろう。

県、市町村の教育委員会の認識もだいぶ変わったと思うが、国籍を問わずすべての子どもを責任をもって就学させようという姿勢はまだ十分とはいえない。そのような態度に転じようにも制度が整っていない。このことを繰り返し述べてきたが、では外国人への就学義務化は必要であろうか。筆者はその必要を感じる者の一人である。

ただし、義務化それ自体が目的なのではなく、外国人が教育を受ける権利を洩れなく享有し、行使で

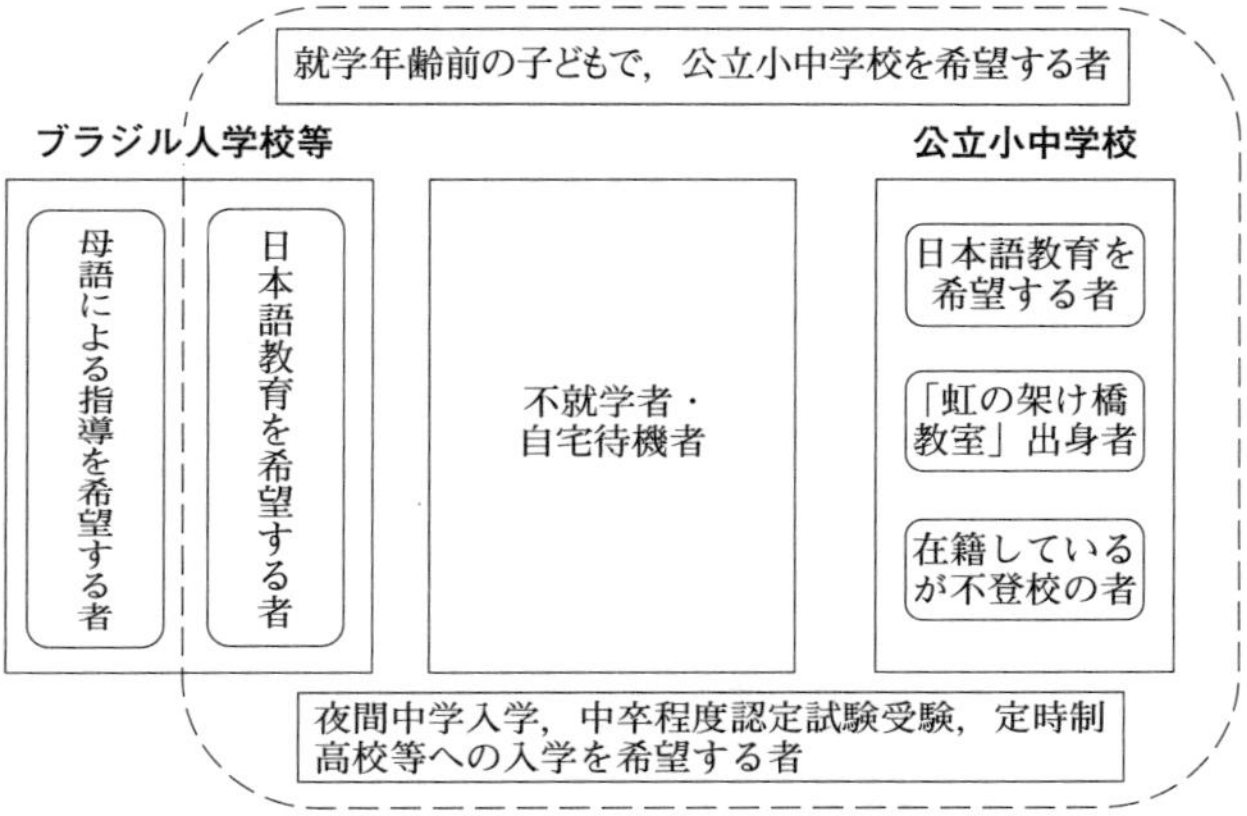

図2　定住外国人の子どもの就学支援事業
（「虹の架け橋教室」の対象となる子ども）

きるように教育委員会と学校が責任感と義務感をもち彼らに働きかけ、皆就学を実現するためにこそ、それが必要だと考える。

その場合、もちろん日本的な義務教育理念がそのままでよいわけはなく、並行して、日本の義務教育が掲げる「国民の育成」というそれの再考、むしろ市民としての青少年の育成へ、とその転轍への議論がなされなければならない。そのためには、学習指導要領のあり方や、検定済み教科書使用義務、その採択方法などにも再検討のメスが入れられる必要があろう。

さらに、その上で、なお必要とされる改革は、外国人の保護者、子どもには大きな問題である学校選択の自由を認め、広げていくことにある。それはどういう問題なのだろうか。これは次章の主題である。

（1）在留外国人統計では、年齢別の外国人数は男女別に五歳刻みで表示されているので、五—九歳、および一〇—一四歳の男女の数を合計し、その一〇分の九をもって義務教育年齢にあたる外国人数とした。

（2）中長期滞在外国人の数が居住者の数により正確に対応するようになるとされる。ただし従来、市町村レベルでは受理されていた「在留資格なし」と記した外国人登録はありえなくなり、そうした外国人は数の上では示されなくなる。

（3）「虹の架け橋教室」が助成対象としたのは、**図2**のような子どもたちを指導する地方自治体や法人格をもつ団体の運営する教室である。在籍する学校が日本の学校であると否とを問わず、またいかなる学校にも在籍しない子どもをも対象にする点で画期的だが、「日本語教育を希望する者」という限定が狭すぎないか。ブラジル人学校等がこうした助成方式にうまく対応できたかは検証が必要だろう。なお、二〇一三年度で「虹の架け橋教室」事業が終了したこと、それを受け継ぐ事業が準備されていないことは、別の意味で大きな問題である。

（4）これは、次の三点からなり、今日まで原則化されている（一九六五年一二月、文部事務次官通達）。

・授業料は徴収しないものとすること。

・教科書用図書の無償措置の対象とするものとすること。

・就学援助措置についても、日本人子弟の場合に準じ、同様の扱いとするものとすること。

（5）南米系の一男性はこう訴えていた。「僕が一〇年前に来たときは一五歳で、中学に入る予定だったんだけど、近くの中学校の校長先生と話したら、『日本語ができない人は受け入れられない』って。だから、仕方なく仕事をすることになった」（かながわ自治体の国際政策研究会 2001: 242）。

3章 教育を受ける権利と学校選択・教育選択

1 学校選択=文化の選択

「六歳になるまで私の長男は〔日本の〕保育園に通っていました。しかし、ポルトガル語について心配で、二年前にブラジル人の学校に入学させました」(豊橋市 2003: 60)。

これはブラジル人の一保護者が、豊橋市の「日系ブラジル人実態調査」への自由回答として寄せた言葉である。滞在が長期化して、わが子が日本語世界に入っていき、母語から離れていくのに不安をつのらせての、思い切った学校選択である。

これは多数者の行動であるとはいえず、全体としてみれば、相対多数の外国人の親はわが子を日本の公立学校に通わせている。しかしその公立組の親たちもたぶん心底では、同じ不安と、そして同じ願望をもっていると思われる。だから、日本の学校に「少なくとも週二回、ポルトガル語の授業をしてほしい」、「選択科目として小学校でポルトガル語の授業があればよい」（同：60）といった希望が表明される。これは現状では実現はむずかしい。

ブラジル人多住自治体の岐阜県K市の就学実態の調査にかかわった小島祥美は、親たちの声をより多面的にとらえ、ブラジル人学校の選択の理由をまとめている。きわめて現実的な必要性（子どもを長く預かってくれる、子どもが日本食の給食を食べられない、など）がある一方、帰国と定住の間で揺れ、日本的環境に浸る子どもの言語生活への懸念と、継続的な学習がこうであってほしいという思い、さらに、いじめ、友人関係など耐えがたい日本の学校文化も、理由とされている（小島 2011: 84–86）。ちなみに、同市では、調査当時、ブラジル人の子どもの約三割は、ブラジル人学校に通っていた。

南米系だけではない。日本の公立学校で学んできたある中国人生徒は、将来を案じ、母語の学び直しの必要を感じ、高校で開かれている母語授業で再学習している。「中国語話せますけど、小三に来たから書くことがむずかしいんですよ。最初から基本を押さえるため。……みんな忘れているから、今日本語ばっかり考えてしゃべっているから」（今井 2008: 188）。

いっぽう、学ぶ機会の保障についてはどうか。日本の例ではないが、たとえばオランダではかつて多文化主義アプローチの下に外国人・移民の母語教育にも力を入れたが、一九九〇年代から「多文化主義」の旗を降ろし、「統合」を掲げ、オランダ語習得をなによりも優先させ、週五時間という母語教育の時間も削減されようとしている（Entzinger 2006: 190）。だが、これに反論する研究もある。代表的移民グループであるトルコ人とモロッコ人の生徒調査を行った二人の研究者は、学校でオランダの言語文化によく適応しながら、他方エスニック文化の維持にも努めている者こそが、ポジティヴな成績達成と進歩を実現しているという結果を得ている（Phalet and Andriessen 2003: 165）。

日本に立ち返ると、国籍の別なく就学義務化を進めるとした場合、現状のままでは、外国人の保護者、子どもは次のような問題にぶつかる。義務教育学校とは、国の公式見解では、学校教育法の第一条のなかに記されている小学校、中学校、中等教育学校（の前期課程まで）、特別支援学校（の中学部まで）をさす。私立学校の場合は、私立学校法第三条、第三〇—三四条にもとづく学校法人によって設立された、右に対応した学校ということになる（これらを便宜的に「一条校」と呼ぶ）。それゆえ、一条校以外の「学校」に通い、修了しても、法的に定められた就学義務を果たすことにはならない。義務違反として処罰されることはないにせよ、非一条校を修了しても高等学校への受験資格が得られないなどの問題がある。

だが今日、義務教育システムにおいてこの「一条校主義」をそのまま維持することは可能だろうか。また適切だろうか。

もともと文化的な背景、教育への要求の異なる市民たちが共生していく場合、公教育ができるだけ多文化に配慮することが望ましいが、その上でなお、学校の選択可能性が開かれている必要がある。日本のように公教育が多文化に開かれているとはいえない状況では、殊にそうである。たとえば帰化をした元中国人は、日本人になった以上は就学義務を課されるから、わが子を日本の学校（一条校）に転校させねばならない。だが、自分たちの言語、文化を子どもに伝えたいという思いをそう簡単には断てない。国籍を切り換えたからといって、文化の切り換えが命じられるわけではない。日本国籍になっても中国系学校に通わせたい、そして現に通わせている者がいる。その選択を認めてほしいという思いがある。また、外国人の場合で、たとえ日本への永住の意志をほぼ固めている家族でも、わが子が出身文化を学び、継承できるように、と願うことは多く、そのため、他の面での困難やリスクを覚悟の上で日本の学校以外の学校を選択することがある。

義務教育化という文脈から少し離れてみよう。

実際には右でも述べたように日本の公私立の学校に子どもを通わせるケースが相対的には多いのだが、親たちにはそれ以外の学校を考え、選びたいとする積極的・消極的な理由がある。少し整理すると、その理由の第一は、就学先を決めることは教育を選択することであり、教育選択とは文化の選択であるからである。「継承言語・文化」の教育を公教育のなかでも保障しているカナダをはじめとする多文化教育をうたう国とちがい、日本では、学校に通わせることはほぼ日本語モノリンガルの世界に入ることを意味し、母語の忘失が伴うことを覚悟しなければならない。「家でしっかり（母語で、母国のことを）教えても、学校に行ってしまったらどうでもいいことになってしまう」と嘆く外国人の親（首都圏内に在住）の声が少なくない（岡本 2007）。

だが、第二に、文化選択とは、母語、母文化の学習という意味だけに限られない。子どもたちが、緊張、不安、孤立感などなしに学べる学校、またはそのような学校文化を選ぶという意味もあることを見逃してはならない。「子供が入学した時にいじめられないか心配」（豊橋市 2003: 60）。たびたびメディアで報道される日本の学校における「いじめ」や「体罰」が、保護者の不信感、不安感をつのらせ、残念ながら日本の公教育の回避→外国人学校へ、という反応をうながしているのは確かである。ここでは、より受容的で安心をあたえる学校文化[1]という文化が選ばれているといってよい。そして、それはまさしく日本の学校教育に突き付けられた、重く受け止めなければならない批判でもある。

また、いじめだけではなく、日本の学校の知識や規範のたえざる教え込み（つめこみ）に賛成できないと、日本人の夫も説得して、片道一時間はかかるインターナショナルスクールに子どもを通学させている欧米系の女親もいる。「二人の子どもとも横浜のインターナショナルスクールに通う。日本の学校制度は休む間もなく勉強しなくてはならないので賛成できない」（川崎市外国籍市民意識実態調査研究委員会 1995: 57）。

ただし、これは経済的にある程度恵まれている家庭である。それと反対に、出稼ぎ型のライフスタイルをとる外国人家族は、まったく別の理由から日本の学校を避けることがある。「親が働けるように日本の保育園はもっと遅くまで〔子どもを〕預かってほしい」（豊橋市 2003: 60）。この希望がかなわない親たちはやむをえず、朝早くから夕刻遅くまでの通勤・就労時間中いわば託児先としてブラジル人保育所、ブラジル人学校を選ぶ。外国人学校のひとつの〝利用法〟である。そうしたライフスタイルでの滞

表1　若干の外国人多住市における義務教育年齢児の就学状況

調査対象都市	居住確認のできた外国人登録者数（義務教育年齢）	公立学校等に就学	外国人学校等に就学	いずれにも就学していない
太田市（群馬）	603（100%）	413（68%）	185（31%）	5（1%）
美濃加茂市（岐阜）	331（100）	212（64）	109（33）	10（3）
豊田市（愛知）	780（100）	580（74）	197（25）	3（0）
岡崎市（愛知）	467（100）	371（79）	93（20）	3（1）
四日市市（三重）	363（100）	293（81）	63（17）	7（2）

在が続くかぎり、子どもたちは保育園を経て小、中の教育もブラジル人学校で受ける可能性が高い。しかしその場合、日本社会の中で生きていくための言語、知識、社会性を獲得することはむずかしく、子どもたちは親の滞日生活の犠牲者ではないかという印象がぬぐえない（第5章でもこの問題を論じている）。

若干の自治体については、義務教育年齢の外国人の子どもが日本の学校と外国人学校にどのような割合で就学しているかを知ることのできる調査結果がある。それは文科省の二〇〇五―〇六年の「外国人の子どもの不就学実態調査」であり、そのなかの一部の外国人多住市についてのデータを**表1**に示す（同調査については一一〇頁も参照）。

表中の諸都市はいずれも南米系外国人の多住市であり、市内にはブラジル人学校が一または複数存在している。集計結果から言えることは、およそ二〇%から三〇%の外国人の子どもは、ブラジル人学校など外国人学校に籍を置いていることである。そこに子どもを通わせる理由はさまざまであれ、ともかく外国人学校が保護者にとって選択肢となっていたことは確認される。

2　親の教育権の占める位置

親が学校を選ぶ、または教育を選ぶ――これが英米社会のように基本的権利とみなされている社会もあるが、日本ではどうか。

児童・生徒の大多数が通っている公立小・中学校では、国の定める学習指導要領、検定教科書の存在などがあり、国の教育権が事実上かなり強く生きている。けれども、現行憲法はそれを容認するのだろうか。周知のように「教育権の所在」についてはこれまでも議論があり、国の教育権（「国の責任」という言い方もされる）により重きを置く見解と、親およびその付託を受けた教師を含む「国民」の教育権を主張する見解があった。これについては、次のような見解が憲法解釈では一般に妥当とされてきた。「両者の当否を一刀両断的に決めることはできない。教育の全国的の維持の必要に基づいて、国は教科目、授業時間数等の教育の大綱について決定できると解されるが、国の過度の教育内容への介入は教育の自主性を害し、許されないと思われる」（芦部 2002: 249）。この解釈は、どちらかといえば国の介入の限界を明らかにすることにアクセントを置くものである。

そもそも「教育を受ける権利」（二六条一項）の解釈については、今日では「制度的レベルでの形式的平等の保障という次元から、一人一人の多様な学習主体の学習ニーズをどのように内容的・方法的に保障するかという次元へと教育を受ける権利保障の課題が移りつつある」（若井 2003）という見解も提出されている。

義務教育への原則的意見とは別に、国の方向づけ、枠づけが働きやすく、親の権利が従属しやすい現行の日本の公教育をそのまま外国人に義務化することには反対、ないし留保的な意見をもつ者は少なくない。筆者自身も、外国人への就学義務化を肯定しながら、ある時期までは留保的意見を述べてきた(宮島 2003: 201-202)。

なお、誤解を避けるためにいえば、学校の選択とは、今日では別の意味でも主張されるので、混同されるべきではない。欧米社会では、公教育のめざす所定の学区のなかでマジョリティとマイノリティの子どもの共学に対し、マジョリティの中間および上層家庭が、マイノリティの子どもの増加する学区から子どもたちを、〝学校選択の自由〟の名の下に別の学区に移す、あるいは私立学校に転校させる、などの行為がとられる。また、イギリスの一九八〇年代(サッチャー政権期)に進んだオープンエンロールメントは、親の学校教育権を優先し、公立学校学区を廃し、競争的市場をつくり、学校間の生徒獲得競争をさせ、教育水準を上げようとする施策だった(西川 1997: 124)。日本でも、やや条件がちがうが、学区の廃止、自由選択、自由競争が、新自由主義的教育政策としてしばしば主張される。だが、これはマジョリティ側の主張する学校選択であり、マイノリティの側の望む学校選択はそれと根本的に性質が異なる。後者は、ホスト社会のなかでは周辺化され、維持がむずかしい文化とアイデンティティ習得、伝達の場を確保しようとする企てだという点にある。

また、「外国人に義務教育を課するべきではないという考え方には、一方で、例えば在日韓国・朝鮮人の民族教育に対する権利が侵害されないようにすることにつながる積極的な面もある」（関東弁護士会連合会 2012: 181）という指摘もある。義務教育学校＝「一条校」という公式が立てられている現状では、たしかにこれは重要な指摘である。在日系だけでなく、中国系の学校にとっても同様かもしれない。就学案内が外国人保護者に送られるようになった今から二〇年前にも、当該市町村内には公立学校以外に朝鮮学校など民族学校もあることをきちんと知らせるべきだ、という民族学校からの抗議を受けている。

では、そうした独自の教育方針をもつ外国人学校（民族学校）、さらにフリースクール的学校などの権利を尊重するかたちでの義務教育の設計は可能だろうか。欧米諸国の多くは、国籍にかかわりなく子どもに就学義務を課しているから、そうした設計を必要としている。後述するように実際には必ずしもそうなっていない国もある。

外国人の子どもたちの就学状況を改善するのに、たぶん現行の義務教育にそのまま彼らの子どもを組み入れるわけにはいかないと思われる。当然、これは現行の初等教育の理念、カリキュラム、いくつかの国の規制（学習指導要領遵守、検定教科書の使用など）をどうするか、という問題を含む。と同時に、外国人の視点からは、学校選択が、公立‐私立の選択だけでなく、文化選択を含む教育選択という意味をもつことを尊重しなければならない。とすれば、非一条校であってもなんらかの基準を立ててこれを許容し、高校以上への受験資格も認めていくなどの改善が必要となる。

3 偏在と学費負担の問題――学校を選べない子どもたち

以上の議論は、学校の選択が可能であること、選びうる複数の学校が存在することという前提があってはじめて意味をなす。だが、個々の家族の置かれている状況からみると、そのような可能性のない外国人が多数といってよい。外国人学校（民族学校）は、国籍上、地理上の二重の意味で偏在がはなはだしいのである。

在日フィリピン人、タイ人、ベトナム人などに対しては、そのような学校は存在しない。だから、たとえばベトナム人のおそらく数千人に上る児童生徒は、すべて日本の学校に通っているとみてよい。次のように語る夫婦は、家の中での親の教育の限界をつくづく感じている。「家では夫婦の間ではベトナム語で話す。子どもにはベトナム語で話しかけても、日本語でしか答えが返ってこない。話す内容は理解しているようなのに、絶対ベトナム語でしゃべろうとしない」（川崎市外国籍市民意識実態調査研究委員会 1995: 62）。

もしも継承言語・文化の教育をしてくれる学校があっても、わが子の通える範囲にそうした学校のある外国人家庭は限られる。朝鮮学校でも、片道一時間以上かけて通う生徒はざらである。中国系の外国人（民族）学校、五校は、京浜と阪神のエリアに限られている。ブラジル人学校、ペルー人学校も、地理的な偏在性は大きい。今、学齢期の子どもをもつブラジル人が東京都区内に住んでいれば、母語で教育する学校はないから、日本の学校か、インターナショナルスクールに通わせることになろうが、後者の場合、英語中心の教育でよいか、高額の授業料を負担できるか、などの思案が必要で、けっきょく日本の学校に通う以外選択肢はないと判断するケースがほとんどだろう。

実際、外国人学校（民族学校）に子どもを通わせることは、経済負担を伴う。無認可の学校、たとえばブラジル人学校ならば、一人四万円の月謝の準備が必要で、もし子ども二人を通学させれば、世帯可処分所得の五分の一から四分の一をこれに費やさねばならない。各種学校認可を受けたブラジル人学校ではその半額程度になるようである。共働き夫婦の妻で、「自分の給与の大半は子どもの教育費に充てざるをえないが、それもやむをえない」と語っている例がある。しかし出稼ぎ的就労の家族がこれだけの教育費を負担するのは一般にできることではなく、学校が選択の対象となりえない家族も多いのである。

外国人学校のない地域、自らの出身国に系統づけられる学校のない場合に立ち戻ると、せめて彼らのいくらか集住している地域では、NPOやボランティアの力で母語を学べる教室などが運営されていればよいがと思うが、これは少ない。あっても、公的支援はほとんどなく、恒常的に維持していくのは容易ではない。

筆者の知る範囲で、横浜市内に三つの教室をもつタイ語教室「ラック　パーサー　タイ」（日タイを言葉で結ぶ会）は数少ないものの一つであり、以下、例示する。もともとはタイ人のための日本語教室として出発（タイ滞在経験をもつ日本人O氏が主宰）。タイ人には一家で滞在する者と、日本人の配偶者である者（主に女性）がいて、教室に通っていた親たちの希望で、二〇〇八年から子どもの母語および学習の指導を開始した。対象は主に小学生で、タイから呼び寄せられた者、日本生まれの者の双方がいる。指導するのは主にタイ人元留学生（日本在住）で、二つの教室では週一時間母語の指導を行う。タイ語の文字表記はむずかしく、親が家で教えるよりも母語教室に座ってきちんと学ぶほうがよい。親は熱心であるが、通級者には小学校低学年が多く、高学年、中学生になると通う子どもは減り、学校中心の生活となり、親とのコミュニケーションも少なくなるようである。いま一つの教室では、毎週末二時間、学習サポートもしており、主に日本人が漢字学習などの指導に携わるが、来日間もない子どもに対してはタイ人がタイ語を使いながら説明する。子どもたちはいずれも昼間は日本の公私立の学校に通っており、同教室はセカンドスクール的な位置にある。基本的にはボランティア学習室なので、県や財団から助成金を得るようにしているが、財政は不安定で、母語教室では半年五〇〇〇円、学習サポート教室では月二〇〇〇円の参加費を徴収している。ただし、これを支払うのが難しい家庭もある（O氏への聞き取りより）。

イスラーム系の場合はどうか。一五歳以下の子どもが毎日通うような全日制のイスラーム学校は日本には存在しない。在日ムスリム（日本人の改宗者もいる）にはモスクやイスラーム団体に付属した講座、教室、勉強会などが利用できる場合があるが、成人向けのものが多い。これらに付属して週末の補習校が三カ所（東京、神戸）にあるが、普通教育ではなくクルアーン（コーラン）の読み方などを教える。モスクや礼拝所が日本でどのくらいあるか確かな数字はない。だが、イスラーム系の人口が増えていることはまちがいなく、子どもの教育へのニーズは潜在的には大きいと思われる。

なお、東京インドネシア共和国学校の存在は知られている。これはインドネシア政府によって一九六二年に設立されたもので、日本に滞在するインドネシア人たちの子どもの教育機関であり、東京都内にあって、小、中、高を併設している（杉本 2002）。宗教の時間は設けられていて、イスラームは主要な宗教として重視されるが、インドネシア内の信教の自由にもとづき、キリスト教やヒンドゥー教の授業も組まれる。諸教科を通じインドネシア語を教育言語としており、国籍の別なくムスリムの子どもたちを通わせることができるという性質のものではない。

4　外国人学校の役割と位置と

「外国人学校」については法的規定があるわけではなく、外国人学校法案は過去に国会に幾度か上程されたが未成立に終わったという経緯がある。しかし、「外国人学校」という言葉は文科省でも使用していて、設置者が外国人または外国の機関で、「一条校」には属さず、主に外国人または外国出身者の教育にあたる学校を指すという程度の意味のようである。一般に、外国人学校のうち、さまざまな国籍の子どもを受け入れている学校を「国際学校（インターナショナルスクール）」、主に特定の国籍または民族の子どもを対象とするものを「民族学校」といっている。もとより学校の形態は多様であり、創設に外国人が主な役割を果たしていても、日本の教育法令（私立学校法）に従って学校法人がつくられ、設置され、一条校の私立学校の地位を獲得している学校もあり、それらも時に外国人学校と呼ばれることがある。

外国人学校とはいえ国籍制限を設けず、日本人の子どもも受け入れている学校は多い。すでに述べたように、国籍の取得、変更というものがある以上当然のことで、A君は一家の帰化によって日本人となったが、ペルー人学校で学び続けている、Bさんは数年前に帰化した元中国人だが、中国語を再度しっかり身に着けるため中学では中華学校に籍を置いている、等々。純日本人で外国人学校に学ぶ者は少ないが、いないわけではない。けれども、日本国籍生徒のこうしたケースは果たして公にも承認されているのか。都道府県によっては、外国人学校を卒業した日本人は、就学義務違反とされ、公立学校への転入または受験資格を認めないという対応をするところがある（外国人の場合、就学義務が課されていないという理由から、校長の判断で転入、受験が認められる）。したがって中卒資格認定試験を別に受けなければならない。東京中華学校長などからは、これに是正をもとめる意見が表明されている（張 2011）。

欧米諸国での外国人学校の位置はどうか。当該国の法令に従うかたちでつくられた学校でない場合、国民国家的な主権概念、特に教育主権という観点から、国の教育システムの外に置き、制限を加えることが行われてきたのがこれまでの歴史だった（江原 2011: 51 以下）。当該国の国民の子弟の就学は認めない、修了後または中途での当該国の正規学校への転学や入学は認めない、といった措置がそれである。フランスのように比較的これに近い原則に立ち、「クルアーン（コーラン）学校」と俗に呼ばれるイスラーム系学校や、中華学校などを正規の学校システムの外に置いている国もある。日本でも、右に述べてきたように、外国人学校（民族学校）は「非一条校」として別制度で扱われているが、ただし各種学校という地位が認可されれば、一定の公的補助が受けられる仕組みになっている。

一方、イギリスやオランダではより多文化主義的な理念があり、イスラーム系学校も一定の基準をみたせば公認学校のステイタスが得られないわけではない。ただしイギリスでは、これが全国的動きになるのはブレア政権の誕生（一九九七年）以降の比較的最近のことである（佐久間 2002: 79–80）。一方、オランダでは、イスラーム系も含めて宗教や信条にもとづいた学校も、定められたカリキュラム上の条件を満たせば、比較的容易に、全額国庫補助で設立が可能とされている（寺本 2013: 102）。

なお、こうした学校設立の保障は、多文化主義の変質いかんでは、分離あるいは隔離が進むという別の問題もはらんでいる。特にオランダは、前世紀末から多文化主義の見直しが進み、反イスラームの世論の強まりもあり、オランダ人の児童生徒とムスリム系移民児童生徒が学ぶ場を共有することが少なくなり、学校ごとにエスニック化、セグメント化される傾向も生まれていることは、別の機会に述べた（宮島 2014: 128）。

5　二種の学校の分離よりも、選択の尊重・連携へ

今日、内国人－外国人の截然たる区別がしだいに困難となり、国籍取得者や、国際結婚から生まれる子どもが多くなるにつれて、外国人学校に学ぶ当該国国籍の子どもも増え、親による学校選択が、政治

的な意味合いよりも、文化選択の意味合いを強めるようになっている。当該国の公教育のなかでそれが不可能ならば、子どもたちに、別の学校で固有文化を学ばせたいという教育選択の要求は、より広い範囲で確実に存在するようになっている。とすれば、二種の学校体系の分離の見直しも必要となる。

ちなみに、近年管内の外国人の子どもの就学・不就学の実態の調査に乗り出している自治体が多いが、ほとんどの自治体は、外国人学校または民族学校に在籍している者も「就学者」に含める傾向にある(2)。文科省が市町村などの協力で二〇〇五—〇六年に実施した前述の調査でも、そうした解釈がとられている(3)。であるなら、なおさら一条校と各種学校の垣根をもっと低くする改革がなされるべきで、各種学校に認可された普通教育を行っている学校は、義務教育学校認定の上で一条校に準じた扱いを受けてよいのではないか。外国人からみて、選べるような選択肢が実際にあるかどうかが重要だからである。

仮に外国人学校(または民族学校)に通えるという場合は、どうか。最大の民族学校である朝鮮学校は、全国で約七〇校、初、中、高級を合わせて八〇〇〇—一〇〇〇〇人が在籍するといわれるが、近年、少子化その他の影響で減少しているとみられる。ほかに韓国系であることを明瞭にしている学校も数校あり、なかには一条校に認可されているものもある(白頭学院、金剛学園など)。ただし、本書ではニューカマー児童・生徒への考察を中心とするので、これ以上は触れない。

中国系学校について多少触れておきたい。その歴史は古く、来日華僑の子どもの教育が始まる一九世紀末にまで遡る。現在は五校があり、小学部、中学部、一部を除き高校部まで併設している。その特徴といえば、二五〇〇人余(二〇一一年現在)に上る全在籍者のうちの多数が、日本人だということにあ

表2　中国系学校3校における在籍者の国籍別・背景別割合（2010年）　(%)

	老華僑	新華僑	華人	純日本人	その他の国籍	計
横浜山手中華学校	2.3	29.5	62.3	5.3	0.6	100($N=525$)
大阪中華学校	1	32	44	19	4	100($N=247$)
神戸中華同文学校	13	13	61	11	2	100($N=676$)

注：老華僑は中国籍で永住している者（日本生まれの3，4，5世など）．新華僑は中国籍で，主に父母が1980年以降来日した者（中国生まれで幼少期来日した者も含む）．
出所：陳（2011）より宮島が作成．

る。それに対し、中国人の子どもの多くは、日本の公立学校に学ぶ。そしてこの在籍日本人生徒の多くは華人である（陳 2011）。つまり、帰化し日本人となっている子どもたちであり、これらの学校は、彼らの再教育の役割をも果たしているわけである。その教育内容は学校により多少異なるが、中国語および中国文化の教育と、日本の小・中・高等学校と同程度の教育を共に行うことを目指している。だから、文科省検定の日本の教科書を使用することもある。ただし文科省からは無償で提供されず、有償で購入しなければならない（そこまで差別する必要があるだろうか）。これには日本の高校への進学者が多いことが関係していて、生徒たちは高校受験のことを案じ[4]、中学校段階になると日本の中学校に編入するケースが多い。

なお、横浜山手中華学校の場合、バイリンガル教育と並んで能力開発教育を重視し、日本人からの就学希望もあるなど国際化しているが、受け入れ定員との関係もあって、入学者の選抜も行っていて、その点で「エリート学校」化と評される一面もある（芝野 2013: 192）。

集計の基準が同じである三つの中国系学校の在籍者の国籍別・背景別割合を**表2**に示した。

次に、南米人の場合では、群馬県、静岡県、愛知県など多住地域に住んでいれば、ブラジル人学校、ペルー人学校に通わせるという選択肢がある。日本の学校では充足されない文化的要求ゆえに、またその他の現実的必要から選択する者があることは冒頭に述べた通りである。ただし、これらの学校は、規模も数十名から数百名まで、私塾同然のものから各種学校まで、千差万別である。数は、文科省の二〇〇九年調査では八六校となっており、そのうち約半数はブラジル政府からの認可を受けているといわれ、カリキュラムも本国準拠で、教育言語もポルトガル語である（課程を修了すれば、帰国時に母国の学校へと接続する）。

ところが、二〇〇八年以降滞日ブラジル人の帰国による減少があり、日本にとどまっている者も経済的事情から子どもをブラジル人学校から退学させるケースが多く、事実上学校の閉鎖も起こっている。各種学校認可を受けているのは、一一校である（二〇一〇年現在）。未認可である場合、前述のように授業料が高額となり、生徒数の減少とあいまち、経営は悪化し、各種学校申請もできないという悪循環に陥る。日本政府は、二〇〇六年、「『生活者としての外国人』に関する総合的対応策」をまとめ、「外国人の子どもの教育の充実」を掲げ、その中で「就学の促進」、「外国人学校の活用、母国政府との協力」をうたった（上杉ほか 2013: 177）。なお、文科省は二〇〇四年以来、高校相当の課程をもっているブラジル人学校に、その修了者に日本の大学の受験資格を認めることとしたが、その授業内容や生徒たちの不十分な日本語能力からして、これは意味のある施策とはいえない（山脇 2005: 98）。むしろ日本定住予定の者が増えていくなら、日本語、日本文化等の学習をカリキュラムのなかに組み込むよう奨めることが先決ではなかろうか。

右記の高額の学費については、日本の国内で義務教育学校や高校が無償化されているなかでは、教育の機会均等という理念からしても問題だという感覚をもたねばならない。認可を促進するか、または未認可でも補助の措置を講じるなど、何らかの対応が必要だろう。いずれにしても、今後外国人に就学義務を課していくなら、かえって外国人学校（民族学校）のもつ役割は大きくなるはずであり、充実への要請は強まろう。

6　地域による支援

久しく日本の学校教育界では、公私立学校が圧倒的メインストリームをなしてきたが、過去二〇年来、外国人学校（民族学校）が注目を浴びることが多くなった。前記の筆者らのアンケート調査でも、外国人多住自治体の教育関係者の八割近くは、外国人学校を直接・間接に知っていると答え、そのうち「（外国人学校は）必要であり、大切な役割を果たしていると思う」とする回答は五九％に上る（科学研究費による研究グループ 2013: 23–24）。

外国人学校（民族学校）の各種学校としての認可の権限は、国ではなく、都道府県にある。そのかぎりで、国の外交政策などに左右されず、住民（定住外国人やその子どもも含む）の利益やニーズと設置者の努力に応じる施策が行えるという制度になっている。しかし国政の影響を受ける首長の判断などで、この自律性が時に損なわれることもあり、最近では、東アジアの緊張が各種学校認可を受けた学校間に、補助金の交付の差異化や授業料無償化の停止という不平等を生んでいる。補助金の交付など公的援助については、国政の影響や首長の判断などで左右されるのは望ましくなく、中立の第三者的委員会などが機能することが必要ではなかろうか(5)。

一方、補助金支出を行っているのは都道府県であるから、国が行っている私立学校補助に比べはるかに額は小さく、四分の一、ないし五分の一程度といわれ、それ以外の援助も手薄である。ある県の各種学校認可校への年間補助金(運営費助成)は、児童または生徒一人当たり単価は約五万六〇〇〇円となっている(二〇一二年度)。就学援助のような制度の適用もない。各種学校の認可を受け、例外的に地元などの経済界からの寄付等の援助を受けて、生徒の月謝も二〇一三年現在一万八〇〇〇円(中学校二万円)に抑えて運営を行っているのが、静岡県下のスペイン語系学校M・A校である。これは校長をかねる経営者が日本人で、しかも地元の日本企業とのつながりが深いことが、有利に働いたケースである。

補助金や寄付だけでなく、もっと多様な支援がなされてよいのではないか。また所在地の市町村が援助の手を差し伸べてわるいという理由はない。静岡県は、県に勤務する国際交流員が「出前教室」と称し、外国人学校でやさしい日本語とポルトガル語による県、日本の文化、社会の紹介授業を行っている。すでに一部行われているかもしれないが、外国人学校の授業の一部に日本の学校が協力すること(校庭の使用、理科実験室の提供など)、あるいは学校保健制度をもたない前者に、市が医師会の協力を取り付け、健診のサービスを行うことなども不可能ではないだろう。なお、学校管理下の児童生徒の怪我・疾病などに備えての学校保険(「日本スポーツ振興センター」保険)には、外国人学校は加入できないことになっていて、この問題も解決が望まれる。

以上は、主に各種学校認可のある学校を想定してのことだが、未認可の学校が地域の外国につながる子どもを相当数受け入れているケースもある。未認可校に対しては、所在地の自治体は何もできないのだろうか。なんとか援助をしたいと考える所もあり、たとえば岐阜県は、リーマンショック後の失業禍によって親が経済的に困窮し、子どもの学費負担ができず、通学者が減って学校維持も難しくなった県下のブラジル人学校に二〇〇九年、全国に先駆けて緊急の支援策をうちだした。これに対し、文科省は、学校法人として認可されていないなら、「公の支配に属しておらず」、公金支出は許されないとする見解をとった(小島 2010: 167)。だがこれは、学校法人認可を「公の支配」と解する、「上から」の管理的姿勢をみせているほか、それらの学校に通っていた子どもと子どもを送っていた保護者の切実な気持ちを顧みない、かつ「まったなし」の救済策に心を砕いている自治体の努力を理解しない、杓子定規の対応であろう。リーマンショックでの南米系外国人学校の危機はどこでも深刻であり、関係自治体の直接援助はむずかしかったが、津市は翌年の二〇〇九年、あるブラジル人学校に「ふるさと雇用再生特別基金」事業の一環で、小学生への母語教育を委託し、失業した八人のブラジル人を同校に雇用させることを可能にし、また授業料の大幅引き下げを可能にしている(阿部 2011: 92)。

文科省は、その後やや方針を修正したのか、たぶんリーマンショックによるブラジル人の減少、それによるブラジル人学校の経営危機→閉鎖(それは不就学者を生み出す)に危機感をもったためであろう、その各種学校・準学校法人化の促進への支援を打ち出すようになっている(比嘉・藪田 2013: 42)。特に文科省は二〇一〇年、「定住外国人のこどもの教育等に関する政策懇話会」の意見を踏まえて、「定住外国人の子どもの教育については、公立学校とブラジル人学校等の外国人学校で行われており、どちらを選択するかは、子ども・保護者の判断に委ねられるべきである」という注目すべき見解を示した。一〇校を超える各種学校認可が可能になったのもこれと無関係ではあるまい。ただ、これはブラジル人学校に特化した施策であって、外国人学校全般を支援し、外国人のニーズに応えるというものではない。

ほかにも、外国人の実情と日本の学校制度とのミゾを埋めるために日本人の退職教員など有志によってつくられた小規模な学校がある。その例である「フリースクールY」については、一五〇頁でも紹介している。外国人生徒、より正確には「日本語を母語にしない生徒」を対象にしていて、まさに多国籍である。主なターゲットを高校受験準備の指導とサポートに置き、時間割を組み、授業を行っている。高校進学・卒業が日本の中で生きていくためにほとんど不可欠になっている現状を踏まえ、中学校をすでに修了している者、超過年齢のため日本の中学に受け入れてもらえない者などに対応しようとしている点は注目される。同校への決まった公的な補助金はなく、助成金への応募、個人寄付、授業料などによって維持されていて、これはフリースクール全般にかかわるだろうが、なんらかの位置づけと援助があることが望ましい。

結び

学ぶ子どもたちからすれば、かれ・彼女らが日本の中で生きていくならば、現状では外国人学校に通い続けることにも不安があろう。通っている当人も親も、中二年齢くらいになると、高校をどうするかと案じるようになり、日本の公立中学に転校するというケースが出てくる。また当初の親の学校選択が、時間が経って、子どもにとって適切ではないと感じられてくる場合もある。「地域のなかに友達がいず、帰宅するといつも独りだった」とか「漢字学習と日本語の基礎を、もっとしっかりやっておくべきだった」という感想を漏らす声も聞かれる。じっさい、バランスというか、統合は大事であり、親も学校も、母語・母文化の教育を子どもたちに提供することと、今、生きていく場の中で必要で、かつ有意味な文化を身に着けさせることとは、両立させなければならない。

この点、中国人の生徒にみられるような日本の学校、中華学校のプライオリティの設け方（一一〇―一一一頁参照）は、戦略としては積極性をもっている。近年では、ニューカマーのための外国人学校でも、毎日一時間は日本語の授業を組むというところが増えていて、この傾向には注目したい。また、前述の静岡県のM・A校の責任者は、外国につながる子どもが日本のなかで生きていく上で、柔軟に外国人学校、日本学校を組み合わせて学ぶことを提案している(6)。

最後に、外国人学校の選択をめぐっては、当事者たちのひそかに意識せざるをえない問題がある。それは子どもたちの将来の進路であり、どんな社会的出口、さらにいえば職業、地位を脳裏に描けるか、である。帰国という予定があればまだしも、そうでないとすればブラジル人学校の中学レベル、または高校レベルを修了して、日本の中で果たして安定して生きる道をみいだせるか。先述のように中華学校に学ぶ生徒たち（マジョリティは華人）の場合、中学二、三年生になると、日本の中学校に編入していく者が多い。日本の高校、大学への受験を考えてであるといわれるが、日本人と変わらない、差別されない生き方を現実的に求めてではなかろうか。異なるマイノリティ文化を選択することが、豊かな能力の証ではなく、逸脱者視され、社会的に生きる道を狭められるとすれば、貧困の再生産の場になりかねない。もちろん、外国人学校の不備や未整備という問題もある。だが、言語や文化において多様な能力を実現させようとする努力を評価しない日本社会のユニカルチュラルな体質の問題もあろう。

再び多数の子どもたちのケースにもどれば、学校選択などできず、学区内の公立小中学校に通っている者が過半であることを忘れてはならない。その日本の学校で、母語・母文化教育はゼロでやむをえないのか。かれ・彼女らの母語を喪わせるユニリンガル、ユニカルチュラル世界であってよいのか。さまざまな制約のある公立学校カリキュラムに母語教育を導入するのはむずかしいだろう。であるなら、学校に設けられている国際教室（日本語教室）に、思い切って〝多文化〟教室の機能を付与し、放課後には、母語・母文化教室に変えるといった試みがあってよいと思う。獲得途上にある母語という第一言語を放置・無視して、第二言語（日本語）のみを学ばせることには、教育方法上も問題が多いからである。

（1）「学校文化」とはさまざまな意味に使われる言葉だが、学校で使用される教育言語やそれによって伝達される意味内容を指すのではなく、学校における行為者たち、とりわけ教員、児童生徒、保護者などの間の関係を律し、意味づけている（明示的、暗黙的な）規則、規範という意味で用いる。一斉授業主義、規律主義、体罰容認などとして言われる意味・規範体系は、それにあたる。

(2) たとえば浜松市は二〇一一年、「不就学ゼロ」を目標に掲げて、実態調査を行ったが、「不就学者」の定義として、在住する就学年齢の外国人登録者から、(1) 公立小中学校、(2) 私立中学校、(3) 外国人学校に在籍している児童生徒を除いた者を「推定不就学者」とし、調査を開始している(浜松多文化共生事業実行委員会 2012)。

(3) 同調査に協力した一二市・県ごとの集計では、「就学者」のなかに「外国人学校等」の在籍者も含めている。

(4) ただし、多くの県の公立高校、また私立高校も受験資格を認めるようになっている。

(5) 神奈川県は首長(知事)の判断で、二〇一三年二月、朝鮮学校への補助金を停止したが、県当局はその影響の大きさにかんがみ、検討を始め、学校に通う生徒には「罪がない」として、二〇一四年度から学校の経常費(人件費や光熱費など)の補助ではなく、生徒への世帯収入に応じた学費補助を行うという方針を打ち出した。これは他の外国人学校にも適用される予定だという(神奈川新聞二〇一三年一二月一二日)。補助の復活として評価されうるものがあるが、このような補助金支出がどういう効果をもつかについては、検討が必要であろう。

(6) 「日本の学校でしか出来ないこと、外国人学校でしか出来ないことがあるのです。例えば、在校生ペルー人中学三年のS君を昨年一一月に公立の中学校に転校させました。日本の定時制高校に進学させるためです。日本の高校に合格したら、昼は当校へ、夜は日本の高校へと両方に通い大学進学をを目指します。S君の兄のK君がこの方法で静岡県立大学に入りました。つい先日も学校に顔を出し……大学の春休みには学校の手伝いにくると言って帰りました。弟のS君は小学校一、二年を公立学校で過ごし、教科学習が一段と難しくなる小学三年時に、当校に転入してきました。公立学校で日本語のシャワーを浴び、生活言語としての日本語を身につけて、そして概念理解が高度に向かう時期に当校にきて母語教育を受け、教科学習を習得していったのです。バイリンガル育成の成功例といえます。外国人学校で国語を強化することは難しいし、日本の学校での母語指導は限界があります。公立学校に在籍する外国人の子どもの学習習得度を見ながら、母語の教科が必要と思われたら外国人学校にバトンタッチ、またその逆もあり、と教育的配慮がなされ、子どもたちがどちらの学校へも必要に応じて行き来できますように柔軟な体制がとれることを切望します」（松本 2010: 11）。

【コラム2】 子どもたちのアイデンティティ

喪失か、同化か、新たな自己形成か

日本育ち、または日本生まれで、テレビのマンガやアニメで育ち、日本の学校に通い、母語を使えなくなる子どもは多い。自分を日本人と区別していないとみえるケースがあり、アイデンティティの混乱、行き過ぎた同化として問題視されることがある。だが、あまり性急に判断しないほうがよい。

ヨーロッパでアフリカ系やアジア系第二世代の少年に「何人（なにじん）？」とたずねると、たいていイギリス人やフランス人であることを否定しない。ミシェル・S君は、その姓がだれが聞いてもポーランド系とわかる学生。「父はポーランドからの移民。僕はフランス生まれで、ポーランド語は知らないし、ワルシャワも行ったことがない。親は僕がフランス人となるように育て、僕もそれを当然と思ってきた」。かれは「ポーランド系フランス人」という言葉さえ拒否し、「単にフランス人だ」という。同化モデルの典型ということになるかもしれないが、イギリス、フランス、ベルギーなどの移民二世に例はなくはない。出生地主義の国だからかもしれない。母語についても冷淡といってよいほど割り切っていて、今の生活とは関係ない、是非保持したいとは思わないという。ハイティーン以上ではこんな言葉も聞く。「親の母国では長年独裁政権が続き、腐敗していて、共感するものがほと

んどない」。日本の外国人二世からはあまり聞かれない率直な言葉である。

では、かれ／彼女らは自分を「イギリス人だ」または「フランス人だ」と確かに思っているのだろうか（重国籍が認められている）。答えは分かれる。イエスと言う者もいるが、言葉を濁す者もいる。当の社会の中に生き、不平等や差別をも経験しているからだろう。在仏のアフリカ系など多くの少年の語りをE・リベールは集めている。『『キミは？』と問われれば、『モロッコ人さ』と答える。『ボクはフランス人です』と自己紹介したことなんかないよ。身分証の時だけは別だけど」（Ribert 2006: 157）。ここには次のことが語られている。当人はフランスで生まれ育ち、モロッコに特に愛着も知識ももたないが、「キミは何者？」と尋ねる周りの人間はかれがフランス人かどうか知りたいのではなく、名前や風貌から「何系か」を知りたがっていると分かるので、そう答える、と。フランス国籍だからといって、接するフランス人たちはかれを「同じフランス人仲間」とは見てはくれないのである。街頭で警官から呼び止められる時だけ、「ボクはフランス人だ！」と叫ぶ。職務質問はたいてい非正規滞在外国人と疑ってなされるのだから。

移民二世たちが幼年期に示すアイデンティティは決定的なものではない。少年期以降にそれは複雑性を増す。そのなかで右のミシェルは例外的な幸せなケースであり、父親姓が告げているものは明らかでも、その意味はスリーピング状態にあり、かれに葛藤を引き起こすこともない。周囲の目ももうポーランド系を非フランス的とみなさなくなっているのだろう。

地を出して、肯定的な自己アイデンティティがもてるか

スティグマ化という外からの力の影響は大きい。教師がその行使者となることもある。筆者の感じるところ、西欧諸社会では教師は、ホスト国文化の普遍性を誇り、移民の出身国を伝統的、後進的とみなし、評価的見方をとりやすい。これを言語化してしまう教員もいて、S・マニッツはドイツ人一教師の言葉を批判的に紹介している。

「〔トルコ系生徒たちの校内での会話を耳にし〕『トルコ語をしゃべっているわね。あなたたちは自分たちの輪の中に閉じこもっているし、トルコ系の店にしか買い物にいかないわね。そんなんじゃ統合なんてうまくいくわけないじゃないの！』こうした例が示しているように、外国人、その中でも『東洋人』のほとんどは、学校が掲げる目標に対立するとみなされていた。時代遅れの性別役割を再生産し、強圧的な方法に訴え、特異な文化的伝統の重要性を主張する……と決めつけられることで、外国系の家族は現代性の対極を表象していた」（マニッツ 2008: 151–152）。

トルコ人の「伝統性」をあげつらうステレオタイプの言説、これに対し教室内のトルコ人生徒は心もとないドイツ語で反論しようとするが、議論はなかなか伸びず、やがて黙り込んでしまう。憤然と反発する生徒もいるだろうが、教師の言葉に沿い、否定的な自己イメージを内面化し、自分の地を隠す者もいることと思う。

日本の学校では教師は、「平等主義」の立場に立ち、特別扱いはしないが、評価的態度はなるべく示さないようにと比較的抑制的な態度をとる。それでも、子どもは教師や級友が自分のことをどう語るかに感じやすく、言語のコノテーションから肯定的か、否定的かを感じとる。登校初日のパラグアイ人少年を、担任の教師は「パラグアイが南米の地図のどこにある国か知らないが……」と言いながらクラスに紹介した。教師に悪気はなかっただろうが、もし少年が日本語を解したなら、自国がとるに足りない国とみられたようで、淋しい思いをするかもしれない。その後、自己紹介するたびに「そんな国は知らない」と言われ続ければ、かれは自分がパラグアイアンだと人前で言わなくなる。

一方、自己肯定的になれる環境もあろう。南米系では親の一方は日系で、他方が非日系というケースも増え、日本との本源的繋がりを感じている者は少ない。前山隆によれば、今日の日系人は、日本人の血を引いていると認識はするが、「文化的にも、社会的にも、政治的にも自分は日本と何の関係もない、完全なブラジル人」と考えているという（前山 2003: 188）。だから彼らは、コミュニティ内では、また学年に一〇人も同国者がいるような学校の中ではブラジル人、ペルー人の地を出して行動する。神奈川のT総合高校では、外国人生徒たちは普通に母語で話をし、日本人生徒もそれを自然に受け入れていると一ポルトガル語講師は観察した（本多 2013: 108）。そして、同講師の授業に参加するブラジル人、ペルー人、フィリピン人などはいずれも、自国について十分な知識はなくとも肯定的に自らのナショナル・アイデンティを保持しているようだという。授業を見学した同じ学校の教師も、生徒たちが活発に発言している様子から、そこが自らのルーツを肯定できる場となっているようだと感想を記す（笹尾 2011: 63）。
インドシナ系の場合、教師たちもあまり「外国人」と見ず（事実、日本国籍も多い）、「日本人と同じように扱っていて、本人もそれをうれしいと思っているようだ」とは、ある教員の感想である。インドシナ系の難民出自の親子が多く住んできた神奈川県内のいちょう団地や横内団地の中では、自然に地を出して振る舞い、団地に隣接する学校の教室では、クラスメートと「国のことなどお構いなく」隔てなく言葉を交わしている（山脇 2005）。

ネガティヴからポジティヴに

ただ、そうしたアットホームな環境は例外的かもしれない。いつもそうした場にいられるわけではなく、適切な言語使用（日本語の）や、規律順応性という要素が強調されるような社会関係に置かれたらどうか。自分の地を出してよいという了解はないと感じ、そこが自分の居場所ではなく、場ちがいだと感じ、萎縮しやすい。団地中心の生活から外に出、社会的な場で行動しなければならないとき、自分が△△△人だということを多少とも強く感じるようである。別の町にある高校に通学する、役所に出向き何かの手続きをする、会社訪問や入社面接に臨む、といった場合がそれだ。

そこで感じる「場違い」感にはエスニックな要素などないはずなのに、本人はその不安、気後れを、「日本人ではないからだ」と感じてしまう。社会的な場の慣れの問題であるはずだが。自分の周囲に対しては二重の気持ちをもつ。自分が△△△人（系）だということを分かっていてほしい、その上で日本人の友だち、教員と心の通じる関係を築きたい。他方、そこから出た外の世界では、場を支配しているコードが分かるだろうかという不安がある。E・ゴフマンのいう「パブリック・プレイス」での振る舞い方のきまり（コード）というべきもので（ゴフマン 1980）、ある人々は難なくそれに従い、ある人々は戸惑う。そういう〝場違い〟感を抱きながら、自分は日本人と変わりない存在として振る舞いたい、違いに気付かれたくない、と感じるのだ。社会的場面でのコード遵守に特に厳しい日本ならではの不安といえよう。この意識は解きほぐす必要がある。

子どもはどんなアイデンティティの下に生きたらよいか。これは教師の簡単に助言できることではない。ただ、子どもが、「〇〇〇人でいるのはいやだ、日本名に変えたい」と訴えるようなとき、「〇〇〇人であることを隠さず、本名で頑張るように」というだけでよいのか。子どものその訴えにシグナルがこめられていることがある。本人がそう思いつめる背景に周りからのからかい、いじめ、排除が働いていないかを知る必要がある。クラス内、学校内で対処できる問題ならば、それに取り組み、たとえば日本人生徒への〝反差別〟の教育的働きかけを行うべきだろう。

クラスには帰化した生徒もいて、改姓、改名している者もいる。すでになされた選択である。彼らはどうすれば肯定的な自己アイデンティティをもてるか。日本人になりきろうと本人も努力をし、その結果自分のなかの△△人性を抑圧してしまう場合もある。教員や支援者からは、「どうせ日本人になろうとしても無理だから、母語は保持すべきだ」といったネガティヴな二者択一とみえる助言も聞かれるが、むしろ、日本人であり、同時に他の文化背景から別のポテンシャルを得ている豊かな可能性をもった存在だと考えるように、と働きかけるべきだろう。

自分の抑圧からの解放

日本育ちの子どもにとり、ナショナルアイデンティティの選択、つまり「ベトナム人か日本人か」とか「ブラジル人か日本人か」ということは重要か。子どもたちの観念は未分化で、国籍の観念はまだ明瞭ではないから、自分を日本人と思う子どもがいて不思議はない。が、しだいに周囲のマジョリティの人々との違いから、自分が非日本人的であると意識するようになる（日本国籍を取得していても）。なお、自分は□□□系だと意識し、肯定的に受容している場合と、そうでなくネガティヴな感情（他から知られたくない、など）を交えながら受容する場合がある。後者の場合、よく「日本人と違わないようにする」という努力が続けられる。

高校に進み、さらに専門学校、大学へと進んで、そういうプレッシャーから解放されたと感じる子どもは多い。実際、日本の小中学校は皆が同じことを同じようにできることに価値を置き、それが同一教科書、一斉授業、制服着用、運動会等での〝一糸乱れぬ〟集団行動に表れている。E・イシカワは、高校以上に進むブラジル人たちがそこから解放され、ブラジル人性をより自由に表出できるようになっている、という（イシカワ 2007: 87–88）。とすれば、教師の役割は、もっと早い段階から子どもの差異の表出が文化的に意味のあることだと日本人の子どもに教えること、「同じであるのが当然」という学校の空気を打ち破ることであろう。

4章 高校進学と進路保障のために

将来を見すえて

日本の高等学校進学率は、最新の数字では約九八%となっている。〝皆進学〟といってよい域にある。中退者がいるから、高校卒業率は下がるだろうが、それでも、社会に巣立っていこうとする日本の若者にとり高卒であることは、もう必要条件となっている。二言語的・二文化的な背景をもち、それゆえ日本人生徒とは異なるポテンシャルをもっているはずの外国人生徒も、日本の中で生きていこうとすれば、将来への進路を開くのに高校以上への進学を果たさなければならない。

実際、義務教育修了のみの者、すなわち中卒者を労働力として評価する環境はもはや存在しない。かつて中卒の少年・少女が〝金のタマゴ〟ともてはやされ、企業に迎えられていったことは、半世紀前の昔語りとなっている。今では中学校新卒の求職者は求職者全体の一%にも満たず、多くの企業は「中卒者」という採用区分をもはやもたない。高校中退者は実は少なくないのだが、その多くは後に高卒資格認定試験を受けて、もう少し先に進もうとする。中退のままでは、非正規の雇用を転々とする不安定な生活を送るほかないことが見えているからである。

外国人生徒たちの意識には今、両面性が認められる。高校に行き勉強しても何になれるのか、というモデル不在感がある一方、定住の意味を現実的に受け止め、将来のことを考えるようになり、チラホラ現れる高卒、専門学校修了で職に就く先輩たちに関心を向け、それとなく進学の必要を感じる。将来の進路とは高卒就職だけを意味するのではない。高卒就職者は最近では、日本全体で一五％程度となっていて、したがって高校は専門学校へのステップ、または大学進学のステップという意味合いも強めている。ともあれ、高校卒が不可欠のステップであることに変わりはない。経済的その他の理由から大学は〝高嶺の花〟と感じる外国人親子も多い。だが、サバイバル的に短期的にではなく、自己実現的により長いタイムスパンで自分の将来を考える生徒も少しずつ生まれている。

一方、かれ／彼女らの学習困難は、依然として解決されていない。日本の学校のモノリンガルな「言語界」（ブルデュー）における不利、家族の支援の不十分ないし欠如、就学義務が未適用で、教育を受ける権利が十分に実現されていないことなどが重なり、中学校で学習困難のなかにある者は多い。それだけでも大きな不利なのに、高校とは何かを〝暗黙知〟的に知る日本人生徒と同じように進学への備えをするのは不可能に近い。親たちも高校とは何か、入試の制度はどうなっているかを知らないため、生徒はたいてい自分で独力で調べ、対処しなければならない。

表1　二種の外国人高校在学率とその推移　（人）

	2007年	2008年	2009年	2010年	2011年	2012年
中学校在学外国人A	21,276	22,411	23,304	23,276	22,794	22,401
高校在学外国人B	11,383	11,491	11,857	12,338	12,803	12,889
B／A	53.5%	51.3%	50.9%	53.0%	56.2%	57.5%
15–17歳の外国人人口に対するBの割合	21.9%	22.0%	23.4%	26.9%	27.8%	27.8%

データ出所：学校基本調査（文科省），在留外国人統計（法務省）．

文化資本、社会関係資本からのアプローチを重視してきた筆者からすると、ニューカマー生徒の負っている不利は、そう容易にはリカバーできないと判断される。十数年前になるが、インタビューをしたニューカマーの一中学生には高校など思いも及ばなかった（宮島 2001）。「出てくる漢字がとても難しい。小学校で勉強した歴史は全然分からなかった。数学は、日本語が難しいからあまり分からない。高校には行きたいと思わない、行っても勉強が分からないし……」（南米系、一四歳、女子、来日四年）。

こうした不利な条件はその時からさして変わっていないが、意識と外的環境は変わったというべきか。外国人の高校在学率を、二〇一二年度の「学校基本調査」にもとづき、高校在籍者数を中学校在籍者数で除するかたちで算出すると、約五八%となる。これはしばらく前から、「希望すれば、なんとかどこかの高校に入れるというレベル」に達した、と関係者がみていること（宮島・加藤 2005: 4）を裏書きしているかにみえる。ただし、それは教育関係者が「希望する者には……」と限定付きで語っていることであり、問題解消というのとはほど遠い。五―六割という率もあくまで中学校在籍者への比率であり、不就学の者、中学校中退者、日本の学校体系に属さない者などを加えた、該当年齢外国人（一五―一七歳）全体を分母とする在籍率を算出すれば、はるかに低率となる[1]（表1）。なお、これは日本の公私立学校のみに限った数値で、外国人学校の中学・高等部在籍者などは考慮されていない。

さらに、出身国による差は大きく、鍛冶致が二〇〇〇年の国勢調査をもとに一六―一七歳人口への比率で算出した国籍別在学率では中国七五％、フィリピン四〇―四五％、ブラジル三〇―三五％となっている（鍛冶 2011: 39)。

それでも近年、外国人の進学率が引き上げられてきたことには、当事者たちの意識変化、少子化による日本人生徒の減少のほか、教育委員会、高校側の制度的な対応もあずかって力がある。ただし、都道府県による対応の差はかなり大きく、進学の内実にも問題があることも指摘しなければならない。

以下では、都道府県のなかでも上位の外国人多住県の高校進学にかかわる、一般入試と区別される特別入試制度を視野に入れながら、高校進学の可能性と問題点を考察したい。多住県のうちでは特に神奈川県の制度とその実際に注目した。なお、考察はニューカマー生徒を対象にしているが、統計上在日韓国・朝鮮人生徒の区別、取り出しができないため量的議論には限界があることを断っておきたい。

1　〝高校進学は必要〟という認識

クラスの中に目立たないかたちで数人のニューカマーの生徒が座っている。中学二年生の学期が進み、マジョリティの日本人生徒は全員高校進学の予定である。教員は、日本人生徒の高校受験をターゲットに、その指導に時間もエネルギーも集中し、かれ／彼女らには「サバイバル」のために必要な日本語、教科の知識、そして生活ルールをマスターさせるのでよしとするか、それとも……というディレンマの前に立たされる。困難でも高校に進むことは将来の進路を開くために必要なのだと説き、進学へのモチベーションをつくり維持させることが大事だ、と考えるか。もし教師たちがそう考え、個人指導を引き受けることも覚悟の上で、学習指導に乗りだすなら、生徒たちも変わってこよう。

ニューカマー生徒たちには五年先の自分の生活はほとんど見えていないから、その進学の意識は、どちらかというと受け身のかたちでつくられていく。ボランティアの学習支援者から「高校までは行きなさい」と強く言われる。支援ボランティアや友人に誘われ、合同の「日本語を母語としない人たちのための高校進学ガイダンス」に参加し、同じ外国人生徒の真剣な表情に触れ、高校に行けそうな道があるのを知る。あるいは日本人の友だちができて、そのかれ／彼女が高校受験準備をしているのを目の当たりにし、自分も同じようにしたい、と刺激を受ける。また自分の知る範囲に中卒または中退の先輩がいて、これといった職に就けず昼間からゲームセンターに時を過ごしているのを見、これではいけないと考える、等々。それらと並んで、教師の働きかけがあることも大事である。

以前に外国人保護者の口からよく聞かれた、進学などせず、卒業したらなるべく早く仕事に就いてほしい、といった声は最近あまり聞かれない。中学修了そこそこの子どもにほとんど働き口がないことが分かってきたからであろう。また、そこまで自分で調べる生徒は少ないだろうが、将来就きたい仕事や取りたい資格を調べてみて、たとえば看護師、保育士、歯科技工士などには事実上高校修了は必要であり、その上でさらに専門学校や短期大学に行かねばならないことを知る。理容師、美容師、調理師などは学歴不問だとしても、養成施設や学校に通って修了しなければならないことが分かり、中卒だけでは不安だということに気付く。

在留資格の問題には生徒たちの思いは及ばないだろうが、支援者のなかには、子どもの将来をこう見通す者もいる。高校に進学せずにアルバイトやその他の不安定、非正規の仕事を転々としても、親が就労ビザなどで滞在していれば「家族滞在」の資格で日本に居続けることはできる。たとえ成人になってもこの資格が取り消されることはない。しかし「家族滞在」とはもともと扶養を受けるという資格だから、就労は認められず、仮に入管局の許可をとって資格外就労に就いても週二八時間以内に限られるから、将来の独立世帯をかまえての経済的自立はなかなか望めない。またその親が帰国すれば、「家族滞在」資格も消滅する。だからそこからの離脱、ステップアップの第一段階として、高校進学の機会を逸してはならない、と。

「高校へ」というその進路選択は、実際にはジグザクに揺れ動く。親の意向は大事な要素だが、十分な知識・情報をもたず、経済的負担のことや「帰国」のことも脳裏をかすめる親は、容易には決断できない。公立中学の国際教室担当だった一教員はこう語っている。

「進路決定は親の考えに左右されることが多く、通訳を交えて何度も話し合う必要があった。普通科か、専門学科に行くのか、公立か、私立に行くのか。経済的問題は？　高校卒業後の進路は？　進学に関する情報量も少なく、コミュニティ内の偏った情報に翻弄される親たち。高校も出ずすぐに働いて欲しいという親もいれば、大学までという親もいる。……本人の希望と親の思いを擦り合わせるのは、日本と母国の価値観の違いもあり、簡単なことではない」（大谷 2013）。

多くの子どもと親は、自分で希望し、選ぶことがなかなかできず、受験できるところは自ずと狭く、消去法的に学校を決めているようである。なかには、提供される情報を正確に解釈できず、親子で誤って「県立高校には外国人特別枠があって、無試験で入学できる」と思い込んでいるケースもあった（外国人教育相談ボランティア、K・K）。

そのなかで、現実に日本語および日本の社会・文化理解にハンディキャップを負っていることを意識しつつも、自分のポテンシャルを信じ、進学を前向きに考える生徒もいる。自己実現的に自らの将来を考える子どもたちといってよい。母国で親が大学を出ている、兄、姉がいてモデルになっている、学校に通うよう親が絶えず督励してくれた、等、環境も恵まれていたのだろう、それらが、ほとんど意識されることなく、ポジティヴな態度をつくりあげている。そうした生徒たちは情報収集にも熱心で、たとえば看護師志望のカンボジア系の一女子高校生は、「だから県立の看護短大を受験したい」と語っていた。それだけ機会の利用にも敏感であり、かつ積極的である。かつて筆者らがインタビューしたことのあるベトナム人生徒のEはこう語っていた。「高校進学は当然と考えている。ボランティアのある先生が家で教えているので、仲間の外国人五人を誘って行く。この機会を大いに利用していて、助かっている」（四二頁参照）。

2　学力の問題

図1のグラフは、神奈川県の県立高校の在籍者数の近年の変化を示したものである。総数は示していないが、二〇〇八年が七〇六人、二〇一三年が一一二〇人で、一貫して増えている（この間に五九％の増加）。これは大きな目でみれば、〇八年のリーマンショック後、日本に残った外国人がしだいに定住化の傾向を示すようになったことと関係しよう。「一般永住者」は〇八年から一二年の間に二七％増加しており、第二世代の将来についても日本国内で生きていくにはどういうステップを踏むべきかが探られるようになった結果とみられる。国別では、中国・台湾が一段と大きな数字を示しているが、これは母集団（同県登録者総数）が大きいからで、比率的に特に高くはない。比率が比較的高いのはベトナム人である。神奈川県はベトナム系多住県の一つで、その定住団地もいくつかあり、進学を督励する親も多く、日本人生徒と似た行動様式を示すようになっている。また、ここ数年増加が著しいのはフィリピン人で、それ以前が低率だったことも関係するが、一つの仮説として、県立高校の特別入試制度を比較的有利に利用できているのではないかという見方もある。

高校修了なしには将来への道が開かれないという客観的現実、進学を果たさせたいという教師たちの思い、外国人生徒の可能性とハンディキャップを総合的に勘案して、神奈川県は県立高校の入試に「在

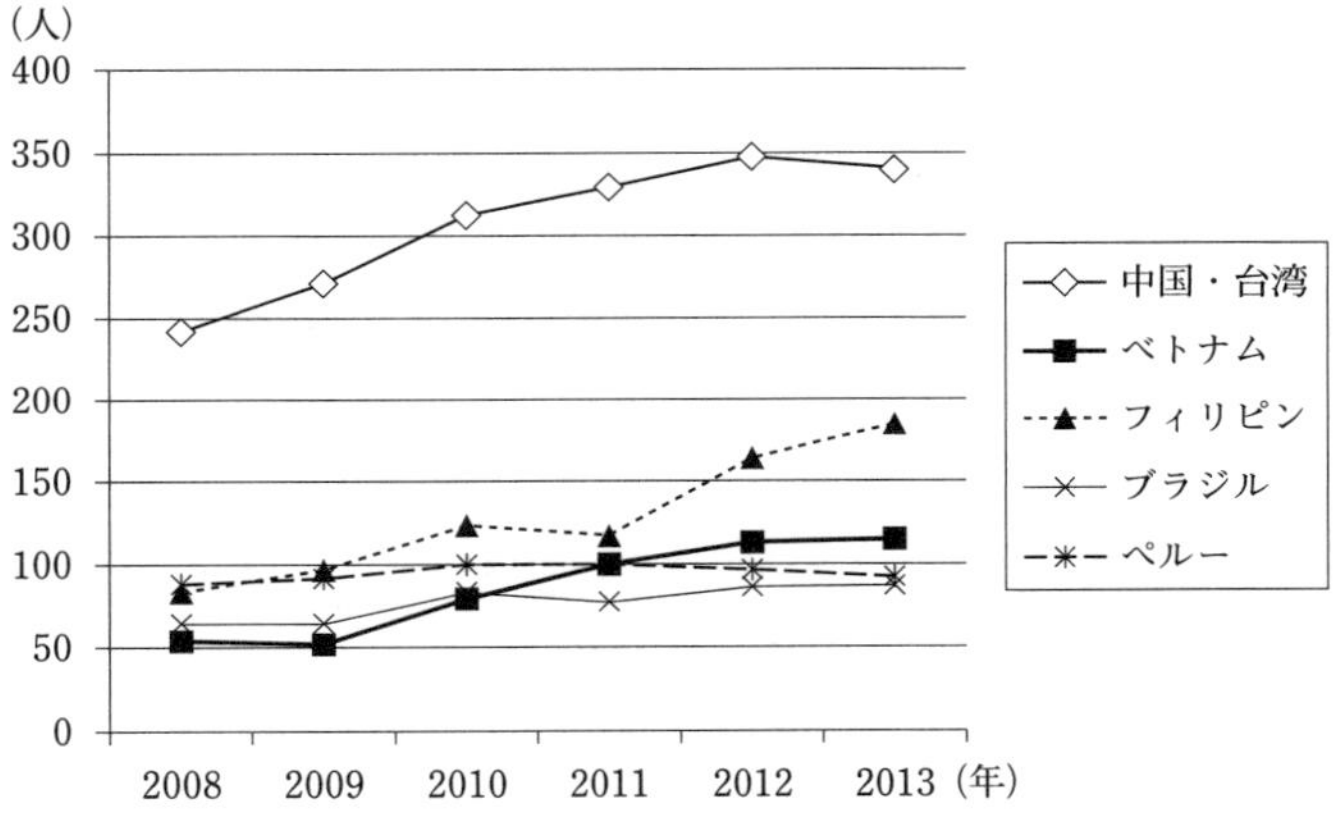

図１　神奈川県県立高校における外国人生徒の国籍別在籍状況（実数）

出所：県教育委員会作成.

県外国人等特別募集」など一種のポジティヴアクションを導入している。そのほかに、これも比較的早い時期から有志教員、ＮＰＯと共催で、「日本語を母語としない人たちのための高校進学ガイダンス」を行ってきた。同県教委がＮＰＯと共同で編集している公立学校への入学、進学のガイドブックは、漢字にルビがふられ、多言語版で、年度ごとに改定を加えて発行され、生徒から頼りにされている（ＨＰからのダウンロードも可）。

だが、特別募集の制度の紹介に移る前に、次のことを確認したい。

上記のように外国人生徒において高校進学希望は高まってきたが、進学先などの内実からみた実際はどうなのか。中国人ニューカマー生徒の高校進学状況に触れて、趙衛国は書く。「入試選抜による高校への進学が、ＮＣ〔ニューカマー〕生徒にとって、相変わらず大きな関門であることを示唆している。その結果として、ＮＣ高校生は、入学しやすいランクにある定時制と通信制高校、課題集中校により多く在籍するようになっているのである」(趙 2010: 12)。たしかにそれは現実であり、かれ／彼女らの学力と、高校間でもかなり明瞭に格差、ランクづけがあることという二つの問題がかかわっている。

学力の状況はどうなのか。それに応えてくれる適切な資料はない。また、文化背景を異にする生徒の学力を、日本的学力基準で測ることが本来の学力の把握になるのか、という根本的問題があるが、今ここでは立ち入らない。

他県の例で少し時期が古いが、東海地方のX市で筆者らが知りえたのは、在籍する外国人生徒にブラジル人がほとんどを占めるA中学校における学力状況である。同校では二〇〇三年度に外国人一〇人中九人が高校に進学を果たしているが、三年生時の「総合テスト」の結果の順位をみると、下位五%以下が四人、五―一〇%は一人、一〇―一五%が二人となっていた(宮島・加藤 2005: 7)。一言でいって、成績は下位に分布し、かんばしくない。日本人とまったく同じ教科、同じ基準で、同じペーパーテストで評価するなら、こういう結果となる。その結果だけを突き付けられれば、かれ／彼女らは学習のモチベーションも、進学という目標ももちえないだろう。別のさまざまな客観的、主観的(主体的)条件があってこそ、一〇人中九人が進学という成果が達せられたということである。

以上はある国籍グループにかかわるもので、特殊かもしれない。もう少し一般的な傾向をつかむのに、手がかりの一つとなるのは、文科省による「日本語指導が必要な外国人生徒」(以下、「必要な生徒」と略)の調査の結果である。その「必要な生徒」の定義は、「(1)日本語で日常会話が十分にできない者

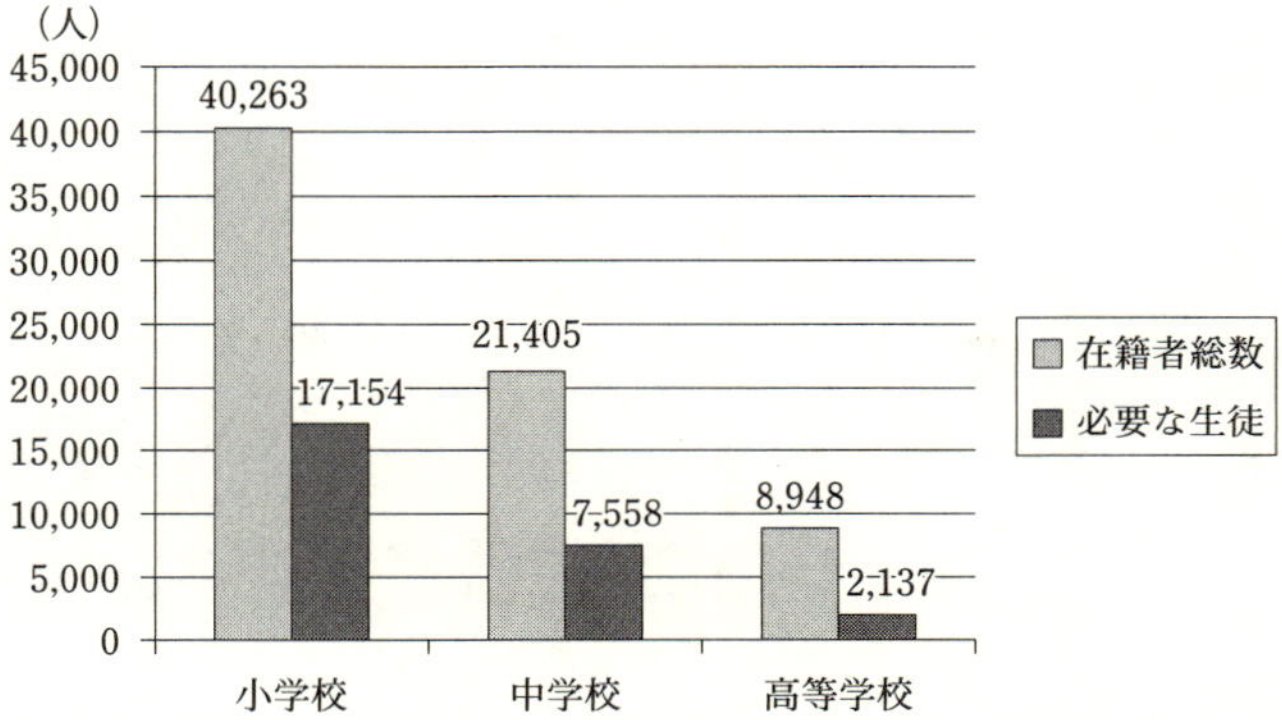

図2　外国人在籍者総数と日本語指導が必要な児童生徒数（全国，2011年）

出所：文科省資料より．

及び、（2）日常会話ができても、学年相当の学習言語が不足し、学習活動への参加に支障が生じている者で、日本語指導が必要な者」とあるから、その比率は、学力をも推測させる指標となる。ただし、この定義による判定は、統一的基準のテストなどで行うのではなく、現場の教員の判断だから、曖昧な部分は残る。

二〇一一年の調査の結果を示す**図2**をみてほしい。

全国の小学校では「必要な児童」一万七一五四人は、在籍外国人児童の四三％であり、中学校における「必要な生徒」七五五八人は、在籍外国人生徒の三五％であった。そして高校ではこれが二一三七人であり、二四％を占める。同年の神奈川県下の公立中学校でも、七〇三人で、外国人在籍者の三七％と、全国平均と変わらない。ということは、ほぼ四割近くの者が学習支援を必要としていることを意味する。では、高校になると、どうなるだろうか。

周知のように、以前から希望者高校全入や高校義務教育化を進めるべきだとの声があり、いわゆる進学の「適格者主義」の緩和ないし撤廃をもとめる声も強い。学校教育法第五七条には、高等学校とは、「中学校若しくはこれに準ずる学校」を修了したか、「これと同等以上の学力があると認められた者」が入学できるとされている。だから必ず入学者選抜試験を行わねばならず、それに合格することが進学の適格者となることの条件である。

そして、当然のことだが、この適格者主義が緩和されれば、高校は学力要件を満たした生徒だけが進学する場ではなくなる。それはこう表現されよう。「事実上の高校全入と義務教育化によって高校教育は従来と大きく変わる必要性が出てくることになる。そのもっとも基本的なことは、希望する者のうち選抜試験によって適格性が認められた者だけが入学するという枠組みから、学力レベルにかかわらず個々のニーズに応じた高校教育を提供する枠組みへの転換である」（小野・保坂 2012: 24）。これが外国人の進学者にも同じ意味をもっているかどうかは、検討を要するので、後に触れる。

しかし、かれ／彼女らにとり、高校へのアクセスがより容易になることは、類似した効果を生む。合格者のなかに相応の割合で、日本語指導を必要とする生徒、すなわち学力に課題を負った生徒が含まれてくる可能性があることである。では、高校はそれら生徒たちをどのように迎えるか。当然、進学した高校で、日本語の支援、学習の支援への仕組みが用意されなければならない。それがなければ、かなりの進学者が（外国人生徒ではより高い割合で）授業についていけず、中退を余儀なくされ、将来の進路は開かれない。この問題が、外国人生徒等への特別入試制度にはつきまとう。

3 進学へのポジティヴアクション

神奈川県は、一九九〇年代半ば以来、在県外国人等特別募集（以下「在県枠」と呼ぶ）を拡大しつつ実施してきたほか、進学ガイダンスなどを通じ、一般募集における「特別な受験方法」などの案内を行っている。外国人生徒にとり、情報を取得でき、適切な指導・助言があれば、一応進学への道は開かれるようになったといえる。

「在県枠」制度は以下の通りである。

県内一〇高校にこれが設けられ、募集定員は合計で一〇九人となる。そこには、三つの単位制総合高校、五つの普通高校、単位制の昼間定時制高校一校、それにY市市立商業高校一校が含まれている。各校には、四名から一五名の範囲で定員が割り振られ、うち八校は一〇名である。また志願資格は、次のようになっている。

志願資格

・一五歳以上
・県内在住であること
・外国籍、または国籍取得後三年以内の日本国籍の者

・入国後在留期間が通算で三年以内であること
　以上のすべての条件をみたすこと

学力検査については、外国語、国語、数学三科目と面接によって行われる。これと並んで、一般募集のなかでも「特別な受験方法」を申請できる制度があり、海外から移住してきて六年以内の者に申請資格があり、出題の問題文の漢字のルビふり、時間延長（一・五倍まで）が認められることになっているが、詳細は省略する。

比較のために東京都をみてみると、その特徴は、「外国人生徒対象入学選抜」制度では三校、七六名のほか、いま一つ中国残留者の関係者のための「引揚生徒対象入学選抜」制度をもっていることにある。前者では、少ない募集者数に対して受験者数が多く、競争が激しいのに対し、後者では、該当生徒が少なくなっていて、ほとんど全入となっている。外国人選抜については、高校数、受け入れ数とも拡大が望まれよう。

大阪府では、「中国帰国生徒、及び外国人生徒入学者選抜」という複合的な性格の制度が取られ、五つの高校、計六〇名の枠が設けられている。志願の資格はより緩やかであり、小学校四年生以上（九―一〇歳）で編入した者に認められている（実質的には五年以内）。試験は、数学、英語、作文によって行われ、作文は母語でも可とされる。

以下、考察をくわえてみたい。

神奈川県の一〇校、計一〇九人は、県立高校の受け入れ外国人数（一学年平均）の約三割におよんでおり、特別募集でこれだけの数を明示している県は、他の外国人多住県のなかにもない（小島 2012 による）。公立小、中の外国人在籍者が最多である愛知県でも特別募集枠をもつ県立高校は三校にすぎない。いま一つ注目したいのは、出願資格にかなえば日本国籍の生徒でも応募が可能である点にある（東京都や愛知県は、「外国籍を有する者」に限っている）。国籍を絶対基準にしてしまうと、国籍上日本人になったとしても文化的背景、条件は外国人と変わらないという生徒には公平を欠くことになりかねないから、こうした配慮は必要だろう。

他方、以下の諸点では、問題が指摘される。

（1）特別入試で一定枠をもつ高校がどのように決まるのかは必ずしも明らかではない。有力進学校は少なく、定評のある一部の「枠」設定校が難関となっている。また、職業高校は含まれているとしてもごく少数である。（2）試験科目は二ないし三（通常五科目）に削減され、受験準備の負担はたしかに軽減されるが、神奈川や愛知では外国語で出題されるのは英語のみであり、全体に日本語の比重は大きく、そのためか国籍によって合格率に差がある。（3）特別枠のない高校の一般入試では、外国人進学者は定時制に進む割合が有意に高く、神奈川の場合では、合格者の二八％は定時制で受け入れられている（県の全進学者では四％）。（4）志願資格については、来日三年以内という制限が多いが、外国出身者の〝文化資本〟の不利はそう短期間には解消するものではないから、緩和すべきだという意見がある。県によっては、実質五年というところ、「六年以内」まで認めているところもある。一方、多住県のなかには、すでに述べたが、志願資格は外国籍の者に限ることとし、来日後いくら日が浅くとも日本国籍であれば受験を認めないところもある。

（1）に関連していえば、意欲ある生徒が、言語・文化的な不利への軽減措置を受けながら上位の高校にチャレンジできるという可能性は小さいといえよう。「在県枠」校には四年制大学進学率のきわめて高いいわゆる進学校は少なく、それらには日本人と同じ一般入試（五教科）で挑戦するほかなく、若干の配慮はなされるとしても外国人生徒が合格する可能性は低い。どの高校が特別枠をもつことになるかは主に高校側の申し出によるものといわれ、県教育委員会の主導で高校レベルや地域を全体で勘案しながら指定していくわけではない。このため、高校のレベル、その地域配置に偏りが生じている。上位進学校からそうでない高校まで、若干名ずつ枠を設定するほうが、進学希望者の意欲を引き出せるのではないか。現状では、そのような決定方式は困難なようであるが、少しでもそれに近づけることはできないか。

各校の偏差値等のデータをもたないが、神奈川では、二〇一三年度の合格情報によると、在県枠のある一〇校のうち計五校で定員に満たず欠員が出ていて、その欠員の合計は二〇名にのぼる。せっかく特別枠を設定しても、合格者が満たないということは、これらが外国人生徒たちの「行きたい」高校に必ずしもなっていないことを意味する。また、筆者が他県を含めいくつかの外国人多住市で支援ボランティアから聞き取った問題に、高校進学をはたすニューカマー生徒の早い時期の退学がある。授業についていけないからという理由もあるが、学ぶ意欲のないクラスの中の雰囲気に強い違和感を感じて、という理由も少なくない。退学後は多くは、働きながら、高校卒業資格認定試験を受ける準備を始めるというから、単なるドロップアウトとは違う。学ぶ意欲はあり、親を説得したりしてそれなりのモチベーションをもち高校に進む点では、平均的日本人生徒とは違いがあるといわれる。だが、迎えてくれる高校の学校文化がかれ／彼女らを満足させないのである。

先の趙の言葉の指す事態がこれである。日本語等にハンディキャップを負いながらも強い学習意欲をもつ外国人生徒によき勉学の場を提供するには、高いレベルの高校も含めて多くの高校に若干名の定員枠を設ける措置が必要だろう(2)。

次に、スペイン語、ポルトガル語を母語とする者には、自分たちの言語で外国語の受験をすることができない上、試験では漢字の比重が全般に重いため、非アルファベット圏出身者は不利をこうむっているようである。これにはかねて指摘が寄せられている。科目名は「外国語」であるから、英語以外に広げることもできるはずである。東京都の場合、試験は作文と面接により、両方とも英語に代替できるとしており、六〇〇字の作文を三〇〇ワードの英語作文に、日本語での面接を英語の面接に代えることができるが、同措置は「非英語圏出身者には圧倒的に不利である」と判断されている（多文化共生センター・東京21 2011)。

では、英語以外にどこまで広げるか、いくつかの言語だけを採用するなら却って不公平になるのではないか、という反論がある。この議論は〝英語一言語なら公平〟という想定に立っているが、こと外国人を対象としてはそうは言えないだろう。もし日本人の中学生ならば九九％が英語を母語とせず、九九％が第一外国語として英語を履修しているから、「公平」との合意が成り立つかもしれないが、外国人生徒では単純にそうとはいえない。英語を母語とし、その点では有利である者もいる。私案だが、県の在住外国人の推定母語人口比に応じて上位の五言語程度を受験可とし（五年ごとに見直しをし）、選択させることも考えられる。

これは単に公平のためばかりでない。子どもたちの日頃の母語の保持と再学習を励ますためにも許されるかぎり、かれ／彼女らの母語力を評価するという措置がとられるべきではないか。合格の難易は別として、多くの受験生が自分にもメリットがあるから受験してみようと思うような「利用しやすい」入試制度であることも必要である。この入試の「利用しやすさ」を重視する乾美紀は、母語での作文を認め、辞書の持ち込みを可としている大阪府の例をあげ、この点で評価されるとしている（乾 2008: 40–41）。

4　社会関係資本の活用

当然制度の利用の可否には、機会構造が関わる。

ある生徒は、「特別枠のある△△高校を受けたかったが、県を横断するくらいの距離があり、通学が大変なうえ、定期代（交通費）がかかりすぎると親に反対された」と語った。学区なしで県内のどこからでも通学できるが、外国人家庭には、通学時間もさりながら、交通費負担は深刻である。「地域を配慮し、在県募集のある高校を増やしてほしい」という保護者の意見がある。

じっさい、「在県枠」のある高校が自宅から近距離にない、情報が与えられても説明し勧めてくれる人が周囲にいない、来日・編入したばかりで友だちもなく孤立している、等々のことが影響する。あらゆる場合にそうだが、マイノリティへの特別措置の制度の情報は、よほど丁寧な広報がないと、教師など責任ある当事者にさえ受信されないことがある。あるベトナム系青年は、自分が受験生だった頃を振り返り、高校進学ガイダンスに参加して、県の一般入試の「特別な受験方法」について知ることができ、この制度を知らなかった中学校の担任に制度の名前を教えて、はじめて特例措置（問題へのルビふり、やさしい日本語での面接）を適用してもらい、合格できた、と語っていた（かながわ国際交流財団 2013: 30）。まさに高校進学ガイダンスの成果であるが、外国人の在籍数が少ない中学校では、教員たちも十分な情報集めをしていないことはありうる。生徒が自分の行動によってつかんだ情報、機会が、かろうじて一人の高校生を誕生させたのだ。

個人的要因には、サブジェクティヴな（主体的な）ものも含めたい。右にも述べたが、外国人生徒のなかにも、自ら社会関係資本をつくり、活用する者がいる。P・コリアーは「社会関係資本」（social capital）とは何かを論じて、それが「社会的相互行為、社会的相互行為の諸成果、社会的相互行為が行われる仕組み」という三つの要素から成っている、としている（Collier 2002: 19）。教師に質し、地域学習室に通い、親しい友人をつくり、進学ガイダンスなどの機会をつかみ、助言、援け、情報を得るといった行動をとる生徒は、この資本の生成者、獲得者、かつ活用者であろう。中学校でも、機会と関係は積極的に利用するようにと指導することがある。国際教室で学ぶ時間を減らしてでも、原学級の中にいるようにして、共に受験を目指す友だちをつくるように、とアドバイスする教員もいる。

坂本文子は、T県における外国人生徒たちへの面接調査にもとづき、同国出身者にモデルが得られなくとも、日本人の友だちとのよい関係や、担任、指導員の親身のサポートという関係的資本（社会関係資本）が重要な役割を果たすことを明らかにし、それなしに入試特別措置だけでは、進学モラールを形成・維持することはできないとしている（坂本 2013: 109–110）。

しかし、機会を利用し、社会資本をつくり活用する行動という点では、個人により、出身背景により差がある。なかには機会利用で積極的行動のとれない者もいる。その消極性にも、性格的なものというより、社会的要因が関わっていることが多く[3]、生徒個々人によって行動が分かれることは経験的に確認されるところである。

5　脱適格者主義からの帰結

特別募集をはじめとする諸制度を、これまで述べてきた自治体ではもはや適格者主義にはよらず、一定の基準を満たすという要件を設けず、定員一杯まで合格させるという方針で運用している。極端なケースでは、学力検査が〇点でも、定員が満たなければ合格させることはある。一般入試（全日制、定時制）でもこの考え方がとられ、進学希望にはほぼ応えられるように努めている。とはいえ生徒個々は、高校間の条件の違いと格差がある現状では、自分の学力、希望の進路などに照らして、受験する高校を選択しなければならないが、これは容易ではない。かなりの生徒は定時制に行くことになる。十分な意思疎通の図れる面談によって教員から適切なアドバイスがなされればよいが、学力の点であまり選択肢のない生徒には、とにかく入れるところに受験するようアドバイスすることが多いのではないか。将来の具体的なキャリアモデルがみえず、とりあえず普通校を志望する者が多いようで、神奈川、東京、愛知などの特別募集校にも普通校が多い。むしろ工業高校、商業高校などをここに加え、生徒に将来キャリアを具体的に考えさせるのも意味があるかもしれない。

なお、適格者主義を超えて、「入りやすい高校」の体制に移行するとき、諸外国にみられるようによりハードに学習を強い、進級を厳しくし（落第制度を機能させ）、それによって勉学を断念する者に「やり直し」（就職など）の道を開けておくか、それとも授業出席や成績にばらつきがあっても「全員卒業」を可能にする日本式を続けるか、という問題がある。後者の日本式は、高校間格差を強め、固定化する恐れがある。さりとて、課程修了見込みの者を求人の対象にし、中退者の採用に消極的な日本の企業のあり方の下では、前者に変えることはむずかしい。そのなかで外国人の高校生は、ある程度の学習支援があるとしても、どのようにこの高校生活を送るか。それはまだ答えの出ていない問題であろう。

ところで、現在中学校に在籍せず、進学を希望している者もいる。年齢超過で中学に在籍していない、就学年数が足りずそのままでは高校受験の資格がない、いわゆる塾に通うのに経済的事情からして不可能、等々さまざまな事情を抱えた者がいる。年齢超過者の中学受け入れについては、前章でみたように認めない県、自治体もある。他方、「超過」に至らざるをえない生徒側については、本人の責任に帰せられないさまざまな事情の者がいる（崔 2013: 44）。彼らに進学の道を開くには、フリースクール的な教育の場の必要も認識されている。神奈川県内では外国人の学習支援を行っているＮＰＯ等の学習室は、規模の大小をとわずに挙げれば五〇を超えるが、「高校進学希望者」と対象を明示し、月謝・教材費を徴収し授業を行っている教室が少なくとも二つある。そうしたものの一つ、フリースクールＹについて、聞き取りを行った。以下は、その概要である。

フリースクールY

・一五歳以上の日本語を母語としない者で、中卒者、夜間中学在籍者、学齢超過のため中学に入れない者などを対象
・高校受験の指導が主目標だが、「居場所」の提供もかねる
・在籍者は、二五―三〇名
・在籍者の国籍は、中国、フィリピン、タイなどで、以前は日本人が在籍したこともある
・授業は週三日、一日五時間（六〇分授業）、習熟度により二―四クラスに分ける。数学、英語、日本語、国語が中心で、校外授業も行っている
・三者面談、外部の進学説明会等への引率、願書等書類の書き方の指導などを重視

このフリースクールからは、二〇一一年には一八名が、一二年には二二名がそれぞれ「在県枠」で高校合格を果たしている。来日外国人の置かれている状況は複雑であるから、こうした指導の場がしばしば高校進学の下支えをしているのである。同校は定年退職教員が中心となっているNPOの運営であり、恒常的な財政基盤はもたず、「虹の架け橋教室」基金に応募したり、寄付を仰いだりしていて、在籍生徒から三万円の月謝を徴収している。

脱適格者主義は、〝高校全入時代〟に対応した施策の転換であり、これまで述べてきたように外国人生徒にとっては一応歓迎すべきことである。なお、中学校課程修了という要件は、文科省によれば、外国人には、もともと日本の義務教育は適用されないのだから、要求されないという。したがって、何らかの事情で日本の中学校を卒業しなかった者は中学校卒業程度認定試験に合格して高校入試の受験資格を得なければならないが、外国人にはこれは免除され、学校長が個々に判断して、受験資格を認めればよいことになっている。適格者主義は外国人にはもともと緩和されていたともいえるが、考えてみればあの戦後の学制改革時に、外国人が日本の高等学校を受験するなどということが想定されていなかったためでもあろう。

いずれにしても、高等学校について従来もたれていた、もはや義務教育ではない、選別された、意欲と学力をもつ者の学ぶ場というイメージを切り替えなければならない。そのことは**表2**の中に読み取られる。

すなわち、脱適格者主義の第一の帰結は、高校在籍外国人のうちに相当の割合で「日本語指導が必要

表2　日本語指導が必要な外国人生徒（神奈川県県立高校，実数）

課程別	2008年	2010年	2012年
全日制	139	182	195
定時制	109	160	193
通信制	22	18	8
上記計（A）	270	360	396
外国人在籍者数（B）	706	961	1,078
A／B	0.38	0.37	0.37

な者」が含まれるようになっていることにある。それはもはや例外の少数者なのではなく、適格者主義がとられなくなったことのある程度当然の結果である。表が示すように、その率は三つの課程を合わせて、三〇％台後半で推移していて、もはや中学校段階とあまり変わらない。定時制でその率が高くなっているが、全日制でも大きな差はないようである。

教員への聞き取りでも、理科や社会の授業のなかで頻繁に国語辞典を引いている生徒がいる、そこまで几帳面ではなく、何となく授業に集中できない様子の生徒に後で確かめてみて、中学段階で分かっているべきタームが分かっていないようだ、と気づくという。なお、「必要な生徒」が三七―三八％というこの同県の率は、全国の高校在籍者総数に対する「必要な生徒」の割合、二四％（二〇一二年）を大きく超えている。これは、いうまでもなく同県では外国人の高校進学者が多く、志望者の受験の際の選別の度合いが低いことの結果である。

中学段階にさかのぼると、東海地方の外国人多住市X市の公立中学校のケーススタディで気づいたことだが、進学を希望する外国人生徒は、国際教室で徹底した個別指導を受けるよりは、日本人の親しい友達をつくりその友人関係に引っ張られ、助けられ高校進学の準備をするほうがよいからと、原学級にもどってしまうことが多い〔国際教室担当教員もそれを容認する〕。ところが、当人は原学級の中に座る三五―四〇人のマスの中の一人となり、個別の指導などないから、授業にはほとんどついていけない。だから、「高校に進学している外国人の子どもたちも、原学級の授業の中から多くのことを学んでいない〔学べない〕。授業が分からないまま、高校への道は開かれつつあるからである」〔宮島・加藤 2005: 9-10〕。これは、高校進学自体にあまりに重きを置く結果の、学習の軽視であり、パラドックスというにしては、あまりにも大きな問題である。

いずれにしろ、以上の現実の結果を重く受け止めるなら、第二の帰結は、高校でも日本語指導、学習支援は引き続き継続されなければならないことである。むしろ、これはいっそう重要な課題となるとさえいえる。授業についていけなければ、それは中退を結果しやすく、その時点で当人の社会的位置を半ば決定してしまうからである。

なお、進学する生徒からみて、高等学校がこのように義務教育学校と類似した性格をもってくると、高校授業料無償化(4)にくわえて、小、中では利用可能であった就学援助制度に類したものが必要になってこよう。ことに外国籍の場合、家庭の経済的条件に恵まれない者が多く、アルバイトの機会も日本人ほど恵まれないとすれば、返還なしの奨学金が得られない場合、そうした制度によるケアが必要だと思われる。

6 高校での日本語および学習支援

では、日本語指導、学習支援をどう行うか。小、中学校レベルでは、義務教育課程（外国人には就学義務は課されていないが）であるため、国（文科省）も国際教室の設置、教員加配を二〇年以上にわたって施策化してきたが、高校については、現段階では、筆者の知るかぎりでは、地方任せという状況にあるようである。

文科省調べによる、日本語指導の必要な外国人生徒の高等学校への受け入れに関する都道府県および市町村の単独施策の実施状況（二〇一二年）を図示しておく（図3）。担当教員を配置しているのが二県のみということが、全国的にみた対応の現状を一部ものがたっている。

高校入学後の外国人生徒への特別な支援には、神奈川県のケースを中心にみてみたい（他の都道府県については、聞き取りを果たしていないので検討は他日を期す）。そこでは次のような三種の対応がとられている。

一つは、外国人生徒が在籍する学校で、日本語指導が必要な生徒が五名以上いる場合、教員の定数措置（配当）を行うこととし、二〇一三年には一〇校に一二人を配当している。ただ、これは定数措置であり、日本語指導を専門とする者が配置されるわけではなく、一ないし二のポストをいかに有効に使うかは高校に任されている。当該教科の教員が個別の生徒支援に当たったりして負担が重くなる場合、非

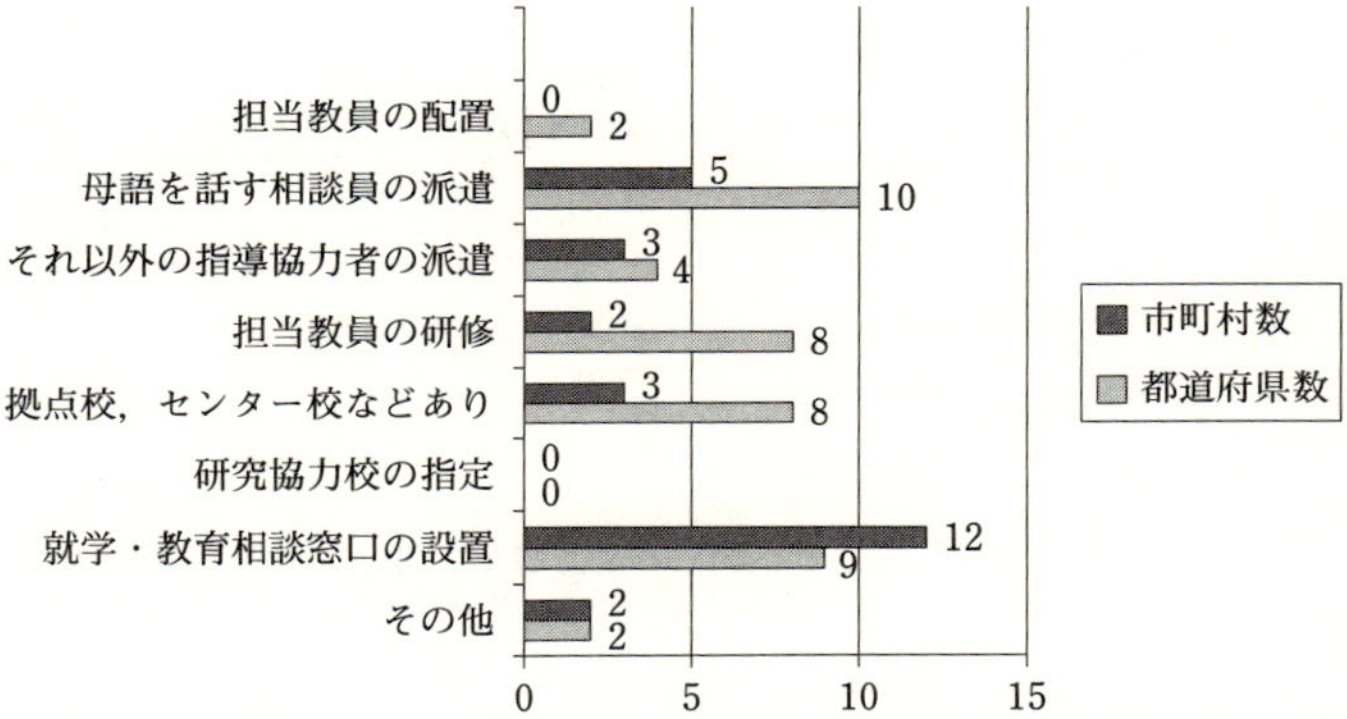

図3　日本語指導を必要とする生徒の受け入れに関する単独施策の実施状況（高校）
出所：文科省 HP（http://www.mext.go.jp/a_menu/shotou/clarinet/genjyou/1295897.htm）より．

常勤講師を配置することとする。これが第二の措置である。二〇一三年には、三一高校に、五〇三時間分の非常勤講師が配置されている。

第三の措置は、日本語を母語としない生徒を教科、日本語、通訳などにわたって支援する地域サポーターの派遣である。このサポーター派遣は一校に一週一回二時間程度で、年間二五万円の予算措置がされている。しかし、県教委と当の高校だけで直接にサポーターの人選やその活動の仕方を決めるのはむずかしい。経験の蓄積と専門的知識をもって、生徒と学校の状況を把握し、望ましい支援方法を学校側に提案し、適任のサポーターを選び、派遣される高校内でどのように活動するかを調整するためのコーディネーションが欠かせない。県はそうしたコーディネーター（多文化教育コーディネーター）の派遣を、あるNPOに依頼している。その三者、つまり、県教委、支援を受ける高校、NPOの関係を図示すると、**図4**のようになる。

このNPOは、外国人児童または生徒を指導した経験のあ

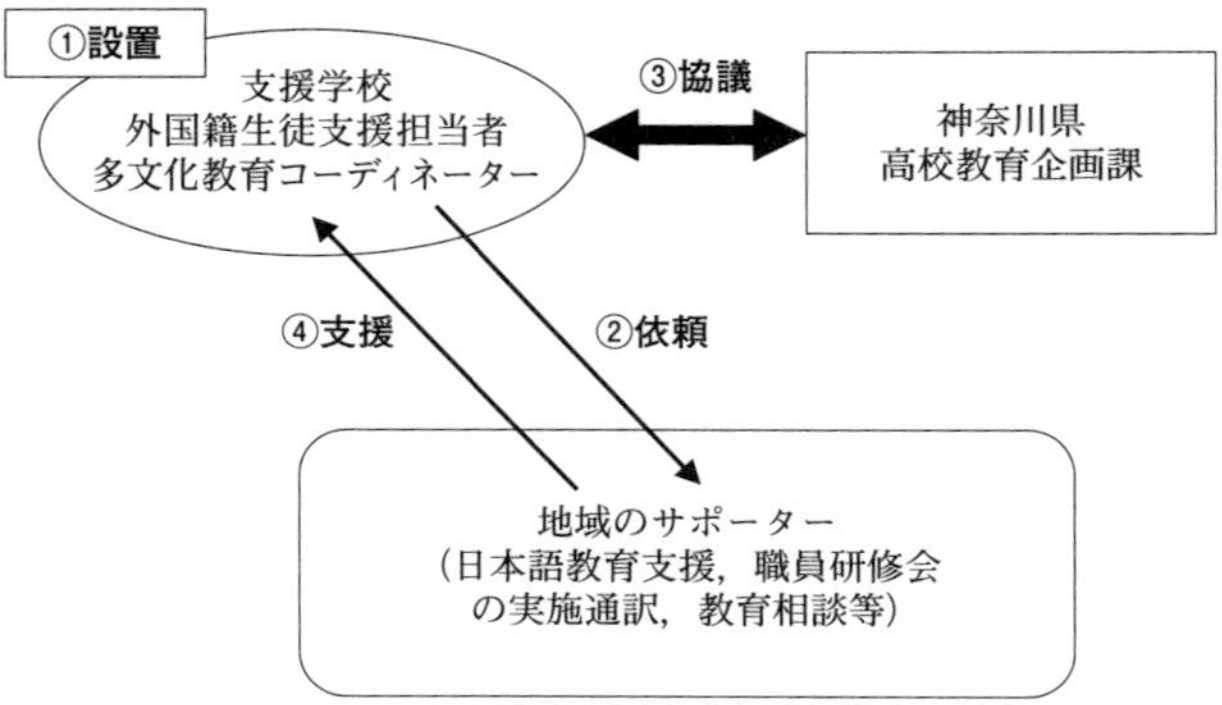

図4　高校における日本語学習支援等の仕組み（神奈川県）

る退職教員などが中心になって組織され、運営されていて、多文化教育コーディネーターの県立高校への派遣は、県費によらない同NPOの事業である。その事業でコーディネーターが派遣されているのは二〇一三年には県内一六校である。こうした事業において県教育委員会に協力するNPOが存在するところに、神奈川県の好条件があるといえる。

右にも述べたが、義務教育段階に比べて高校での授業は専門性が増すので、日本語支援といっても教科指導と密接に結びつくことが多い。このため、専任教員が生徒に個別指導をするなど、その役割がより重くなる。他方、授業内でティームティーチングが行われる際や、進路指導、三者面談、学校行事などの際には、サポーターの支援が必要になる。そのためのコーディネーションには、状況に応じての対応が求められる。そして、「在県枠」をもつ一〇校だけでも、各校三〇—五〇名の外国人在籍者がおり、先の加配、サポーター派遣ではまだ不十分であることが察せられる。

高校での日本語・学習支援へのこうした取り組みに評価を行

うのは、時期尚早である。ただ、NPO活動に従事する元教員にその指導経験について尋ねたところ、なかには日本語さえマスターすれば、学習言語の理解も確実に進むと思われる最近来日したニューカマーもいれば、小学校の時から日本の学校で学んできても、理解の積み重ねができていないと思われる生徒もいる。後者のような生徒たちは、指導もむずかしく、中退してしまう率が高いという。また成果を測るのに、外国人生徒たちの中退率、卒業率、就職率、上位の学校への進学率など何を指標にするかという問題もある。

7　多文化支援という課題

進学し在籍するニューカマー高校生への支援が、日本語および中核的な教科の学習の支援となるのは、良し悪しを越えて、ある程度必然だろう。将来の日本の大学進学を見すえて、または日本の中での就職を目指してとなると、通常の高校生の学力を達成させることがまず重視されるのは理解できるところである。

先ほど高校での日本語や学習内容の支援は専門性が増すので、専任教員の役割は大きくなると書いたが、外国人生徒に学習言語を指導するのに、たとえば「加速度」とは何か、「尊王攘夷」とは何かを説明するのは、それぞれ物理、日本史の教員でなければ無理であり、一般の日本語指導者に任せるのは無責任となってしまう。国語における古典の分野になると、たとえば「わび」「さび」「もののあはれ」などを、いかに生徒たちに理解可能なように教えるか、は専任の教師たちの腕の見せどころでなければならない。

けれども、以上が高校教育の「深さ」に関わるとすれば、外国人生徒支援には、それとは別の課題もあるのではなかろうか。その二言語的ポテンシャルやそれにもとづく能力発揮への抱負などに配慮せず、平均的な日本人生徒の学力に追いつかせることにターゲットを置くなら、彼らへの真の支援とならない恐れがある。

この点から外国人生徒特別入試の方法をみると、一般に、外国語を英語一科目にしぼるなど、受験生の多文化的な背景に配慮し、それをメリットに結びつけるという姿勢は明瞭ではないといわざるをえない。「外国語イコール英語」という観念が当然のごとく導入されるのは、多様な文化背景をもつ外国人生徒たちの学びの場にふさわしいだろうか。

ただ、神奈川の場合、「在県枠」実施校には、三つの単位制の総合学科高校が含まれており、少なくともそこでは授業においてある範囲の多文化性は担保されている。国際系の系列（コース）が設けられ、英語以外のいくつかの言語も学べるようにはなっている。たとえば、T総合高校をみてみると、「国際文化」という系列が設けられ、その設置科目には「日本語」とならんで「ポルトガル語」「韓国朝鮮語」「中国語」などが置かれ、中国語、ポルトガル語はネイティヴによる指導で、母語教育といえるものになっているという。

外国人生徒たちも高校に進むと、それ以前の課程とちがって、多少なりともキャリア・プランを考え始める。中学段階までは、漢字学習、読み書きなど日本語がよりよく使えるようになることに関心が向いていて、親とのコミュニケーションが困難になるほどに母語を軽視してきた。だが、これを考え直す生徒たちも生まれる。一般就職を考える者、大学進学を目ざす者とならんで、後者と重複するが、自分の母語を通して仕事をしたい、活動をしたいと欲する者（通訳、教員、国際的なビジネス、等々）もいるとして、彼らは母語を、あらためて文法から読み書きまでを学びなおしたいと考える。

在日コリアンの指導の経験の蓄積をもつ大阪府では、それを生かしニューカマー外国人生徒の高校での支援においても母語支援は重視してきて、参考とすべき点が多い。なお、大阪ではニューカマー生徒には中国系（帰国者の係累が多い）が全体の三分の二程度を占めているので、母語支援にもその特徴が現れる（鍛治 2008: 75）。特別枠の設定されている五つの府立高校では、母語保持と日本語指導を明示的に重視した「指針」を定めている。たとえばK高校では、「母語を保障するため、授業及び放課後の時間を使って母語の学習を行う」「日本社会で生きていく力をつけさせる。主に国語、社会の時間を抽出する。ある程度力がつけば原学級に戻すことを基本とする」などとうたっていて、中国系生徒向けには「母語中国語」「中国語C」「エリア中国語」「中国語講読」など、やや高度と思われる内容の授業も置かれている（新保 2008: 91–95）。

このようにある程度中国系に特化して支援を強化することができるが、神奈川県では、中国、フィリピン、ベトナム、ブラジルなどに在籍者の国籍は分かれており（図1参照）、バランスが必要で、母語指導の資源投入等もそれだけむずかしい。また、生徒たちの交流・連携・共生（居場所づくり）の場も、大阪府立K高校では「中国文化研究会」であるが、おそらくそれに対応するのは、神奈川県のT総合高校では、「多文化交流委員会」となる。同県では、外国人生徒の多在籍高校では、多文化的な支援、すなわち母語、母文化の指導という実践は、その必要性は認識されながら、模索が続いているように思われる。

結語

高校進学の道が開けることは、外国人生徒にとってほんの出発点にすぎないことは認識されている。日本語指導や学習支援を受けながら、卒業まで行ける者は幸いだが、中途退学せざるをえない者もいる。他の高校の再受験、高卒資格認定試験を受験する者もいる一方、そこで勉学を断念してしまう者もいるだろう。そうした中途離学者が、短期のアルバイトをつなぎつなぎしながら、なんとか生活している例を、よく聞くことがある。日本人の少年にも高校中退者はいて、似たような境遇にあるといえるだろうが、ただし外国人の場合、アルバイト募集に応じようとして電話して「ウチは外国人は雇わないことにしている」と、門前払いを経験していることもあるから、そのサバイバルはもっと厳しい。

ことこの点については、高校卒業見込みまで頑張ってきた生徒にも不安はあるようで、別の機会にも書いたが（宮島 2013）、学校に寄せられた求人に応募して試験、面接を受けて就職するというコースに乗るのに消極的である生徒が多い。日本語能力に自信がない、社会的場面に慣れていず企業担当者との面接等にしり込みするという理由もあろうが、これまでの外国人差別がもたらした傷心も関係していよう。だが、個人的縁故や友だちの紹介などで仕事に就く場合、たいてい不安定なアルバイトにとどまる。指導する学校、採用者としての企業に投げかけられている問題である。

高校進学の次は大学ということになろうが、そこでは、就職のためにとりあえず高校へ、という意識をさらに一歩も二歩も進めて、生徒たちは多少とも自己実現志向をもたなければならず、それがなければ大学を選ぶこともむずかしい。そうした外国人生徒も一部生まれていて、大学進学は経済的理由、親の理解等の理由から日本人のように容易ではないため、漠然と「就職のため」といったことではなく、より具体的に○○○になりたい、△△△として働きたいという抱負をもつ者がかえって多い。ただ、その選択のスコープはしばしば狭く、モデルの少なさが選択を制約している。または、どうかすると、非現実な選択に向かってしまうこともあろう。中学校で授業についていけず悩むわが子に、医師や弁護士への期待を口にする親もいて、プレッシャーを与えている例もある。それだけに、高校では、彼らへの進学指導は必要で、何のための進学か、何をめざすかを考えさせ、親身になり助言する対話を欠かせない。

それとともに、彼らに大学進学の機会を開くうえで、大学側に入試選抜のポジティヴアクションと、配慮された奨学金があってしかるべきである。そして真に高度な学びへの意欲をもつ生徒に機会を与えるという意味で、国立・私立の有力大学が、その門戸を開くことが重要だと考える。別項（コラム4）で、フランスのパリ政治学院のマイノリティ入試の例を挙げ、そのポジティヴアクションの精神を紹介したのは、少々飛躍はあろうが、この課題を先取りしてである。

(1) 一五―一七歳の在留外国人数は直接は与えられていないので、在留外国人統計における一五―一九歳人口の五分の三をもって、これを推測した。

(2) これはポジティヴアクション(PA)をめぐる根本的問題にも関係してくる。属性上不利をこうむっている者に優先処遇をするという考え方を認める場合、「上方で」、日本人生徒との競争の激しいところで一定の優先枠を設けるか、それとも競争の激しくない、時に「空席」さえ出るところに枠を設けるか、で意見は分かれよう。後者の場合、マジョリティ(日本人)からは不満が出ないだろう。しかし前者の場合、「機会を与えることで、はじめて意欲も学力も伸びるのだ」という見方もされるとともに、アメリカのアラン・バッキ事件のような「逆差別」批判が出るかどうか分からないが、「自校の偏差値を下げる」とか「授業についていけない生徒が増えるのでは……」のような意見が出るかもしれない。パリ政治学院の特別入試は、「上方」のPAとみることができる(コラム4を参照)。

(3) 日本語がよく分からず対人関係で冷たく扱われたり、アルバイトを申し込んで「外国人はだめ」と断られるなど、挫折経験をもつ子どもの場合、行動が消極的になりがちである。

(4) 高校授業料の無償化は、民主党政権の下で二〇一〇年に導入された(それ以前は公立高校で一人年間一一万八〇〇〇円が徴収されていた)。ただし、その後自民党・公明党政権の下で二〇一三年に、無償化は年収九一〇万円未満の世帯に限るという改正法が成立。所得制限が導入されることになった。

【コラム3】 モデルをもとめて——進学者・働く先輩・留学生

先輩という力

故人となった在日韓国人の金敬得《キムキョンドク》氏が司法修習生に採用されたのが一九七七年、弁護士登録を認められたのは七九年のことである。この外国人司法修習生、外国人弁護士第一号の誕生の反響は大きく、日本のマスコミも取り上げた。ただちに、というわけではないが、その後二〇年ほどの間に少なからぬコリアンの若者が大学法学部に進み、司法試験にチャレンジし、弁護士となっている。彼らの話を聞くと、金先輩の行動に感激し、刺激され、励まされた、と語らない人はいない。

しばらく前から折にふれて、ニューカマーの子どもにとっての「モデル」の問題を考えている。幼時に来日したり、日本で生まれた子どもたちが中学に進み、「さあこれからどうするか」と考え始めるとき、モデルとなる先輩はいるだろうか。残念ながら、「モデル不在」と言われることが多い。探せば、いないわけではない。たとえば、元難民のベトナム系の、日本の高校、大学医学部に学び、医師になったトラン・ゴク・ラン（山川玉蘭）さん。だが、彼女はサイゴン市（当時）のチョロン（ショロン）地区の華人家族の出で、漢字には困らなかったし、きょうだいに日本留学経験者もいた。〝輝ける先輩〟だっただろうが、一般のインドシナ系の子どもにはモデルにはなりにくかったと思う。

筆者らが、神奈川県内でインドシナ系やブラジル系生徒にインタビューした十数年前、「将来何になりたいか？」と問うと、「ファッションモデル」、「レーサー」などの答えが返ってきたものである。夢として語るには楽しいが、答えとしては現実離れしていて、今からどんな学校に進み、何を勉強し、どういう資格をとるかという道筋不在の夢だった。「父は工場で体を使って働いている、同じことをやるのなら、高校なんか必要ない」と考えてしまう子どももいた。このリアリズムはたぶん正しいだろうが、かれの親とて、わが子が同じ仕事に就くことは望まないだろう。

そんななか、インタビューの際に印象に残ったのはインドシナ系の一女子生徒の選択である。成績からいうと、もっとレベルの高い普通高校の受験が可能だったが、商業高校を了えての銀行勤めが堅実でよいと考えるようになり、H商業高校に決めた（そして合格した）と語っていた。これにはきっと、だれそれさんという知り合いの先輩がいたにちがいなく、商業高校卒→銀行・信用金庫への就職、というコースがあることを教えられたものと思う。ちなみに、難民となって国を離れた彼女の父母は、母国では教師だった。彼女も「英語、数学は好き」と語っていたから、きっと勉強に打ち込む中学生活を送ったにちがいない（1章に登場するDがこれにあたる）。

モデルも散見されるようになり……

今では、外国人生徒の前にも可能な将来キャリアと進むべき就学コースを地道に結びつけた〝先輩〟たちが、チラホラ登場するようになった。インドシナ系のある女性は、高校に進み、短大を出て、保育士の資格をもって地元にもどり、必要に応じ母語も使いながら働いている。また、高校の先輩のブラジル出身の大学生は、教育実習のため母校にやってきて教壇に立った。外国出身の先生といえば、英語の教員くらいしか知らなかった生徒たちは「英語の先生じゃないし、日本語がぺらぺらだし、すごい。見たことない、ああ、こういう人もいるんだ」と衝撃を受けた、と語る（井草 2013: 132）。同じく南米系のある男性は、高卒後、遠く離れた四年制大学に進み、Uターンで地元市の職員採用試験を受け、合格、国際交流員に配置されている。母校の中学校に招かれて話をした時、自治体の試験にどう準備し、どう面接で答えたかを述べるくだりでは、外国につながる生徒たちは真剣な表情で聞き入っていたという。

そうした例はまだ多いとはいえないが、ニューカマー生徒が、高校進学をより前向きに考えるようになっているのは確かだ〔4章も参照〕。ただ、採用するか否かを決める企業やその他の機関が、日本人ならぬ当人ならではの能力や経験をきちんと評価するかどうかは別で、日本人と同じように働いてくれるか否かという基準しかもたない企業が多いのは淋しい。だが、右のような先輩に接し、後輩たちが単にサバイバル的にではなく、自己実現と結びつけて将来を考えるという契機となればよいと思う。

留学生という存在

一方、留学生の提供してくれるモデルも重要ではないかと考える。日本育ちの第二世代の子どもたちと、同国出身の留学生は、境遇こそ違え、文化ルーツを共有しているはずだから。今日、「留学」による在留外国人は約一八万人。このすべてが大学生・大学院生というわけではなく、三割程度は高校、専門学校等の生徒を含む（二〇一〇年法改正で「就学」が「留学」に一本化された）。いずれにせよ、小、中学校に学ぶ外国人の数に倍する大きな数字である。

いくつかの市や国際交流協会で、留学生で学習支援のボランティアに登録している人はいないかと尋ねてみた。だが、ごく少ないという印象である。それにはいくつかの理由はありそうだ。

まず、支援を必要としている児童、生徒の出身国のブラジル、フィリピン、ペルーなどは、日本への留学生の多い国ではない。実際、「留学」の滞在者は、フィリピン七〇七人、ブラジル三一二人、ペルー八七人（二〇一二年現在）と、子どもの数より一桁も二桁も少ない。出稼ぎや結婚のために向かう国と、勉学のために赴く国が異なるということであり、これはいかんともしがたい。留学生が多い国は――中国、韓国は別格として――ベトナム八八一一人、ネパール四七九三人、タイ三二一二人といったところである（二〇一二年）。

また、留学生は日本の小、中学校で学んだ経験がないので、日本の学校の制度、文化、学習内容に通じていない。ニューカマーの子どもたちがぶつかっている学習困難（授業が分からない）や受験準備などで支援の手を差し伸べるのはむずかしい。これらはやはり、日本の学校教育の経験者である同国出身の先輩や日本人学生の引き受ける課題だろう。

さらに、留学生の境遇もさまざまで、私費留学生だと、奨学金にめぐまれず、生活の資を稼ぐアルバイトに追われ、自分の勉強との両立に苦しんでいる。仮にボランティアとして活動したくとも、これに時間を割けないでいる。

高いレベルの母語と日本語と

しかし、彼らは当然ながら母語の高度な使い手である上、日本語も高いレベルで習得し、抽象語の置き換えにはすぐれた能力をもっている。大学院生ならば、日本滞在も長くなり、生活経験も豊かで、既婚で子どももいるケースもある。現に、元留学生で日本に留まり、子育てを経験した人々はニューカマーの子どもへのよき学習支援者になっている。

そしてかれ／彼女らに期待されるのは、特に次の二点である。一つは、母語、母文化、そして母国の事情を子どもに教えることのできる人々であることである。なるほど北京語は広東語とちがう。また出身階層がちがい、コミュニケーションが難しい場合もあろう。一般的にいうと、大学や大学院に学ぶ留学生の出身階層は、就労目的で来日している同国人のそれよりも高いかもしれない。しかし、その口から母国のことを教えられるのは、子どもたちにとって貴重な機会になる。現に、タイ人の子どもの母語教室では、元留学生が指導の中心になっている。ベトナム人留学生もすでに九〇〇〇人に近く、子どもの母語教育の場を立ち上げるくらいの力量は優にもっているはずである。

次に、勉強・研究を続ける同国出身の留学生に接することは、ニューカマーの中・高生にとり、ロールモデルに触れるまたとない機会となる。R・D・パトナムらのいう「社会関係資本」の一要素を構成してくれる。「モデルの不在」、それゆえ目標意識や、努力することへの刺激がないことは、生徒たちの大きな問題だった。〝リューガクセイ〟という、自分と似た風貌で、さわやかにきちんとした母語を話しながら、高いレベルの内容を日本語でもみごとに表現できる人々に接し、「すごい」と感心した生徒の例を知っている。同じ出身であることに誇らしい気持ちになり、また、母語についてそれまでもっていたネガティヴな気持ちが変わったという。

課題は、どのようにして両者の触れ合える接点をつくるか、である。

5章 外国人の子どもにみる三重の剥奪状態

貧困・家族・教育

問題と課題

日本では「総中流化」などという言説がもてはやされ、「貧困」という言葉が（相対的貧困のそれも含めて）ほとんど姿を消していた一九七〇年代、八〇年代にも、欧米では貧困を再発見する試み、平等さらには衡平（エクイティ）の追求への議論と政策努力が行われてきた。たとえばイギリスでは、「新しい貧困」発見のジョンソン時代のアメリカと時を同じくして、一九六〇年代に「貧困の再発見」が言われ、「子どもの貧困」（child poverty）の概念化もいち早く行われ、CPAG（「子どもの貧困行動集団」）の活動が続いてきた。それは、不平等とその再生産が経済から文化、とりわけ教育にまでおよんで争点化されたことと関係があると思われる[1]。

またいま一つの理由に、本章の主題に関係するが、欧米社会では、移民やエスニック・マイノリティが多少とも可視的に存在し、それを通して不平等、貧困がよりリアルにつかまれたからと考えることもできる。ただ、日本にそのようなマイノリティが存在しなかったとするのはむろん誤りである。その存在を可視化させず、潜在的にとどまらせるような条件がはたらいてきたとみるべきだろう。そして山本薫子が書いたように、貧しいといわれながら一見日本の若者と変わらない消費生活を楽しんでいるとみえる外国人たちに今日出会うのも事実である（山本 2005: 244）。

グローバリゼーションの進行する一九九〇年代後半から、欧米ではいっそう貧困問題への関心が高まる。その際、しばしば非ヨーロッパ系の移民ないし移民出自のグループに光があてられた。貧困の扱いがとかく人口政策に従属させられがちだったフランスでも、一九七四年のオイルショック後、貧困の再発見が進み、一九八二年、「参入最低限所得保障制度」（ＲＭＩ）が創設された（都留 2000）。また、この国では国立統計経済研究所（ＩＮＳＥＥ）が、自ら実施するセンサスの詳細データの分析を行い、二〇〇一年には移民世帯の貧困率を公表している(2)。

それに対し、日本では移民国という自認の度は低く、同じ「外国人」というカテゴリーでくくるにせよ植民地出身旧移民（在日朝鮮人）と、四半世紀前から増加したいわゆるニューカマー外国人の間には性質の違いも大きく、社会経済的な調査データも不十分だった。貧困にかかわるデータ、まして子どもに関するそれは限られている。だが、今や外国人人口の八割近くを占めるニューカマーに、経済生活、文化・教育、家族生活においても剝奪的な位置に置かれている者が多いことは疑いえない。外国人多住県の一つである神奈川県を例にとると、外国人の生活保護受給者の受給者全体に占める割合が、五年前の約二倍の五・四％に上昇している。推測だが、そのなかには、高齢者とならんで、ニューカマーのひとり親世帯（ほとんどが母子）が多く含まれていると思われる。そこには確実に子どもの貧困の問題があろう。

「貧困」とは第一義的には金銭的貧困（monetary poverty）を意味するが、それが結果する、ないし、そこから変換されていく剥奪には、機会の貧困、時間的貧困、関係性の貧困などとよぶべき形式がある。そうした変換とそのメカニズムに、本章は特に注目するものである。たとえば金銭的貧困からなんとか抜け出そうとして採用する出稼ぎ的行動と夫婦共の長時間就労のライフスタイルが、こんどは時間的貧困、親子間の関係性の貧困を結果してしまうといった悪循環などがそれである。

貧困の研究が今日依拠している相対的貧困は、ＯＥＣＤの用いる定義によれば、一社会における世帯所得（手取）の中間値（メディアン）に相当する値の二分の一に達しない状態とされる。ただし算定の際、世帯員数の調整が行われる。こうして得られる数値は、社会の国際比較等においては有効であろうが、所与の一社会における特定のグループまたはカテゴリーの人々の剥奪状況を明らかにしようとする際には、一つの目安にすぎない。そして、たいていの場合、特定の集団について貧困率を算出できるような適切なデータは与えられていない。そのような条件のなかであえてまとめたのが、本章である。時期尚早との感をまぬがれないが、いわば試論的に、標記のテーマにアプローチすることとする。

1 マイグレーションと子ども

日本に滞在する外国人のなかで一五歳未満の者は、約一八万人、九%を占める。人の移動(migration)において、とかく子どもは付随的なものとして扱われがちである。一定の意思ないし目的性にしたがって移動するのは、もっぱら大人であり、子どもはそれにつき従う存在とみられてきた。もっといえば、つき従うのが当然の存在とされてきた。すなわち、先に移動した親からの家族呼び寄せ(family reunification)にはすすんで応じるべきものとされてきた。しかし、いったい、子どもの観点からは、自分の意思と無関係に強いられる大きな地理的移動は、どう経験されるのだろうか。近年、「子どもの権利条約」の喚び起こした関心から、虐待、未成年就労、貧困などの問題に新たな光があてられるようになり、本章も外国人・移民における子どもの問題を扱うわけであるが、当の子どもの権利条約の中にも移動、移住と関係して子どもの権利を守ろうとする条項が少なくないことは注目される。(3)

移民の第二世代に関する古典的議論では、子どもたちは、学校教育を通じてホスト国の言語を習得し、文化的に同化し、親が不熟練労働に就いたならば、自身は熟練労働者へ、または自営業・ビジネスへ、という上昇過程があるものとされてきた。今日でも、たとえばアメリカなどではこれにあてはまる傾向があるとみられているが、民族によって異なる傾向があることを識別する見方が有力であり、ラティーノ(ヒスパニック)移民については、上昇移動の仮説に疑問を呈する研究も少なくない。日本でも、量的に大きい南米系労働者の「派遣労働からの脱出」という地位職業移動の可能性を検討してきた稲葉奈々子・樋口直人の考察が、政策の不在など批判的結論を導いていること（稲葉・樋口 2010）、その第二世代の子どもの早期の離学率が高いこと（高校進学率が低いことなど前章を参照）、などからは、楽観的な推定はみちびけないようである。

在日外国人人口とそのなかに占める子ども人口の特質について概観したい。二〇一二年現在での外国人登録人口は二〇三万余人であり、ピーク年の二〇〇八年に比べ、減少を示している。最多は中国人約六五万人余で、韓国・朝鮮人五三万人余、ブラジル人約二一万人、フィリピン人二〇万人余、ペルー人五万人余と続く。このうち、ブラジル、フィリピンはそれぞれ明らかな減少を示しており、前者では、リーマンショック後の不況の影響が示されているとみられ、後者では、「興行」（エンターテイナー）という在留資格による大量受け入れへの国際的批判が明らかに影響している。(4) 順が前後するが、中国人については、留学生・技術者のようなグループに対し、「技能」、「日本人の配偶者等」、「技能実習生」などが増加し、その層はかつてなく多様化している。

そのなかで子ども（一五歳未満の者）の占める割合は、前記のように、約一八万一〇〇〇人余であり、約八・九％である。その実数を国籍別に示したものが**図1**である。

グラフから読みとれる傾向がいくつかあって、若干のコメントをしておきたい。

まず、韓国・朝鮮人では子ども人口はブラジル、中国より小さい。これは過去二〇年来の帰化による人口全体の漸減、少子化による子どもの減少との合成の結果とみることができ、後者の点では日本の人

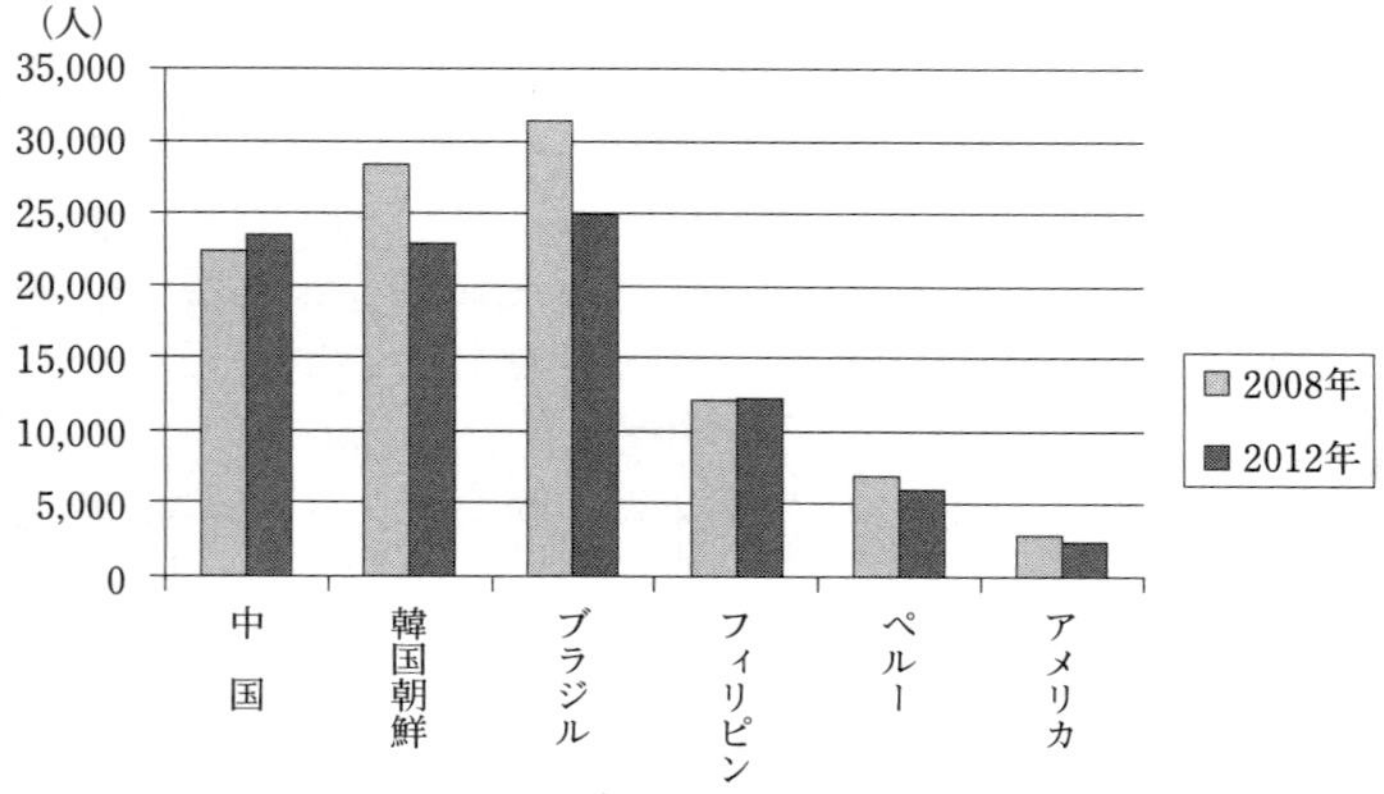

図1　6–14歳の外国人の数

口構造とよく似ている。

次に、ブラジル人人口に占める子どもの率の高さ（ペルー人にも同様の傾向）は、その解釈に議論を要する点である。一九九〇年施行の改正入管法で日系外国人の優遇受け入れが定められ、三世にあたる本人およびその配偶者（日系、非日系を問わず）にこれが認められ、共に自由な就労が可能とされた。かれらは自らの行動を「デカゼギ」と称し、英語にいう target earner の意識で、限られた期間に効率よく稼得しようと、配偶者を呼び寄せて夫婦で共働きをするケースが増加した。それが子どもの帯同も促すことになった。これが一応の説明だが、しかし欧米の移民現象に照らすと、短期目標達成型の移民と子ども帯同という組み合わせは、一般的ではない。初めから定住を予定した家族移民なら、その行動は理解できる。だが、たとえば二年とか三年という期限を頭に描いての出稼ぎで、子どもを伴うことは、リスクが大きい。言語習得、学校教育、アイデンティティ、何をとっても中途半端になる恐れがあるからである。では、定住への意図が密かに当初から抱かれていたのだろうか。これには明確な答えはなく、本人たちに尋ねれば、「いずれ帰国はするが、今のところ予定はない」という答えが最大公約数的であった。そして来日以来五年とか七年経っても帰国はせず、依然として出稼ぎ型のライフスタイルを維持している者は多かった。このことが子どもの生育の条件、環境におよぼす影響は小さくなかった。(5)

いま一つの必要なコメントは、フィリピン人の子どもについてである。滞日フィリピン人には、女性の比率が高く、日本人の配偶者になっている者が多いが、この異国籍婚(「国際結婚」)から生まれる子の場合、多くは日本国籍となる。しかし非法律婚にとどまっているケースも少なくないと推測され(後述のように、嫡出でない子の率が高い)、その場合、父親による認知がなされずに母親の国籍となり、父母が離別して父親と没交渉となってしまうケースは多い。また結婚後、フィリピンからの連れ子(先夫との間の子)が呼び寄せられ、暮らしている場合もある。いずれにしても、フィリピン国籍の子どもには、経済および人間関係という養育条件で恵まれない者が少なくない。

以上を通して、少なくとも三つのタイプの、子どもを擁する家族に言及した。すなわち、出稼ぎ型、異国籍結婚型、ひとり親型である。以上に対し、在留資格上は「家族滞在」という資格で滞在している配偶者+子どもがいる。これは一定の収入を得て、または一定の蓄えがあって日本に滞在する外国人の家族であり、「扶養を受ける」配偶者・子どもなので、原則として就労は認められない。ただし、資格外就労の許可を得れば、週二八時間までは就労が認められる。そして、この家族滞在の在留資格者には、私費留学生の配偶者・子どもも含まれ、奨学金が十分でないため、資格外就労で生活の資を補いながら、なお貧困ライン以下ではないかとみられる人々も含まれている。

2 非正規雇用と貧困

オールドタイマーの韓国・朝鮮人を除くと、外国人の就労者は約八〇万人程度とみることができる。これは滞在期限が付されている「技能実習生」、さらに、「留学」「家族滞在」などの資格外で働く者を含めての推定値である。そのなかでの格差は大きい。正規雇用ないし、それに準じる処遇を受ける外国人に、「技術」、「技能」、「人文知識・国際業務」、「教育」など、「就労を目的とする在留資格」の下にある就労者がいて、外国人就労者の四分の一程度を占める。それを除くと、他の外国人の就労形態は、パート、時給形式の直接雇用、派遣・請負のような間接雇用がほとんどとなっている。上に述べた「留学」「家族滞在」などで、〝資格外就労〟として働く者も、間違いなく非正規雇用従事者である。

過去数年以内の時宜にかなった全国的調査がないので、ここでは参考程度としてだが、地域的特殊性があることを承知のうえで、多数の外国人就労者を擁する静岡県が実施した外国人労働実態調査（静岡県県民部多文化共生室 2008）をみてみたい。南米系が高い割合を占め、自動車関連企業が多いという同県の特殊性を反映しているが、それでも日本の外国人労働の縮図的意義はないわけではない。同調査の従業上の地位への設問からその雇用形態をうかがってみよう（図2）。

派遣・請負＋パートが全体の七割を占め、これは時給で働く世界であり、いうまでもなく日本的雇用

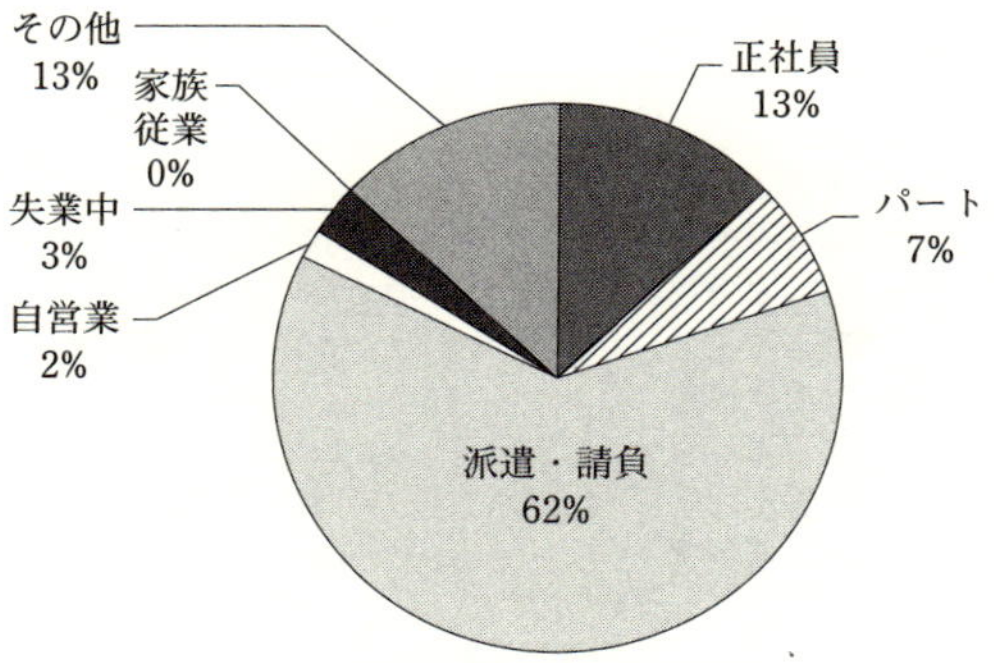

図2　本人の現職の従業上の地位

形態では賞与や福利厚生から排除されるのが一般的で、大きな待遇格差の存在を意味する。この不利をいくらかでも縮小しようとすれば、就労時間を増やす以外になく、残業を引き受け、夜勤、休日出勤にも応じることとなる。その結果、生活時間の貧困という別の問題をも背負いこむことになる。夫婦共に就労していて、類似した行動をとれば、家族生活にかなりの歪みを結果せざるをえない。これは、後に述べる、子どもを巻き込む非金銭的貧困の大きな要素である。

なお、二〇〇九年の静岡県多文化共生実態調査（外国人調査）では、従業上の地位についての回答の様相がだいぶ変わっている。「正社員」は一六％、「失業」が二二％へと跳ね上がり、さらに、求職活動をあきらめて「非労働力」に陥っていると思われる人々が六％に上っている（**表1**）。ハローワークへの求職者登録をしない、もしくは復帰をあきらめた失業者たちである。この数字は、自動車関連事業所の集積県であるがゆえに全国でも異例である。そのためであろう、「派遣・請負」が二五・九％へと低下している。失業率が実質三〇％というこの数字は、リーマンショック後

表1　現在の仕事の従業上の地位

	度　数	%
直接雇用（正社員）	339	15.5
間接雇用（臨時・パート）	288	13.2
間接雇用（派遣・請負）	566	25.9
自営業	64	2.9
家族従業者	24	1.1
失　業	482	22.1
非労働力	136	6.2
その他	285	13.0
合　計	2,184	100.0

の一時的な状況を表しているのかどうか判断がむずかしいが、労働者の条件はきわめてシヴィアなものになっていることを示す（静岡県県民部多文化共生室 2010: 29）。

そして彼らの世帯収入はどうだろうか。リーマンショックのほぼ一年後の二〇〇九年に行われた上述の静岡県調査を一つの手がかりとしたい。この時期、上のように高失業がなお続いているが、南米人の帰国、移動も進んだ時期であって、調査への回答者は継続的居住を選んだ者とみることができる。以前には日本の中の外国人のうちでも比較的高収入を得る者が多かったが、この時期には低下し、やや平均的水準に近付いていたとみられる。

同調査のたずねている世帯の年収入（税込）の回答の分布は、**図3**のように示された（同：34）。もとより調査対象者の判断による回答だから、その信頼度には一定の留保が必要である。

回答分布は、無回答（NA）約一二％を除いてのパーセンテージである。このNA層についての判断いかんで分布の意味は変わるかもしれないが、一応最頻値にあたるのは二五〇―三四九万円であり、したがって三〇〇万円前後が最多とみなすことができよう。

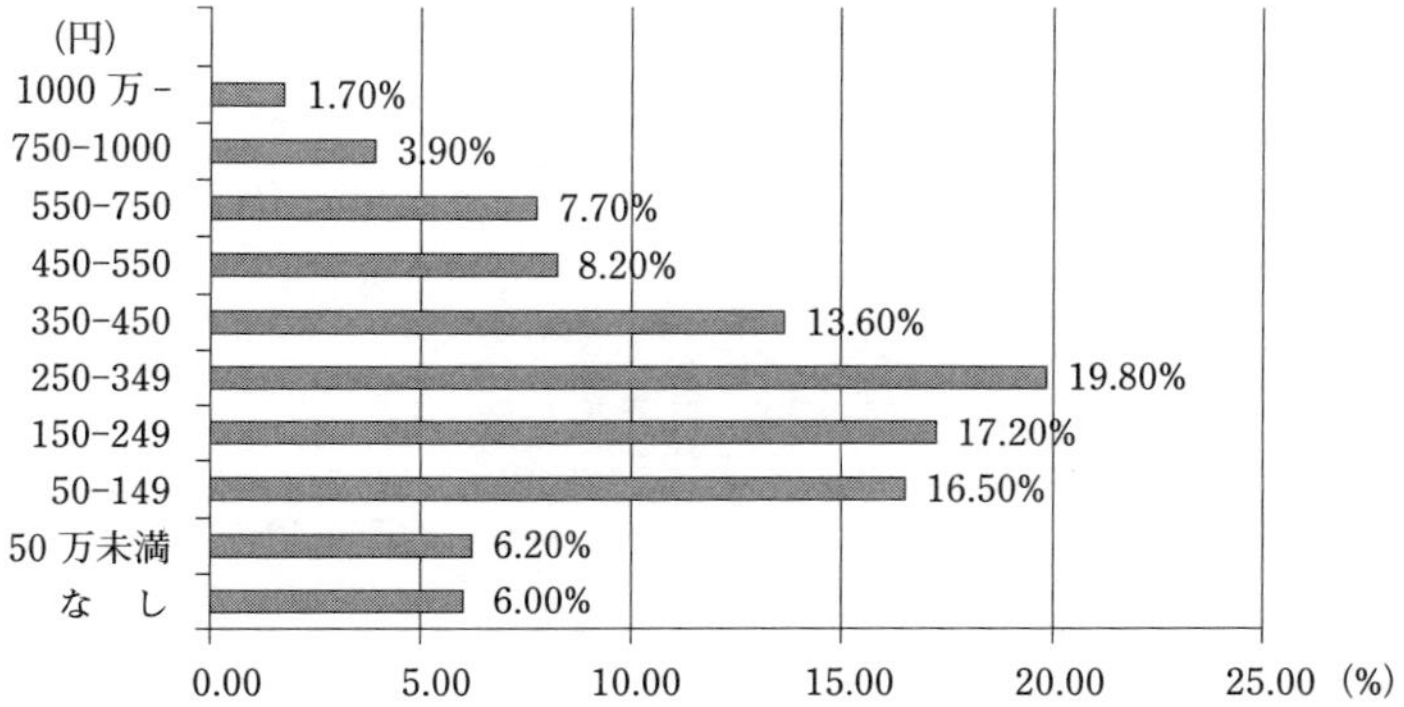

図3　世帯年収（税込）の分布（静岡県調査，2009年）

次に、図4のように年収の低い層から上へ、と各カテゴリーのパーセンテージを積み上げてみると、五〇%前後（中間値）となるのは、二四九万円から四%ほど上位、すなわち二七〇万円前後ではないかと推定されよう。

この額から可処分所得を推定する具体的手立てはないが、仮に一八〇—二〇〇万円としてみよう。日本の全体の世帯手取年収との関係はどうなるだろうか。

3　貧困のライン以下の層

日本の全世帯の可処分所得の中間値は、厚労省による国民生活基礎調査（二〇一〇年）によって得ることができ、それは二二四万円であった。右の外国人の場合、この額を下回っている。では、中間値の二分の一、すなわち一一二万円に満たない（相対的）貧困層がどのくらいを占めることになるか。可処分所得を年間所得の三分の二から四分の三程度として、これも大ざっぱな推定値であるが、税込所得二〇〇万円以下の外国人世

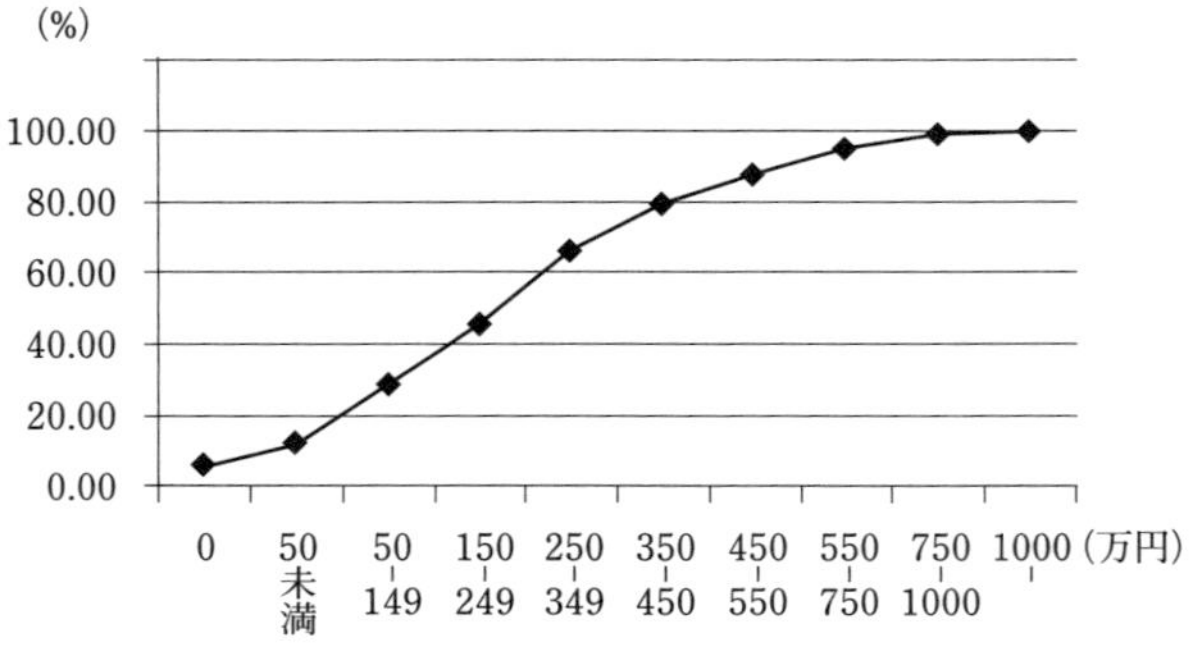

図4　世帯年収の累積分布（同上）

帯がほぼそこに含まれるとすると、図3から判断して三五%辺りとなろう。粗い推測だが、一五%といわれる日本全体の貧困率との比較で、念頭に置いておきたい。なお、推定貧困世帯に含まれる子どもの割合となると、まったく推定のすべはなく、常識的に考えていわゆる子どもの貧困率は上記のパーセンテージよりは下がるかもしれない。

さて、以上とは別個に考察されるべき、さらに恵まれない外国人貧困層が存在する。それは、樋口直人の整理によれば、無年金状態にある韓国・朝鮮人の高齢者、低い給与で働く中国等の研修生・技能実習生、日本人男性と結婚していて、離婚・離別後にただちに貧窮化してしまうフィリピン人やタイ人の女性たち、そして中小零細企業が主な職場で、非正規雇用者が多いと思われるインドシナ系の元難民の人々（日本国籍者も多い）などである（樋口 2011a: 12–13）。ただし、このなかで、韓国・朝鮮人の高齢者、および中国人等の技能実習生は、子どもの保護者ではないので、触れない。後者は、滞在に最長で三年間という期限があるうえ、家族呼び寄せが認められていない。

日本人の間でもひとり親世帯、特に女性の母子世帯の経済的困難はきわめて深刻であり、貧困率五九%という数字もあるが、在日外国人でそうした状況に置かれているのは、上に述べたようなアジア人母子、および目立たないが一〇代の早婚者（事実婚も多い）である。これにはシングルマザーとなるブラジル人などに多いと推定される。(6) 後者については、「嫡出でない子」が三一%、ペルー人で三〇%におよぶという高率が、これを物語っており、タイ人、フィリピン人で一二%となっている（日本人では二%強、(7) **表2**）。

データは十分ではないが、すこし状況をたどってみよう。フィリピン人女性と日本人男性の結婚（法律婚）は多い年には一万件を超え、近年では減少の傾向がみえるが、そこから生まれる子どもは年四〇〇〇―五〇〇〇人に及び、かつ、離婚件数もいちじるしく多く、二〇〇九年をとると、四七一四件となっている（高谷・稲葉 2011: 17）。この離婚、離別のあり方も男性側の強要、あるいはDVの帰結と、問題が多いのであるが、ここでは立ち入らない。そうしてシングルになった女性たちは、しばしば子どもを引き取りながら経済的困難におちいる。筆者は、その数を三万人を超えるものと見ている。その年収統計があるわけではないが、フィリピン人の生活保護率が高いことは知られていて、その受給者の非常に多くが母子世帯で占められている。子どものいる世帯にまさに貧困が集中しているのがこれらフィリピン人の場合といえよう。

いま一つ、インドシナ系の場合はどうか。難民として来日し、日本語を習得し、就職のあっせんを受け、多くは国籍を取得し、定住していった人々であるが、学歴や日本語力で不利をこうむり、その経済

表 2　非嫡出児比率

(%)

ブラジル	31.2	韓国・朝鮮	4.3
ペルー	30.1	中　国	3.9
タ　イ	12.3	日　本	2.1
フィリピン	12.1		

注：母親の国籍が基準.
出所：『平成 19 年度における人口動態』(大曲・樋口 2011: 76) より引用.

的地位は高くなく、中小製造業のブルーカラーとなる者が多かった。その後、母国からの呼び寄せがふえていったが、縁故その他で就く職に非正規雇用の率は高いといわれる。その生活保護率も低くなく、受給者にはおそらく無年金の高齢者がかなりの割合をしめていると思われる。非正規雇用であるため健康を害して十分に働けなくなったりすると、家族を抱え、ただちに困窮してしまう中年者もいることは知られている。

以上からいえることは、第一の剥奪として、子どもの位置する家庭の経済的な貧しさである。不可欠の出費としての住宅費、食費、被服費、交通費（自家用車をもつ家庭が南米系では多い)、それになにがしかの貯金または送金を差し引いて、子どもの教育費をきちんと計上しえているような家庭は少ない。なお、費目配分にみる生活スタイルにはかなり差があり、そこには生活文化の違いもあるようだ。車をもち、携帯電話、テレビ受像契約、DVD、ファッションなどに金をかけ、消費生活をエンジョイしているようにみえる人々、他方に母国の家族（親）への仕送り、貯蓄、国保保険料、資格をとるための費用などを比較的重視する人々がいるなど、その違いは大きい。なお、仕送りと貯蓄は、南米系の場合、する者としない者に分極化する傾向もうかがわれる(8)。

けれども、いずれの場合も、子どもの教育費を負担することは厳しいようである。「日本の義務教育は無償というが、お金がかかる」という嘆きを、筆者自身よく外国人保護者から聞いてきた。事実、ある機会に知ることのできた神奈川県M町の学校納付金会計の報告によれば、小学校六年生で約八万四〇〇〇円、中学校三年生で約一〇万円であった。遠足代、修学旅行費はここに含むが、制服、運動着（柔道着など）、楽器代（リコーダーなど）などは含まない。「初等教育は無償」と聞いてきた外国人保護者にとって、これは予想外の大きな負担と感じられよう。統計は存在しないが、外国人多住自治体での近年の就学援助の申請率は高く、外国人世帯の五割を超えるとみられている自治体もある。

4　家族生活の危機と関係性の貧困

幼少年期の子どもにとって、そのなかに生きる関係性として、また、さまざまな資源と支援を与えてくれる環境として、家族が重要性をもっていることはいうまでもない。この点、親の失業、離婚、別居などが、経済的に、また精神的に子どもの生活にも厳しい影響をおよぼすことは種々指摘されてきた。そして、今日の日本では、外国人家族の呈する危機には、次のようなタイプがあると考える。

第一は、南米系の人々に多くみられる出稼ぎ型のライフスタイルに生きる家族の問題である。近年減少がみられるとはいえ、夫婦共に就労し残業をもすすんで引き受け、年間収入そのものは日本人の世帯収入のメディアン程度を維持している人々もいるが、その生活構造には明らかに無理な歪みがある。図

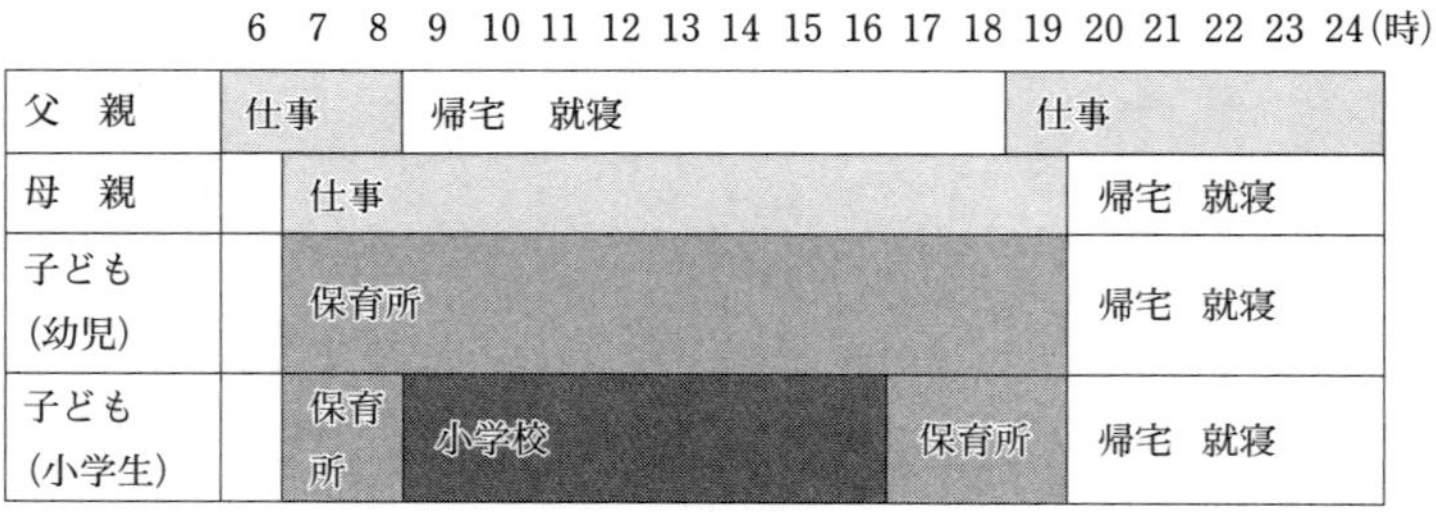

図5　ブラジル人保育所に子どもを預けて働く家庭の生活時間の一例

5は、東海地方のT市のブラジル人保育所に子どもを預ける家族の生活時間の一例を示すものである（宮島・築樋 2007: 33）。

父親は夜間勤務にたびたび就いており、母親は朝六時台に家を出て、夕方は一九時台に帰宅している。子どもは早朝から保育園に預けられ、そこに長時間を過ごし、小学生の子どもはなんと保育園から小学校往復の通学もしている。こうした労働時間の課する長時間保育のニーズに、日本の保育園・学童保育は柔軟に応えてくれないから、夫婦はブラジル人の経営する保育園に頼ることになる。

ここで明らかなように、親と子どもの接触時間はきわめて少なく、ウィークデーでは一—二時間程度、父親にいたっては夜勤が続けば、休日を除いて、ほとんど顔をみることさえない。これが子どもたちにどんな精神的影響をおよぼすか。時間的貧困、そして関係性の貧困が結果し、親子の精神的つながりがうまく保たれるかどうかという懸念が生まれる。保育所側からも「親になつかない子どもがいる」という指摘がある（同：34）。今一つ懸念されるのは、この長時間保育の間、ポルトガル語でのコミュニケーションがほとんどで、日本語を語り、かつ語られるという環境はほとんどないことである。そのため、近い将来に帰国という場合はともかく、日本に滞在しつづける場合、小学校入学時に日本の学校に進むのは無理、と親自らが判断してしまうケースが多い。または、日本の学校に入学させても、言語レベルその他で適応がきわめてむずかしいことがしばしば指摘される。彼らがなお日本に滞在しつづけるとして、行き場のない子どもたちが生まれる可能性がある。ブラジル人学校に行かせるしかない、という判断が親側からなされることがあるが、それは暫定的な解決にすぎないといえる(9)。

リーマンショックとその後の不況のなかで、この出稼ぎ型の就労は大きな危機に見舞われた。前述のように自動車産業の下請けでは失業は高率に上り、帰国しなかった家庭でも、ブラジル人学校に子どもを通わせていたケースでは、月三―四万円の授業料が負担できないとして退学させている。では、退学による減少分が日本の学校の在籍数の増加として現れているかというと、そうではない。家に留まっている不就学児が増えているのではないかといわれる。

第二の剝奪的な家族の形態は、すでに触れたことだが、日本人男性とアジア人女性の結婚が、しばしば結果的に生む破綻家族、その多くがとる不安定で生計の手段を欠く母子世帯のそれである。元夫の側からは、たいてい子どもの扶養料の責任ある支払いはなされない。結婚生活が継続している間は、多くの妻は専業主婦となって外で働くという経験をもたないから、離婚(離別)すると、ただちに住、食にも困ってしまう。知人宅にころがりこむ、あるいは救援団体などに援けを求め、とりあえずシェルターに身を落ちつけ、市町村の福祉事務所に相談して生活保護の申請をするのが一般的である(八七頁でも触れた)。多くの場合、日本人との結婚の成功(〝上昇婚〟hypergamy)を夢見てきていて、母国の家族への送金は欠かせないと考えるところから、帰国という選択はとらない。

子どもにとってはその母が唯一の頼りであるが、母は心の余裕を失い、子どもの学校にまでは配慮が回らない。当の子ども自身、DVのトラウマが残っていたりして、学校へ通うといった平常な心の状態にならない。とにかく心の平静、安定を取り戻すために、学校のことは急がず、レクリエーションなどを通じて普通の生活を経験させて、落ち着かせることがまず先決であると、神奈川県下のフィリピン人支援団体の「カラカサン」の責任者の一人は語っていた。

こうした母子世帯では、子どもの在留資格や国籍の問題も起こりやすい。わが子を日本で育てる以上、日本国籍を得させたいと思い、それが母親の在留資格取得のうえでも有利なのであるが(10)、事実婚に留まっていて、生まれた子に男性側の認知がなされない場合、子は母親の国籍となる。さらに、出生届を提出すること自体がむずかしい場合がある。

非嫡出児のことに少々触れておくと、すでに示したように、外国籍(母親の国籍が基準)の非嫡出率は一般にかなり高い。南米系と東南アジア系でその率が高くなっている。南米系の場合には、第二世代のしばしば一〇代の、親に承認されない早婚が多い。その理由には日本の中学校または高等学校での中退が多いことや、かれ/彼女らの孤独感があげられてきた。事実婚の共同生活も破綻しやすく、結局女性が「シングルマザー」として子どもを育てるケースは多くなる。フィリピン、タイの場合には、八〇年代以来増加してきた異国籍婚の問題性を表しているとみられる。本人および相手の日本人男性が結婚資格を欠いていること、一方がオーバーステイの状態にあること、親の反対で入籍できないこと、男性が結婚手続きに消極的であること、などが関わっているとされる。

出生届を役所に提出すること、それ自体も容易ではないケースがある。父親が手続きに非協力的で、日本語力の不十分な母親が届けに不案内で、期限内（一四日）に提出できない時、さらに母親が先にも述べたようにオーバーステイなど不正規な状態にあり、その発覚を恐れて日本の役所にも、自国の大使館または領事館にも出生届を提出しない場合がそれである。生まれた子どもたちは無国籍の状態に置かれる。こうした子どもたちは、母子健診や予防接種の対象にならず、就学案内も送られず、法務省の在留統計に載る「無国籍」（二〇一一年には一一〇〇人）とは別に、それより多いノンヴィジブルな子どもたちとして成長していく[11]。生地主義の国籍法をもつ国ならば、こうした危険はかなり減じられるのだが。

なお、アジア人女性と日本人男性との結婚が生みだしてきた副産物に、連れ子がある。その数や実態はこれまであまり明らかにされたことはないが、個別事例としてよく問題とされる。母国で祖父母などによって養育されている先夫との間の子どもを、かなりの年数を経て呼び寄せるケースである。なかにはフィリピンでハイスクールまで終え、職がないからと実母を頼って来日するような例もある。継父になつけず、実母との関係も数年間のブランクでうまくいかず、日本語もなかなか習得できず、学校に編入されても不登校に陥りやすいといわれる。そうした非常に孤立した姿がよく報告される。それでも帰国は望まず、日本滞在を続ける者が多いが、安定した在留資格を得ることも、日本国籍取得もそれほど容易ではない。

以上に対し、第三のタイプは、アジア系の多くのニューカマー、インドシナ系などにも共通するだろうが、家族自身が日本社会と交わりが少なく、学校制度をよく知らず、子どもへの有意味な助言、支援がほとんどできないという場合である。親が日本の学校制度や受験システムを理解していないため、全部自分一人で調べ、受験先、進学先も決めなければならない、と不安げに語る生徒がいる。また、長い日本滞在歴をもっていながら、子どもの通訳がないと、外での買い物や手続き書類の記入がむずかしい親たちがいて、子どもの一人は、仕方がないとしながらも、「親の通訳に時間をとられ、十分自分の時間がもてないことがある」とこぼしていた。

親の子どもへの期待に、現実からのズレがあったり、子どもの勉学の実際を知らない、非現実な夢を子どもに押し付けることもあるようだ。田房由起子は、日本に定住しているインドシナ系の少年たちにインタビューし、高校に進学するのに、サッカー選手になるという程度のことを考えているのに、親は反対で、医師か弁護士になるように望んでいると語る困惑気なカンボジア系の生徒の例を紹介している（田房 2005: 165）。

これらにうかがわれるのは、親が子どもに有利な文化資本（知識、制度理解、適応のノウハウなど）を伝え支援するというよりは、親の子ども依存、ないしは親による不適切な子どもへの要求や指示という、ネガティヴな関係も生まれていることである。外国人・移民の場合、アカルチュレーション格差というべきか、言語や知識、適応のノウハウの獲得にズレを生じ、第二世代にとって家族が桎梏あるいは負担として経験されることもあるということである。

5　学校教育への参加と排除

図6は、学校基本調査から日本の学校の外国人在籍者の数の変化をたどったものである。韓国・朝鮮人の定住外国人に進む少子化と帰化が影響を与えていて、読みとりがむずかしいが、一つ明らかなのは、日本人には準義務化されているといわれる高等学校の在籍数は、やや右肩上がりになっているが、中学のそれに遠く及ばないことである。

言い方としては適切を欠くかもしれないが、貧困、ないし不利を負う家族生活は、媒介的に働いて、子どもの学校教育への参加を困難にする。そしてこれまでみたように、言語的ハンディキャップの大きさや、権力関係を伴う「上昇婚」型結婚などの要因も働いていることを無視してはならない。

教育の問題に目を向けると、たとえば生活保護受給世帯では世帯主自身が高校中退以下が七割、受給世帯では子どもの高校進学率も五割程度ではないかという推計の試みがある。一般に低所得世帯における低学歴の再生産は欧米でも指摘されてきた現象である。それに加えて、外国人の子どもたちの場合、就学と学習達成には次の四つの阻害要因が働いている。(1)就学義務の不適用ゆえの、就学への働きかけ・配慮の欠如、(2)日本語の習得というカベ、暗黙の規則を含む学校文化への不慣れ、(3)保護者の教育制度への無知、学習支援のなさ、(4)子どもに精神的サポートを与えてくれる統合的・安定的家族生活がしばしば欠けていること。

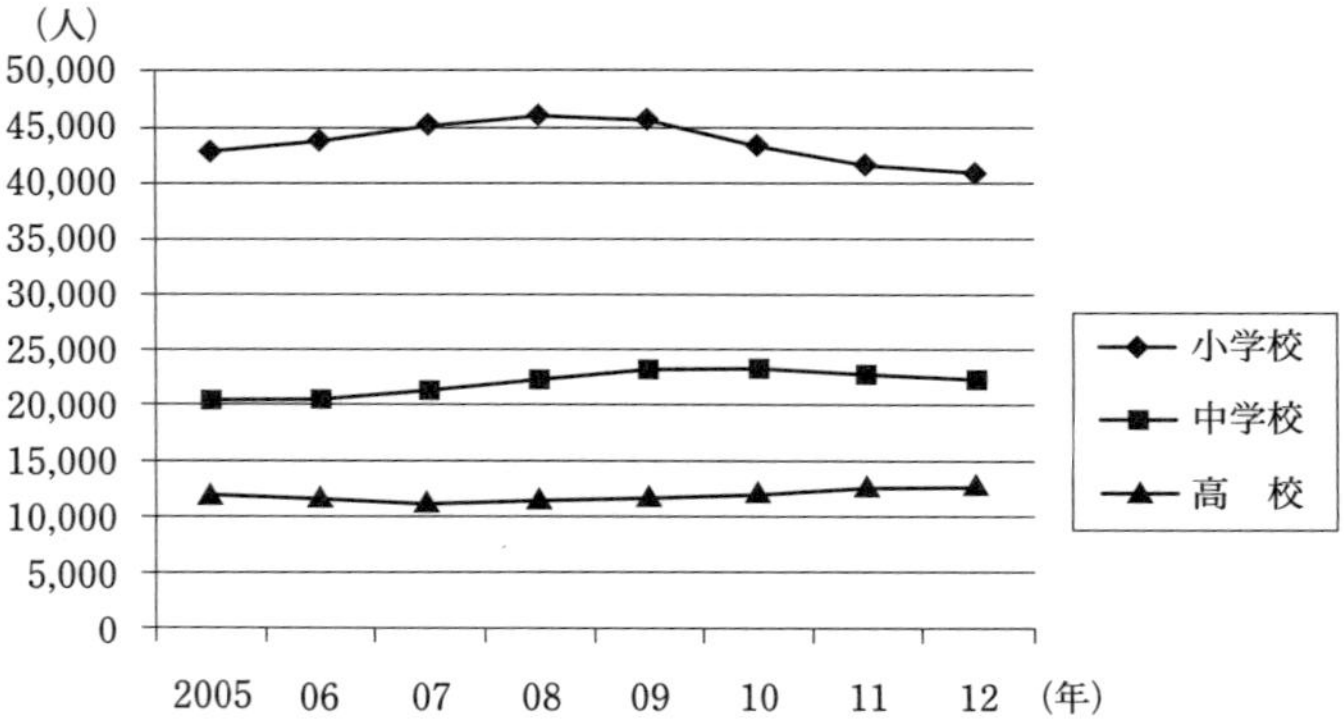

図６　日本の小，中，高等学校への外国人の在籍数の推移

不就学者の存在についてはいろいろと知られていないことが多いが、右の四つの要件のすべてがかかわっていて、かつ、就学義務がないことを理由に、「希望する者のみ」に対応するという教育委員会、学校のスタンスが、その放置を許しているといえよう（宮島 2011b）。

小、中学校については、経済的貧しさそのものが独立要因となることは少ないようだが、それでも前述のように「無償のはずなのに、お金がかかる」という根強い意見があり、就学援助に頼る外国人家庭の率は明らかに日本人家庭のそれより有意に高い。

就学援助（学校教育法一九条）は「経済的理由によって、就学困難と認められる学齢児童又は学齢生徒の保護者に対しては、市町村は必要な援助を与えなければならない」というもので、皆就学を困難にする経済的不平等に修正を加えようとする、教育法のなかでは珍しく社会的な内容をもっている。生存権保障（憲法第二四条）の考えに立つ制度といえよう。同援助措置の内容をみると、学用品費、給食費、修学旅行費からＰＴＡ会費まで一〇項目があり、全項目について最高額までの援助を受ければ、年間で小学生一三万二〇〇〇円、中学生約二〇万円となる。中学生では柔道着代、剣道着代までが援助の対象となる。援助が認められるのは、生活保護における要保護者（生活保護法六条二項による）、および準要保護者（左に準じる程度の者で、市町村教育委員会が認める者）であり、各学校は比較的柔軟に援助の適用を認めているようである。

文字通り教育におけるセーフティネットというべきものだが、制度として曖昧さもある。要保護者への援助は、国庫が補助するが、準要保護者への援助分には、これを税源移譲した上で、国庫補助を廃止している。(12) そして、この就学援助制度を利用者（保護者）に周知させる方法はさまざまであり、故意にか否かわからないが、一般保護者には伝えていない所もある。外国人保護者の場合、校納費の滞納などがあって、心配した教員が援助の申請を奨め、援助を受けるようになり、その情報がすみやかに同国人に共有されると、「援助を受けたい」という申し出が広がるようである。さすがに文科省もこの制度の活用を必要と認め、二〇〇六年初等中等局長の通達（九一頁参照）において、「就学援助制度についての的確な情報提供」の一項を掲げている。なお、日本人保護者は、自分が就学援助を受けていることを秘匿するようであるが、少し古い数字では、東京都板橋区では〇六年に同制度を利用した児童・生徒は全体の三六％強だった（池谷 2009: 240）。神奈川県の外国人多住自治体では、外国人および「外国につながる」児童・生徒の五割以上がこれに頼っているのではないかという推定をある教員から聞いた。

しかし中学校までの段階で、実は学校からのドロップアウトを経験する外国人の子どもは少なくなく、貧困の影がそこに直接、間接におよんでいる例は、筆者の聞きとりでもことかかなかった。出稼ぎ型の働き方をしている両親は、何があっても欠勤できないと考え、幼児が熱を出して保育園に預けられない時など、中学生の長女に学校を休ませて世話をさせる。そうしたことが何回か重なって、結局彼女は学校が遠くなり、不登校に陥ってしまった。また、周りの日本人の子どもが塾通いを始め、自分も行きたいと思ったが、親からは「とてもそんな余裕はない」と一蹴され、高校進学もうまくいくまいと思い、学校から足が遠のいてしまった、等々。

6 進学にみる選別と自己排除

外国人生徒の高校進学状況について、文科省の学校基本調査で一万二八〇三人という総在籍者数が与えられている（二〇一一年）。これを同じ年の中学校の外国人総在籍数二万二四〇一人と突き合わせてみよう。前者の後者にたいする割合は、五七％強である。中高ともに三学年であるから、仮に学年に均等に外国人生徒が在籍しているとすれば、このパーセンテージは高校進学率をあらわすといえよう。しかし、日本の義務教育学校に在籍する外国人は、該当年齢の外国人の三分の二程度というデータがすでにあり、中学校での中途退学もかなりあるとすれば、同年齢集団に占める高校生の割合は、明らかに低率となる。

そして高校に進学した場合、国際教室のような支援の体制はなくなり、県によっては、日本語指導者の派遣をしているところ、教委とＮＰＯが連携して「多文化教育コーディネーター」「同サポーター」を高校に派遣しているところもあるが、そうした態勢のできていない県も多い。入学はできたが、授業についていけないという生徒が生まれる。くわえて、先述した就学援助はなくなるから、学資が続かないという理由での中途退学者は、日本人生徒よりも高い割合で生じる。奨学金を一生懸命探して、給費を受けることのできた生徒たちは幸運である。民主党政権の下で高校無償化の政策が進められた時、いち早く市役所等に「自分たちにも適用されるのか？」という問い合わせが相次いだのは、外国人保護者からだった、とある市の外国人相談担当者から聞いた。

ニューカマー外国人の高校進学率をつかむのに、樋口直人は、公表されている国勢調査データとは別に、特注によって得たデータ(13)で、一六歳、一七歳の外国人の国籍別の通学率を紹介している（樋口 2011b）。それを借りると、卒業時点に近い一七歳で高校に在籍している外国人は、中国人で七割を超えるが、フィリピン人で約四割、ブラジル人では約三割にとどまっている。しかし二〇〇〇年と、やや時期的に古いので、より最近の数字をみると、4章表1のように二〇％台にとどまる。(14)これよりやや高いとみられる神奈川県における高校在籍者数と、一五―一七歳の外国人登録者の推定数を対比的に示した（図7）。各年の在籍率は二七％（〇六年）、二五％（〇七年）、二五％（〇八年）、二五％（〇九年）、三〇％（一〇年）、三三％（一一年）となっている。

世帯の経済的な苦しさと高校進学の関係は、筆者らのいくつかの聞き取りでも語られた。

ブラジル人生徒のＰは、休まずに授業に出席し、成績は中位、高校進学を希望していて保育士などの

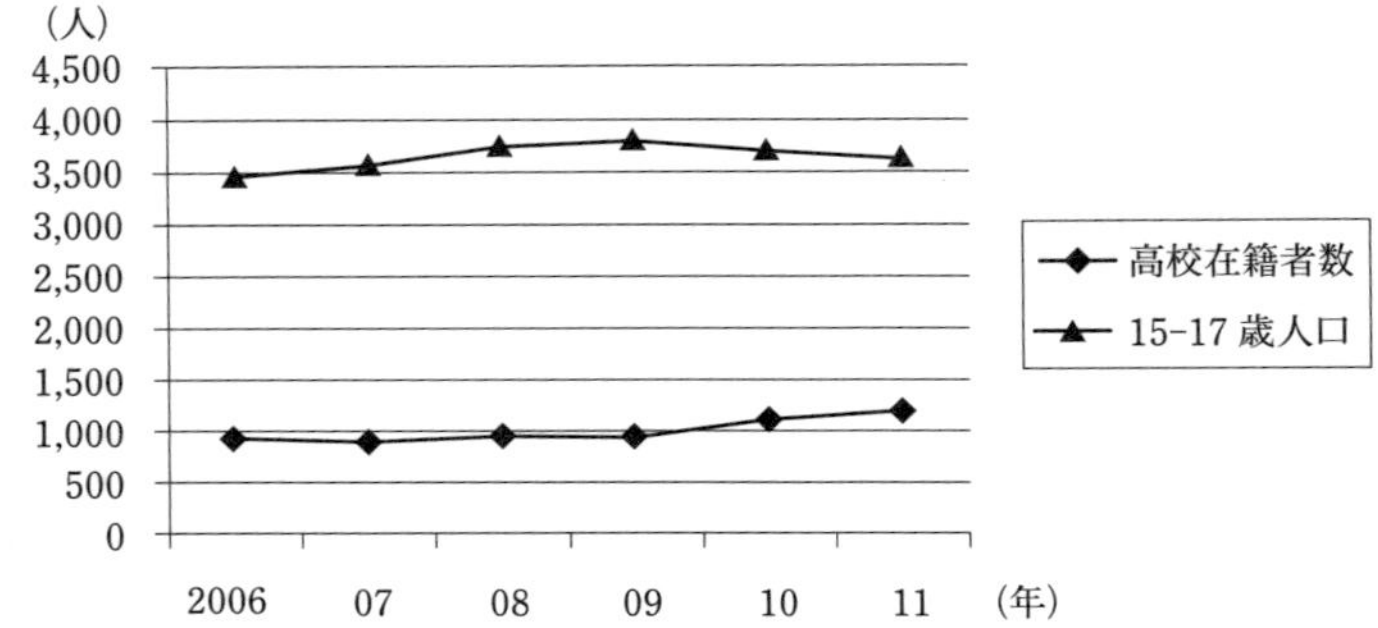

図 7　神奈川県における日本の高校の外国人在籍者と 15–17 歳の外国人登録者数

将来を夢見ていたが、中二の終わりに親から「日本の高校は学費が高く、私ら労働者には無理。これ以上勉強を続けたければブラジルに帰りなさい」と言われて、ショックを受ける。抵抗のすべもなく、Ｐは一挙に目標を失い、学習意欲をしぼませ、成績も下降し、失意のうちに帰国していった。今一つの例は、インドシナ系の中二の男子Ｔの例である。両親とも懸命に働いていて、日頃親子で話す時間さえ限られ、生活の苦しさから、中学卒業後はすぐに職に就いてほしいというのが親のかねての願いだった。だが、Ｔは親を懸命に説得して、なんとか進学を認めさせた。何になれるかまだ分からないが「高卒にだけはなっておかないと困る、と感じるからだ」と語っていた。

高校への進学、その修了のいかんは貧困か否かの分かれ道の一つといわれる。これは修了率が九割を超える日本人の場合も同じだが、外国人についても同様で、もし高校に行かない、または進学後に中退するということになって、父親と同じ派遣会社に頼みこみ、部品工場などで働くことになれれば、まだ幸いである。だが、それは時給の不安定な、きつい労働の世界であり、長続きしないことも少なくない。リーマンショック後、そういうこともむずかしくなっていると聞く。

実際、高校をなんとか修了するところまで頑張った生徒にも、そこから先の人生を切り開いていく上では、日本人生徒にはない、戸惑い、躊躇がある。社会関係資本[15]が貧しいために身近にモデルとなるキャリアがないだけでなく、外国人ゆえに差別されるのではないかという恐れ、また憂鬱が先に立って、積極的に行動できないようである。機会の剝奪というべきだろうか。多くの生徒は在学中に、アルバイト募集に応じるべく電話をして、「うちは外国人は雇いません」という冷たい門前払いを幾度か経験しているからである。

神奈川県下で外国人生徒の在籍数が多いある県立高校の教員は、外国人または外国につながる生徒は、多くが就職する以外に選択肢がないようであるにもかかわらず、「学校の就職指導に乗ってこない」と書いている。学校を通した一般の求人には応じようとせず、応募を奨めても、「いいです、縁故で就職しますから」と語るという（笹尾 2011: 61）。学校求人に応募して試験を受け、企業の担当者の面接を受け、それをパスしていくには自信がない、という気持ちもあろうが、根底には、繰り返し経験してきた差別にまた出遭うのではないか、という恐れ、あるいは嫌気が働いていると思われる。こうして、卒業しても、どこに勤め、どこで働いているのか、本人からの報告がなく、学校側も把握できないような卒業生が少なくない、と同県の別の県立高校教員も語っていた。

結びにかえて――貧困の再生産か

親の経済的な豊かさ・貧しさ、子どもを保護し支援する家族の統合性のいかん、学校教育への参入と成功の難易という、およそ三つの次元からみて、外国人または外国につながる子どもの剝奪状況は、重層化しており、かつ、いわば悪循環のループで結ばれているともいえよう。比較はむずかしいが、ヨーロッパや北米の移民社会と比べて、下降移動を予想させるような動きがより強くうかがわれる。形式的な理由の一つに、一般に来日したニューカマー外国人一世の就労者は比較的学歴が高く、後期中等教育修了以上の者が多数を占めていて、欧米におけるメキシコ、プエルトリコ、マグレブ、パキスタン、トルコなどの出身の第一世代移民よりは高水準と判断されるからである。けれども、親の学歴がより高いからといって、下降移動は問題が少ないというわけでは決してない。

種々の推定がいうように、ニューカマー外国人の高校卒業率が五割に達しないならば、半分の子どもは学校求人などと無縁で、親以上に不安定な就労の道にしか進めないだろう。正規雇用はまず望めず、限られた臨時労働（アルバイト）、職場が一定しない日雇いに近い派遣労働、女子であれば下級サービス労働か「水商売」といったことになるのではないか。なお、臨時労働（アルバイト）であっても、外国人雇用状況届出制度などとの関連で手間、煩わしさを恐れて、一律に「外国人お断り」の対応に出る事業所はある。一律お断りは、国籍差別というレイシズムの一形態であって、イギリスの人種関係法、フランスの反人種民族差別法などでは処罰の対象となる。日本ではそうした法整備は遅れている。

貧困の再生産は、日本における世代間（親子間）移動でも、大きくみると低収入層から低収入層へというかたちで示され、子どもの貧困を生む基本メカニズムとされている（阿部 2008: 18以下）。それでも、日本人では九割以上の子どもは高校修了までは漕ぎつけ、その上で就職競争に参加するか、または大学進学競争のアリーナに入ろうとする。専門学校を経由する者も多い。ところが、外国人または外国につながる子どもたちは、この前提をまだ容易にクリアーできない上に、すでに見たように労働市場には外国人差別というバリアーがある。かれらに予想される貧困の連鎖をどのように断ち切るか。多面的な要因追究と対応がなければならない。

（1） P・ブルデュー、J・C・パスロン『遺産相続者たち』（一九六四年）、S・ボールズ、P・ギィンティス『アメリカ資本主義と学校教育』（一九七六年）などがこの流れを代表する。

（2） それによれば、フランス全体における貧困世帯人口六・二％に対し、移民では一八％、さらにマグレブ系では二七％に上っている（宮島 2009: 54）。

（3） 本人または父母の人種、性、宗教、社会的出身等による差別がないこと（二条の一）／父母からの不分離（九条の一）／家族との再結合のための出入国の自由（一〇条の一）／国外への不法な移送の防止（一一条）／教育の権利、特に初等教育を義務的にし無償にすること（二八条）など。

（4） 「興行」（エンターテイナー）による滞在者は多い年には六万人を超え、中心は東南アジア出身女性だったが、アメリカ国務省は二〇〇四年の人身取引の報告書で日本を要警戒国に挙げ、以後日本では「興行」の審査を厳格化し、同資格による滞在者は激減している。

（5） 短期の期限を想定し、従事する労働はきつくても賃率のよい職に就き、できるだけ長時間就労し稼得を増やし、消費生活では倹約に努め、貯蓄または送金に充てようとするライフスタイル。母国で就いていた職よりも低熟練の職に就くことが少なくない。日系南米人ではこれが夫婦共働きで行われるケースが多い。

(6) 若者たちには中学で退学、または高校に進学しないなど早期の離学が多く、また孤独感のなかにあって、同じ境遇にある者同士の早婚が多いといわれる。経済的に自立が困難、親の同意が得られないなどの理由で事実婚にとどまるケースが多いとみられる。

(7) 厚生労働省「平成一九年度日本における人口動態」(同省HPより)。

(8) 南米系が対象者の多くを占める静岡県外国人調査（二〇〇八年）では、月に三万円以上貯蓄している者が二五・九%、三万円以上仕送りしている者が三二・六%であり、この両者には重複があると思われる。また月に一〇万円以上、貯蓄または仕送りしている者もそれぞれ一割近くいる（ここでも重複があろう）。他方「貯蓄していない」四二・五%、「仕送りしていない」四一・七%については、重複している者がいれば、経済的困窮者、または定住に移行しつつある者などであろうが、詳細は分からない。山本薫子は、「帰国を先延ばしにする者ほど現在の生活の中で出費する傾向にある」と書く（山本 2005: 255–256)。事実上の定住を示す指標といえるかもしれない。

(9) 静岡県や愛知県にある多くのブラジル人学校は、子どもたちの帰国を想定してブラジルの学校のカリキュラムに従い、ポルトガル語で教育をしていて、日本語の授業は一部で取り込まれているにすぎない。それゆえ日本に継続的に滞在する子どもたちには適合した教育機関とは言いがたい。

(10) 離婚により在留資格を喪失した場合、日本国籍の子の親権を行使していれば在留特別許可は得やすい。

(11) 超過滞在女性の多かった一九九〇年代からの時期、一万人から二万人の無国籍児が生まれたのではないかという支援者ボランティアからの指摘がある（陳 2010: 68)。

(12) その結果として、市町村では独自の基準で援助の金額を決めるところもあり、上乗せする場合もあれば、給食費を半額補助にとどめたり、運動用具費は補助しないという場合もある(神奈川県下公立学校事務職員のシンポジウムでの報告より)。

(13) 二〇〇九年の統計法改正により、国勢調査データについて利用者の個別の依頼により、希望するクロス集計ファイルをCSVファイルで取り寄せることができるようになった(要手数料、扱いは統計センター)。

(14) この算出方法については、九三―九四頁の注(1)を参照。

(15) ここでは、①自分にとって身近な、社会的広がりのある人間関係、②成長過程を通じて体得してきた社会的適応のノウハウ(言語能力など)、③利用可能な制度についての知識、などから成るものとしてこのタームを使う。

6章 移動・家族生活・学校と「子どもの権利」

子どもの人権に目を向ける

子どもは柔軟な適応力をもち、どんな環境に置かれてもいずれは慣れ、適応していくものだ、という楽観的な見方がある。なるほど異郷日本の保育所や小学校にいきなり投げ込まれた外国人幼児たちのスピーディーな日本語発話の獲得ぶりなどを目の当たりにすると、子どもはすべて天才かと思いたくなる。

だが、子どもをよく観察するなら、外部の刺激の敏感な取り込みが、かれ／彼女らの心をかなり複雑にしていることにも気づく。恐怖を感じるショッキングな経験をすると、それはトラウマのかたちで彼らの心に傷を残す。親の離婚とか、家庭内暴力（ＤＶ）の目撃などはそうである。また、ある行為を友人から笑われたり、からかわれると、二度とそれを繰り返すまいと、神経質に自分のふるまいに検閲をかける、等々。傷つきやすさゆえ不安を自ら増幅しやすいのは、むしろ大人以上である。ある日系アメリカ人の職業人が、「自分は小学生の頃帰国し、漢字の日本名で通したが、もしも自分が日本人でないと分かったら周囲の友だちの眼差しがどう変わるか、それを思い独り悩んだ」と語ったことがある。

ただ、そのような感じやすい子どもたちも、もっぱら傷つきやすく、保護を必要とする存在というわけではない。つらい経験を重ねる毎日でも、希望の光明をみいだし、何かに夢中になれる存在でもある。パリ・コミューンの激動を生きた一九世紀フランスのジャーナリスト、ジュール・ヴァレスに『子ども』（岩波文庫）という自伝的小説がある。親に折檻されるのが日常で、学校では教師に無礼だったと独房まがいの自習室に閉じ込められるといった災厄の少年期だったが、その自習室の片隅にたまたま見つけた一冊の本、『ロビンソン・クルーソー』のページをめくるや、すっかり夢中になり、文字を追うのに没頭し、時が経つのも忘れた。「この時を境にして、ぼくの想像力のなかに青い一角が生まれ、しょっちゅうぶたれる子どもの散文的な日常に夢の詩情が盛り込まれた」（朝比奈弘治訳）。まさに子どもの生命力であり、たくましさである。この一節を筆者は、これぞ子どもの固有の生、かつ特権を描いたものとして思い出す。

そして子どもは、ある年齢になると、自分の意志をもつようになる。だが、その意志が表明されたとしても、未熟な意見として真剣に聞かれることはない。内容の是非よりも、社会的な力の欠如が、意見を軽視させるのだろう。

子どもの人権は大切であり、尊重されるべきものであるが、大人のそれ以上に傷つけられやすい。ところが、子どもはしばしば大人の付属物とみられ、固有の人権をもった存在とはみなされない。一例をあげると、日本の民法第八一八条以下の「親権」では、「成年に達しない者は、父母の親権に服する」とあり、父母が離婚した後には、両人の協議で「その一方を親権者と定めなければならない」(第八一九条)としていて、子どもの意見を聞くことは要件とされていない。いったい、これがハイティーンの子までも想定した決まりなのだろうか。二宮周平のいうように、戦後の憲法や民法の制定時期には、保守派がまだ影響力をもっていて、それとの妥協で、「家意識や家父長意識を温存する規定」をだいぶ残している(二宮 2007: 41)。親権のとらえ方にもそれが現れ、子ども＝未成年者は、基本的に意志なき存在とみられてきたように思われる。

「子どもの権利条約」(Convention on the Rights of the Child)、その制定と採択(一九八九年)は、これまでは一貫したかたちで示されなかった子どもの固有の存在と人権について本来の論議の視野を切り開いたといえる。本章では、法的な議論を行うものではなく、この条約のなかの条文の規定に表明されている精神が、現実に日本で外国人の子どもの権利をめぐって起こっている問題の認識と判断にどういう光をあててくれるか、を問おうとするものである。その問題とは、在日の外国人の子どもたちが家族関係において、社会化過程において、学校教育において出会っている権利と保護の問題である。

1　条約の制定

子どもの権利あるいは人権への近・現代の注目は、必ずしも国際的な関係や場面を想定してはいない。

古典的には、欧米社会で産業革命後の製造工場や炭鉱などで問題化した児童労働があり、その健康被害や非行化への対策として工場法や義務教育制度が設けられ、のちに少年法廷などが設けられていった(Margolin 2004: 42-43)。イギリスのシャフツベリー(七代)らの運動による一八三三年制定の工場法は、九歳未満の子どもの就業と一八歳未満の者の夜業とを禁止し、子どもの保護規定の嚆矢をなしたといえるかもしれない。だが、興味ぶかいことに、これとほとんど踵を接して、工業化がイギリスよりははるかに遅れていたプロイセンで児童保護規定が制定されている。一八三九年のことである。工場への就業は同じく九歳からとし、ただし年齢だけではなく、母国語をすらすら読め、かつ書くことを開始していること、をも条件とした(川本 1997: 171)。いかにも後の「社会国家」ドイツの片鱗をうかがわせる規定である。

二〇世紀に入って、ドイツのいわゆるワイマール憲法(一九一九年)は、社会国家ドイツの理念を具現したものといえ、その第二編「ドイツ人の基本的権利・義務」は、さまざまな社会権的な規定を先駆的に盛り込んでいて有名である。そこでは、子どもの教育、精神・身体の発達をはかることは、親の最高の義務であるとともに、国家ほかの共同社会がこれを見守り、援けるべきことであるとした。この考え方は、児童福祉への配慮、義務として、福祉国家を標榜するヨーロッパ諸国に影響を与えた。

国際連盟によって一九二四年に採択された「子どもの権利宣言」(ジュネーヴ宣言)は、子どもの固有の権利を世界的に宣したものとして重要だが、「飢えた子どもには食物を与えねばならない」「孤児、浮浪児は住まいを与えられ援助されなければならない」など、第一次世界大戦の惨禍を踏まえた、子どもの保護・救済の必要を主に強調している（「子どもの権利」は正面からは登場していない）。

それらを引き継ぎながらも、世界大戦、人種迫害、難民の大量発生と移動などを経験しての「子どもの権利条約」は、より現代的である。この間に実質的につながりをもつ「世界人権宣言」「国際人権規約」なども生まれている。国連内での作業部会の議長をポーランド代表、アダム・ウォパッカが務めたように、第二次大戦中の何百万という子どもたちの経験した過酷、悲惨な運命が想起された（喜多ほか 2009: 5）。また、発展途上国、UNESCO、UNISEF、ILOなどの国際機関が重要な役割を果たし、先進国中心ではなく、途上国の現実を重視し、ストリートチルドレン、児童労働、未成年者人身取引きなどからの子どもの解放が目指され、より国際的な視野のなかで論議が展開されていった。条約の特徴としては、その前文でも、子どもは、身体的、心的未成熟のゆえに、また世界のあらゆる国で困難な条件の下に生きる子どもがいるから、適切な法的保護を含む特別な保護とケアを必要としている、と記しているように「犠牲者としての子ども」（child-as-victim）の視点が基本をなしていて、それだけに還元されてよいかという見方もある（King 2004: 388）。

だが、もしも考慮すべき別の視点があるとしても、同条約の意義は減じられるものではないだろう。

なお、日本政府もメンバー国の一つとして、討議の進む一九八〇年代に作業委員会に代表を送ってきたが、世取山洋介によれば、代表の発言の大半は、子どもの権利確立のための積極的発言というよりは、「日本の国内法制に対する影響を排除または最小限化するための消極的な発言から構成されている」（世取山 1995: 138）。その他の人権関係の条約の制定や討議の際の日本代表についても、よく同じことが指摘される。

条約の全体を通して感じるのは、欧米先進国、発展途上国の双方を巻きこむ〝国際移動の時代〟を反映して、マイグレーション（移動）やアカルチュレーション（異文化適応）のなかの子どもの人権にかかわる規定が、条文のなかに多いことである。この点に特に目を留めているのは筆者だけではない。広沢明はすでに同条約が「自国籍の子どもだけではなく、外国人の子どもの権利保障にも多くの配慮を払っている」ことに注目し、日本に提起するであろう具体的問題も指摘している（広沢 1995: 132–133）。これは、逐条的にみて意外と感じるほどであった。じっさい、この条約は一からつくられたものではなく、過去のいくつかの人権法や国際的条約に基礎を置き、共通にしながら制定されていった。一例をあげると、（子どもの奪取に関する）ハーグ条約は、それ以前から制定されていて、子どもが離婚した父母のそれぞれと定期的な交流をもつという子どもの人権の保障を一つの目的とし、権利条約の一一条、三五条に生かされたものである（大谷 2011）。

関連で、次のことが認識されなければならない。その条文にはしばしば締約国の「管轄内にある子ども」（child within their jurisdiction）という言葉が出てくる。たとえば、「締約国は、子どもの国外不法移送、および不返還に対抗するための措置をとる」など（第一一条）。これは、同条約の締約国の国籍を有する子どもにかぎらず、外国籍、無国籍の者を含む領土内に住むすべての子どもを指す。「内外人平等の原則」の子ども版であり、子どもの権利を尊重し、守るにあたって、国籍、国境という垣があってはならないとするメッセージにほかならない。

繰り返すが、子どもの国籍は、締約国のそれに限られず、管轄下にあるすべての子どもである以上、この点、同条約を批准した日本が、条約のトランスナショナルな人権法的な性格および意義をどれだけ認識していたか、疑わせるものがある。たとえば「締約国は……初等教育を義務的なものにし……」(二八条)とあれば、日本では義務教育はもう確立しているから関係ないとみるのではなく、国籍を問わず日本に在住するすべての子どもに対し就学を義務的にすること、という意味になる。この点、日本は大きな課題を抱え続けていて、条約批准の意味が軽視されてきたとみざるをえない。

同条約に照らしながら、今日の中国、韓国・朝鮮、ブラジル、フィリピン、等々の在日外国人あるいは移民の子どもたちの出会っている問題に考察をくわえてみることは可能であり、意味があると考える。以下に、全五四条からなる同条約のうち、特にこの考察にとってレリヴァントだと思われる条項をあげ、その意味を考えてみたい。

2　親の地位・資格への子どもの従属は当然なのか

出入国管理及び難民認定法(以下「入管法」と略)に照らしての「不法」滞在(以下では非正規滞在と呼ぶ)は、近年、数の上では減っていて、これを当局は在留特別許可制度の効果とみているようであるが、取り締まりが厳しくなったことの結果であることも否定できない。ただし、把捉されない、見えにくい非正規滞在者もかなりいて、思わぬところでそのことが分かる。日本の国内で出生して(したがって当然、入国記録はない）、出生届の出されていないような子どもの存在が、何らかのきっかけで明らかになることがある。

前述の「外国人児童・生徒の就学に関する意見調査」では、「外国人児童生徒の滞在について次のようなことで心配したことがありますか」という設問に対し、二一・一％が、「在留資格がないと思われる子どもがいる」という回答を選んでいる（坂本ほか 2014）。一五人に一人の指導者が、指導する子どものなかに在留資格なしのケースがあったと答えていることは、無視できない。そうした不幸な子どもは、入学後または編入後、親の地位に変動が起こり、在留資格が失われ、自身も同じ状態に陥ってしまったものが大部分だろうが、そのことはどう考えても、子ども自らの責任ではない。

親が非正規であれば、子どもも非正規となるのは当然なのか。やむをえないのか。形式的な説明は次のようにいうかもしれない。子ども（一六歳未満の場合）は固有の活動に基づく在留資格はもちえず、親の保護、扶養、監督の下にあるから、資格も親のそれに従うものでなければならない、と。そして在留資格を失う子は、多くの場合、権利上はともかく[1]、保育園や学校へ通うのもやめ、病気をしても医療機関におもむくのをやめ、外で遊ぶことさえ控えるようになる。であるなら、親と子どもの在留資格をはっきり切り離し、親がたとえ在留資格を失っても、それとは別に子どもには合法的に滞在できるような資格をみとめるべきではないだろうか。

気付かれにくいが、「子どもの権利条約」（以下では、「権利条約」と略記する）は、実はこの点を問題視した文言を含んでいる。「締約国は、子どもまたは父母もしくは子どもの法定保護者の人種、皮膚の色、性……（中略）……出生またはその他の地位にかかわらず、いかなる差別もなしにこの条約を定める権利を尊重し、及び確保する」（第二条二）がそれであり、ポイントは、父母、保護者の「その他の地位」（other status）という語をかかげていることである。日本国憲法など他の差別禁止または法の下での平等をうたう規定にはないものである。入管法上「不法」とされる親の「地位」が、子どもの地位にはおよぼされないような措置をとること、これを訴えているとみてよいとすれば、重要である。

じっさい、市民生活では、親がたとえば犯罪を犯して刑法犯となっても、子どもは独立した人格として扱われ、その人権を守るための配慮も行われるのが当然とされるが、どうして同じことがなされないのか。親が非正規滞在に陥っても、その責任のない子どもをそれから守り、保護するという考え方はとられないのだろうか。その方法はあるはずである。

生地主義の国籍法をもつ国では、基本的にはその国に生まれたという事実が滞在に合法性をあたえるから、親とともに自動的に滞在資格を失うことはない。この点で子どもの権利を守ろうとすれば、少なくとも日本の中に生まれた外国人の子どもには、親の在留資格が何であれ、その出生時に長期の・更新可能なビザをあたえるのも、一つの方法である。また、子どもが日本の学校に就学の手続きをし、在籍している場合、退去強制措置はとらないものとし、なんらかの在留資格を認めること、これも行われてよいことである。西欧諸国ではこれを原則としている国もある。それらの措置で、親と切り離して子どもの滞在を守ることが目指されなければならない。

なお、子どもには退去強制という処分はしないとしている国（たとえばフランス）では、もしも親を退去強制の処分に付するなら、ヨーロッパ人権条約がうたう親子が一体で生活する権利に反することになるので、けっきょく親子共に滞在を正規化するというケースもたびたび生まれる。権利条約にも「親からの子どもの分離の禁止」を定めた第九条があるから、同条に依拠するならば、親子共々の正規化が行われる可能性はあるといえる。検討されるべきではないか。

3　国籍への権利を保障する

世界人権宣言の第一五条は、「すべての人は国籍をもつ権利を有する」と宣している。権利条約も、第七条には、「国籍を取得する権利」「出生後ただちに登録されること」、が掲げられている。これも本人になんの責任もない、あずかり知らないところで生じる生来の未登録、無国籍をできるだけ防ごうという狙いからである。なお、国籍の問題からは少しはずれるが、日本の法律では、外国人同士の夫婦であっても、日本国内で子の出生があれば、出生届を住んでいる市町村に提出しなければならないことになっている。それによって住民票に載り、母子手帳が交付され、育児指導、予防注射、健診などさまざまなサービスが行われることになる。届け出がなされる、なされないではたいへんな違いが生じる。

届けが出されないケースは、外国人の場合、親が「不法」状態にある場合に起こりがちである。非正規の発覚を恐れて、出生届の窓口におもむくことができないためである。親がもしも自国の大使館にも出生届を提出しなければ、無国籍となることはまぬがれない。

少しデータとして古いが、日本国際社会事業団（ＩＳＳＪ）が二〇〇一年に全国一七四の児童相談所に対して行ったアンケート調査がある。一〇八の児童相談所から回答があり、回答された父母の一方または双方が外国人である子どものケースを主に、二四一人の子どもについて奥田安弘が分析を行った。それによれば、三分の一の八一人は日本の役所への出生届がなされず、一〇〇人以上が外国人親の本国に（大使館などを通しての）届けがなされず、父母の一方が日本人の子どもは九〇人いたにもかかわらず、日本国籍を取得したのは一三人にすぎず、全体では一七人の子が無国籍となった（奥田 2002; 2004）。児童相談所の把握しているケースだから、氷山の一角であり、実際の数ははるかに多いと思われる。

なぜ、こんなことになるのだろうか。

事実婚である場合、出生後とかく手続きが滞ったり、遅れる場合がある。もし男親の認知が得られなければ、子は日本国籍を得られず、その場合、女親が自国の大使館に届けていなければ無国籍となってしまう。これは、在留資格上の一つの地位である「無国籍」とはちがう。後者は、例えば二〇一一年には一一〇〇人が数えられ、国籍は「なし」ではあるが、外国人登録ができ、国の証明によって生活や旅行には困らない人々である。(2) そうではなく、何の届けもなされず、公の認知もない「存在しない人々」ということになる。

外国人夫婦で共にオーバーステイ状態で子どもをもうける場合がある。また、日本で増えてきた国際結婚の多くは日本人男性とアジア人女性とのカップルの形をとっているが、外国人妻が非正規（オーバーステイ）状態に陥っていて、かつ別居していることはままあり、子の出生が役所にも、本国の在外公館にも届けられないケースが生まれる。同居していてさえ、妻・子の地位や条件をかえりみない無責任な行動をとる夫（日本人）がいる。

フィリピン人女性のローラの事例を、高谷幸と稲葉奈々子の報告（高谷・稲葉 2011）から借りると、彼女は日本人男性との間に四人の子どもをもうけ、今一人出産したばかりだが、その間ほとんどオーバーステイ状態だった。これはパートナーの男性が、日頃生活費も渡さないなど無責任な行動をとってきたほか、結婚の手続きをしない上、彼女の在留資格取得にも協力しなかったためである。このため、子どもの一人は九歳まで学校に行かなかった。男親は認知の手続きもしていないようなので、子どもたちも在留資格なしで、日本国籍も得られていないと思われる。二人の親のいずれかが市町村役場に出生届を提出しているのか。ローラはフィリピン大使館におもむいただろうか。もしいずれもなされないと、五人の無国籍児がそこに生まれていることになる。

ここではローラの救済はもちろんだが、子どもの権利という観点からのすみやかな介入がなければならない。子どもの出生登録について、無届児が生まれないようにという配慮からの監視が医療機関でなされてもよい。もしも外国人の親自身による届け出が困難と判断されるなら、医療機関や行政、NGOによる届け出がなされるべきであろう。届け出がないための国籍なしの子どもを生まないための、医療機関、行政、児童相談所、NGO、法曹などの連携がさぐられなければならない。

出産した女親が退院手続きを行う前に、子どもを残して姿を消してしまうことも起こりうる。有名なアンデレ事件(3)の場合もそれだが、その場合、代わって病院の医師の名で出生届が提出されるようであるが、男親の名乗りがなく、女親のパスポートの写しまたは番号も残されていない場合、国籍欄は空白のまま提出され、しばしば役所側は「無国籍」として受理してしまう。だが、これは無国籍児を極力減らすという観点からすれば、消極的すぎるのではなかろうか。国籍法第二条に「子は、次の場合には、日本国民とする」とあって、「三　日本で生まれた場合において、父母がともに知れないとき、又は国籍を有しないとき」と記されている以上、届け出る者も、市町村の窓口も適切に判断し、「日本国籍」と届け出、かつ受理すべきであろう。国籍法にそうした条項が存在することを知っていることが第一で、そのうえで積極性、果断さをもつことで、はじめて子どもが無国籍に陥らず、救済が行われうることを強調したい。

次に、子どもが自分で在留資格を選び、申請し取得することができないことはすでに述べた。子どもには固有の活動といえるものがないからやむをえないということだろうが、たとえば学校の修学旅行で外国に行くことになったとき、もしかれまたは彼女が一年未満などの在留期限の資格であれば、帰路の入国がむずかしく、旅行参加を取りやめざるをえないことも起こりえよう。

しかし、もっと難しい問題は、未成年者であれ、一五歳になれば就労の権利が生まれることから始まる。高卒で就職の道を選ぶ者は数多くいるはずである。もしもかれ／彼女らが「家族滞在」の在留資格であった場合、どうなるだろうか。第3章でも述べたが、家族滞在とは、親や配偶者に扶養される者に認められる資格であり、原則として就労禁止で、資格外就労の許可を入管局からとれば、週二八時間まで働くことができる。しかしこれでは企業に就職できず、高校の卒業年次に始まる就職活動には参加したくとも、できない（笹尾 2013: 48）。法務省はこのような不条理をどう考えているのか。もしも可能ならば、家族全員で「永住者」の在留資格に変更するという方法もあって、そうすれば就職の制限もなくなる。だが、「永住者」の許可の申請をするには、通常、引き続き一〇年以上日本に滞在していることが条件となるから、だれでも申請できるというものではない。

よくあるケースは、中国料理の料理人などとして「技能」という在留資格で入国し、一、二年して定住の意思を固めて家族を呼び寄せ、子どもは日本の学校に通い始めたが、高校生で飲食店でアルバイトをしたいと申し出て、「家族滞在」ではそのままでは雇えないと注意を受ける。高校三年生の就職活動の時期に学校から「家族滞在資格では難しい」といわれ、ひとり就職活動に参加できなかった。少し前から分かっていたが、親も「永住者」への在留資格変更の条件をみたせず、一家で悩んでいる、などである。

家族滞在も、親に従属した在留資格の一つといえる。せめて高校生の段階で親のそれと別個に、自分の人生の選択を可能にするような資格への変更が認められないと、彼らの将来は閉ざされてしまう。

4 家族が一体で生活するために

移動といえば、家族再結合（家族呼び寄せ family reunification）のための入国、出国の自由は「子どもの権利」のなかに含まれている（第一〇条）。これは、ヨーロッパ人権条約や国際人権規約で認められている、家族が一体で生活する権利のコロラリーといえるが、この権利じたい自然権的な権利といえる。外国人労働者の場合、男性がまず単身で来日し、仕事に就き、住宅を確保し、生活のめどが立った時点で、妻子を呼び寄せるという場合が少なくない。日本では、ブラジル人、ペルー人、中国人ではこの呼び寄せは多い。この権利は、子どもにはどういう意味をもつか。親の一人が長く外国で働き、子どもが引き離されていると、子が精神的に不安定になったり、親子の一体感が失われることもあるので、再結合が認められることは人権上重要である。

ヨーロッパでは家族再結合について、一九七〇年代、八〇年代にこれが外国人の権利として認められていくとき、国籍や滞在の資格に関わりなく認められる普遍的な「人権」のカテゴリーと理解された。だが、各国は次第に条件を付けるようになり、今日では本人の合法的滞在資格のほか、満足な収入、一定面積以上の住宅などの条件が付されている。

前記の日本の「家族滞在」という資格は、ヨーロッパの家族受け入れとやや性質を異にする。(4) ここでは実子でない養子も受け入れられることになっているが、養子縁組をしていることが条件となる。よくあるのは、前夫や前妻の子が連れ子として母国から呼び寄せられるというケースであるが、当人と養子縁組をしていないと、家族滞在にあてはまらない。このため、中国人やフィリピン人の母親が前夫の子を来日させようとして、困難に出会うことになる。

ところが、親の移動や、呼び寄せに子どもたちがつねに進んで、喜んで従うだろうか。すでに述べたが、つねにそうとは限らない。自分の意思をもち、表明するようになれば、そういう場合も生まれる。

たとえば、ある子どもたちは語る。

中国人生徒A 「私たちはもともと日本に来たいとは思ってないです。仕方がなくついてきただけで、やはり中国に住みたいです」。

中国人生徒D 「二年前にちょっと旅行で来て、お母さんに日本に行きなさいっていわれたから、仕方がなく日本に来ました。……（中略）……（日本に来た）理由は『中国の大学への進学が難しいから』といってました」（小林 2013: 163）。

これは京浜地域のある高校の生徒への聞き取りによるものだが、Aの場合は、日本人と再婚した中国人の母親から呼び寄せられたのであるが、日本の生活にどうしてもなじめず、中国に戻りたがっている。Dは、親子ともどもの移住であろうが、中国での大学進学難という本人がよく理解できない理由で来日させられ、これには納得していない。

国境を越えるような大きな移動は、子どもにはどのように経験されているのだろうか。「来日をどう思っていたか」とかれ／彼女らに問えば、千差万別の答えが返ってくるだろうが、来日を望まなかった子どもはけっこう多いのではないかという印象がある。生まれ育ち、学校にも通い、良い友人もできている故郷の町から、突然引き剝がされるようにして異文化の国に連れてこられることに納得できず、不満を感じつづけている子どもは現にいる。たとえば、前述の南米出身のマリア（六九頁）もそうだと推測される。彼女は日本の学校を拒否し、日本語を習得することにも抵抗している。

また、別の理由として挙げられるのは、連れ子として呼び寄せられることのつらさである。継父になじめない、好きではないという場合もあれば、実母に抵抗を感じている場合もある。右の中国人生徒Aは言う。「お母さんは厳しいです。それは、今まであまり一緒に生活していなかったからです。小さいときから離れていたので、自分に負い目があったからでしょう。今でも私はお母さんより、おばあちゃんのほうになついているもの」（同：164）。

権利条約には、もっとも基本的な権利として「意見表明権」が定められていて（第一二条）、「自己の意見をもつ力のある子ども」（the child who is capable of forming his or her views）という条件つきで、当人に関係するすべてのことに自由に意見を表明することを権利として保障している。この権利は、親に対しても行使されうるものであろう。小学校高学年くらいになれば、子どもは自分の境遇の変化——ブラジルに居るか、日本に行くか——について意見をもつようになる。親が、理由も語らず、いつまでとも告げず、学校をどうするのかも説明せず、子どもに移動をうながすようなとき、かれ／彼女は反問して当然だろう。十分な説明と説得は必要であり、それが欠ければ、マリアのような不幸の滞在となる。

また、来日だけではない、逆に帰国についても、子どもの意思に反して強いられる場合がある。物心がついたかつかぬかの幼時に来日し、五年以上も滞在して、日本の小学校で過ごしてきた子どもが、親の帰国の際に共に日本を離れることになったが、当人には日本はもう第二の故郷ならぬ「第一の故郷」となっている。帰国する母国は、言葉の自信もない、見知らぬ異郷であり、大きな不安がある。自分の意見を表明できなければ、また支持・支援してくれる大人がいなければ、泣く泣く親に従うほかはない。中学生で、高校進学のつもりで準備していたのが、親の都合で突然帰国するようにと告げられた例もある。帰国などまったく望まなくとも、経済的に無力である子どもは、たとえ意見表明をできても、こうした場合それを貫けない。そういう時には、親の判断が適当かどうか説得をし再考させる第三者が必要だろうし、生徒に勉強を続けさせ、進学を援ける奨学金など支援の仕組みがあったなら、事態は変わるかもしれない。

5 「子どもの最善の利益」と移送・移入の問題

「子どもの権利条約」の第一一条には、「締約国は子どもの国外不法移送および不返還を防ぐ措置をとること」と定められている。これは未成年者の人身取引、略取、誘拐を禁じるもので、不法である以上、刑法等の対応すべきものである。問題とされることが少ないが、結婚のための外国人女性の受け入れに未成年者が含まれることはあり、本国法の認める結婚年齢に達していても、ケースによっては問題があるかもしれない。

一方、国際的にみてアジアは以前から海を渡る養子、「国際養子」の送出地として有名だった。数の上では韓国が目立っていて、筆者もこれについて触れたことがある（宮島 2014: 172–176）。日本でも戦後多数の子どもが主にアメリカに養子として渡り、近年でも問題が提起されている。国際養子については、時に美談的にニュース化されたりするが、途上国からの例では、国際養子縁組が臓器売買や売春などの目的に使われ、そうでなくとも仲介団体が高額の会費や寄付金を徴収している場合がある。

条約の第一八条が、子どもの養育と発達には親または法定保護者が第一次的責任を負うと述べるように、安易に行われるべきではない。条約が養子縁組を子どもの福祉の実現のための制度として位置付けていることはたしかで、それだけにそれ以外の目的による同制度の利用は厳しく排除しようとする。(5) 第二一条が「養子縁組」についてかなり細かく触れていることも、問題の重要性を物語る。「子どもの最善の利益」第一であって、親の利益や、まして第三者の利益のためであってはならないのは当然であるが、「子どもの最善の利益」(best interests of the child) とはいっても、簡単に判断できるわけではなく、縁組する親の人格、熱意、経済的安定度などはある程度判定できても、異郷での子どもの将来にかかわる教育、就職、差別の有無などについて的確な判断はできないだろう。

その意味で、ハーグ国際養子縁組条約(一九九三年)が、何らかの事情で実の親が養育できない場合、まず同じ国のなかで養子縁組先を探すべきだとうたっているのは理解できるところである。

日本では、特別養子(六歳未満)については民法八一七条二以下に規定されていて、裁判所の判断が必要となり、これこそ権利条約の第三条のいう「子どもの最善の利益」が、第一義的に考慮されるべきものである。これは何の判断力もない幼児を対象とするのであるから、親、公的施設(乳児院など)、裁判所などの義務であろう。

だが、広く養子への対応をみればどうか。奥田安弘によれば、日本政府は、子どもが養子縁組で海外に出ることに規制を加えていず、子どもに有効なパスポートさえもたせればよいとし、また海外に出た後どうなったかの追跡調査をしていない。「養子輸出国」といわれた韓国、フィリピンなどのその後の厳しい立法（関係機関による特別な許可を課している）に、むしろ学ぶべきだとしている（奥田 2004: 20)。

考えてみると、日本では欧米に比べて、実親の養育困難な子どもに対する里親制度などがあまり機能しない。これは、親子について血統主義的な考え方、感覚がつよいことも関係していよう。自発的な里親の申し出が少ないのにくわえ、イエの継承のための養子縁組という考え方も近年減っているという、まったく異なる理由から、養育困難な子どもの問題の国内的解決はむずかしくなっている。また、国際養子の規制が弱いためだろうか、子どもを海外にあっせんする日本の団体のなかには「寄付金」などの名目で高額の金銭授受を行っているものがあり、児童福祉法違反であるとの指摘もある（同：21–22)。

第一一条に言う「不返還を防ぐ」とは、いうまでもなく、異国籍婚などが破綻した時、父母のいずれかが子どもを引き取り、他方の了解なしに自国に連れて帰り、もう一人の親との面会も拒むようなことのないようにということも含む。有名なハーグ条約〔国際的な子の奪取の民事面に関する条約、一九八〇年〕にその基本となる規定がある。この問題は、滞日外国人の子どもの立場で考えるとどうであろうか。国際結婚が破綻し、離婚した時、一方の親が、日本で暮らしていた子どもを伴って帰国するということはないわけではない。しかし、そうではないケースも多い。結婚が破綻し、離婚し、外国人である一方の親が在留資格を失う恐れがあるとき、子どもを引き取り、親権を得て、在留特別許可を得ようとすることが多い。日本人の男親と離婚したフィリピン人等の女親がしばしばとる方法だが、そうして日本に留まることがそのまま子どもの「最善の利益」につながるかどうかは別であろう。日本に留まるかぎり母子へのさまざまな支援が必要となる。

6 家族関係に恵まれない子どもたち

一般化はできないだろうが、経験的に出会うケースとしては、ニューカマー外国人の子どもたちを包んでいる家族には、不安定さを感じさせる要素が少なくない。親が失業したり、低収入だったりして生活に不安のある家庭が日本人家庭より多いことも、就学援助への申請率の高さから推定される。

「権利条約」で問題意識をもって取り上げているのは、まず、第二七条「生活水準の権利」であろう。日本でもよくみられる外国人労働者の貧しさは、派遣など間接雇用、そうでなくとも非正規雇用に就いている点にある。児童手当はヨーロッパ諸国などに比べ、低額にとどまっている。公的医療保険に加入していない外国人世帯も少なくない。生活水準という点からすると、子どもの福祉を実現するのが困難なレベルの家庭も多いと思われる。

そうした貧しさは、日本の外国人世帯の家族関係にどのような影響をおよぼしているか。

非正規雇用ゆえに低収入である親が、収入を確保するには労働時間を増やすほかなく、夫婦そろっての長時間労働に従事することになる。そのために子どもとの接触時間の減少は避けられない。こうして親から切り離された孤立は、信頼と愛情を損ないかねない。また、高い月謝の外国人学校に子どもを通わせていた親は、失業や収入低下の際に子どもの就学をストップさせてしまい、子どもは独りぽつねんと家ですごすということも起こっている。時間の貧困、人間関係の貧困ということができよう。

権利条約の第二〇条の「家庭環境を奪われた子どもの保護」についても、課題がある。いま述べたように、出稼ぎ型家族における親子の接触時間の少なさと子どもの孤立があるが、これとならんで、親の離婚、別居、その原因となった虐待やDVなどで家族環境が壊れている国際結婚のケースが多い。日本人男性＋外国人女性の型の夫婦の離婚率が異常なほどに高いことは、知られている。また、非嫡出子の比率からみて、ブラジル、ペルー（いずれも母親の国籍）が、日本のそれの一五倍にも及んでいるという統計データもあり（大曲・樋口 2011: 76）、経済的にも関係性からみても恵まれないひとり親世帯の子どもが少なくないとみられる。前述の筆者らの調査「外国人児童・生徒の就学に関する意見調査」でも、「親の離婚や継父との関係などで悩んでいる子どもがいる」と答えた教育関係者が五六％におよんでいる。「継父との関係」とは、母親が再婚する相手との関係であって、子どもはなつけない、嫌いだとの感情をもったり、その継父から疎んじられ、はなはだしくは虐待を受けたりするという場合がある。

よき家庭環境を奪われている子どもに対して権利条約は「国の保護、援助」、「代替的擁護」、および里親、養子縁組、カファラ（イスラーム世界で認められている代父の制度）などの措置が必要だとしている。だが、やはり重要なのは、親を中心とした家族の役割を維持させることであって、権利条約の第一八条のいう、親の「子どもの養育・発達への第一次的責任」（primary responsibility for the upbringing and development of the child)を、できるだけまっとうできるようにすることである。そのための援助が重要となる。行政の支援による住宅の確保、あるいはシェルターへの入居、そして生活保護の適用などが行われなければならない。児童扶養手当や児童手当が不十分な日本では、生活保護が頼りということになろうが、外国人母子世帯で受給しているケースは多い。

そもそも「よき環境」とは何を意味するのだろうか。ごく普通の愛情で結ばれている安定した外国人の家族であっても、子どもに対するモデルを提供できないことに悩んでいる場合がある。首都圏の周辺に住むあるベトナム系住民は、こう語っている。「周囲の大人は工場で働いているため、大人になったときに、どんな仕事をして、どんな人生を歩むのか多様なイメージができていないため、進学する意欲が低くなり、高校だけで十分と思っている子どもも多い。見本となるロールモデルを見いだせないでいる」(かながわ国際交流財団 2013: 32)。

外国人の子どもの生きている狭小な環境をどう広げて、かれ／彼女らにとっての社会資本を豊かにしていくか。これは大きな課題であるが、さしあたりは高校以上の進学への機会を拡大していくことも、それに向けての一歩となろう。

7　多文化の教育へ

権利条約の第二八条、第二九条はそれぞれ、子どもの教育への権利をうたっている。二八条については、「初等教育をすべての者に対し義務的にし、無償とすること」（a）、および二九条については、「子どもの親、子ども自身の文化的アイデンティティ、言語、価値の尊重、子どもの出身国の国民的価値の尊重、自己の文明と異なる文明の尊重」（c）に注目しよう。

日本人の保護者、子どもにとっては無償の義務教育はすでに実現ずみであり、二八条は特に問題はないと感じられるかもしれないが、外国人にとってはそうではない。外国人には就学義務は適用されていないからである。そして、この就学義務を免じるということが、教育委員会および学校の外国人の子どもへの対応を中途半端なものとし、結果的にはかれ／彼女らの教育を受ける権利をも十分保障できないものにしている。これについては、2章で中心的に触れているので、ここでは繰り返さない。教育関係者の間では、外国人にも就学義務を適用すべきだという意見は少なくない。

さらに、初等教育が無償となっているといえるかどうか。これについては、保護者からはしばしば「無償と言いながら、お金がかかる」という声が聞かれる。外国人の場合、その実感は特に強いようである。途上国出身者からはもちろん、無償がより徹底していて学用品費などにも公的補助があるヨーロッパ諸国の出身者からも、同じような声が聞かれる。給食費など校納費が多いこと、教材や学用品、制服、運動着など個人で買い整えるものが多いことなどは負担となる。就学援助でこれを補えばよいという考え方もあるが、義務教育の無償といいながら、教科書以外のほとんどすべてのものを児童、生徒の側に負担させるという日本的公教育のあり方は、それでよいのだろうか。

第二九条は、子どもの教育は以下の目的で行われることとして、c項が「親と子ども自身の文化的アイデンティティ、言語、価値の尊重」「居住国、出身国の国民的価値の尊重」「自己の文明と異なる文明の尊重を発展させること」を挙げている。まさに多文化の教育の中心的ポイントを指摘している。「管理主義的」といわれる日本の学校で服装、髪型、持ち物から、校外での店の出入りまで事細かに定めた校則は、外国人の子どもにとっては過剰と感じられ、また親にとっては、子どもへの指示・指導の権利とも抵触すると感じられている。私生活にかかわる校則については、あらためて妥当かどうか問われるべきである。これらは、第五条（親の指導の尊重）、一二条（意見表明権）、一三条（表現・情報の自由）の提起する問題といえる。それらを踏まえて、勝野尚行は「子どもの人権カタログ」を提示している。それは「自分の服装は自分で決める権利」から「オートバイに乗る権利」（オートバイの普通二輪は一六歳から免許は取れるが、その乗用を禁じている高校がある）までを挙げていて、学校関係者に反省を迫るものとなっている（勝野 1996: 98–102）。

こうした管理主義は、学校にかかわる社会的文脈（教師の価値観、周囲の社会の生徒を見る眼など）にも具現され、児童生徒の自主性やる気をしばしば抑えている。浅沼茂はJ・カミンズらにならい、子どもの学びの意欲を支えるのは「社会的文脈」であるとし、その観点から、ブラジル人児童が多く在籍する一小学校を考察した（浅沼 2011: 131–133）。ブラジル人を見つめる地域の目は冷やかであり、熱心なベテラン教員も個別学習で目標に到達させようと指導していた。だが、子どもたちには学校生活は苦痛であり、登校さえ拒む者も多い。悩んだ教師は思い切って子どもの自学能力を信じ、かれ／彼女らに「学習を返す」こととした。その詳細は分からないが、自主的に週間学習表を決めさせ、共に調べたり、自由に発表するのに任せたようである。すると、みるみる子どもたちは変わり、進んで登校するようになり、学ぶ意欲も引き出されたという。

一般に、初等教育で子どもにどのような教育を受けさせるかは保護者が選択し、決める。選択の可能性があるとして、である。在日の外国人家族では、日本に中長期の滞在を予定する場合、多くの親は日本語の習得、日本の学校教育への適応がぜったいに必要と考えるが、出身国の言語、文化の習得をも望んでいる。ところが、公立学校では母語教育も、バイリンガル教育も行っていないため、諦めるか、外国人学校（民族学校）などに通わせることになる。このことは3章でも触れた。

とすれば、この子どもの権利を実現するのに、外国人の子どもの大半が通う公立学校に、在籍者数、保護者の希望などに応じて、母語・母文化指導の学級を開ける措置がとられるのが望ましい。課外でもよい。その先例がないわけではなく、大阪市で公立学校に在日コリアンの希望で設置されてきた「民族学級」がそれにあたる。ただ、現状では、国の外国人児童・生徒の教育のプログラムにこれが加えられるという可能性は低く、とすれば、せめて既存のカリキュラムの「総合」などの中で国際性の高い授業を行う工夫、努力がなされるべきだろう。

ただ、問題はやや別のところにもある。現在の少なくとも公立学校では、母語・母文化の指導を行えるような教員スタッフが得られず、仮に指導が行われるとしても非常勤講師に頼ることになり、教える責任ある態勢がつくられないだろうと思われる。外国人教員の任用に制限を加えている現行の規則は、妥当であろうか。

当面、学校教育の多文化性、選択可能性を広げるには、外国人学校（民族学校）の活用が大事になってくるが、3章でさまざまな外国人学校に触れてきたが、これらについては、各種学校として認可し、学校の充実と授業料の軽減のために相当額の補助金を交付すべきだと考える。

「居住国および出身国の国民的価値の尊重」については、「国民的価値（national values）」とは何か、いろいろな解釈が可能であるが、これを外国人の側に立って考えることは、日本の公立学校が無視してきたか、関心をもたなかったことではなかろうか。主な問題は宗教の違いと考える向きが多いだろうが、権利条約が制定された環境を考えるなら、第二次大戦への反省、偏狭なナショナリズムや軍国主義を子どもに押し付けたことへの反省もあろう。

何を国民的価値とし、だれがそれを決めるのか。ここでの微妙な問題は国民的な記憶やそれにもとづく行事、祭礼に外国人の子どもをどのように関わらしめるか、である。日の丸が掲揚され、君が代が斉唱される場へ日本人以外の子どもたちにどのような参加を求めるのか。一方、宗教については、信仰の自由は当然児童、生徒にもあるわけだから、キリスト教徒やムスリムの児童生徒などが増えてくるに従い、配慮することが必要になってくる。日本ではまだ意識化されていないが、祈りの時間の確保や、服装（女子の場合の制服や体操着）、給食の内容などに配慮が必要になってくるかもしれない。なお、ヨーロッパ諸国では、クリスマスなどキリスト教色の強い行事（国により聖歌を歌い、祈りをする）の日には、非キリスト教徒の保護者に子どもを欠席させる権利があることを伝えているケースがある。

最後に、教育に関連しては、権利条約は、「教育機関の設置と管理の自由を妨げてはならない」としている。この自由はもちろん大切であるが、単に教育機関の設立の自由を認めるだけでは足りない。行政による補助、支援（場所の提供など）が必要である。日本の現実に引き付けていえば、外国人の子ども、または外国につながる子どもの学習支援のために、小規模教育機関がつくられている。その多くは、「地域学習室」と呼ばれるべきもので、NPOが運営しているが、正規の学校（「一条校」）では十分に学習を進めることのできない子どもたちに、単なる補習を超える貴重な役割を果たしている。なかには、不登校、不就学の外国人の子どもに、学習の場、兼「居場所」を提供しているフリースクール的な学校もある。それらの活動の自由を妨げないだけでなく、支援、援助が必要であろう。

結び

条約というものは、もちろん締約国を拘束し、締約国にはその遵守義務を課す。しかし条約が守られるためには、国内法がそれに対応するかたちで整備されるか、または司法が、条約上の条文に直接に依拠しながら判決を下すといったことがなければならない。日本政府は、その批准にあたり、特にそのための国内法の改正は行う必要はないとし、そこに疑問点が残されたことは、先に述べた。それとともに、外国人の受け入れにかかわる入管政策に抵触する条項については、「法務大臣に認められた裁量権に対して制限が加えられることがないよう、解釈宣言を周到に行っている」（世取山 1995: 142）。いつもながら国の行政の権限を守ることを優先させようとする。

外国人の子どもの実際の人権保護において行政、学校関係者、法曹関係者、NGOなどが、どれだけ権利条約を念頭においているか。最近、この条約に言及される例は散見されるが、まだ司法の判決のなかで依拠されることは少ないようである。子どもの権利の締約国会議によって指名された委員からなる「子どもの権利委員会」があり、一九九一年から広く活動していて、同委員会から日本政府宛てに種々勧告がなされている。適切な改善、立法が求められているが、そのなかには、「移民労働者の児童への差別」なども含まれている（太田 2009: 125）。非正規滞在ゆえの子どもの収容や送還は認めがたいものだからであろう。

東京に隣接する大都市、川崎市は、子どもの権利条約をその施策に生かすこと（権利保障）を目標に掲げ、二〇〇一三年には「川崎市子どもの権利に関する条例」を制定している。また同市のオンブズパーソンは、子どもの権利に関わる問題に対応しており、自らも子どもの状況についてたびたび調査を行っている。そのなかの「多様な文化的背景をもつ子ども」を対象とする調査（二〇〇五年）は、外国人、外国につながる者、一〇—一七歳の一一〇名を対象とした。半分近くが日本人の帰国児童・生徒、その他が一一カ国におよぶ外国人であり、調査結果では、子どもの権利でなにが大切だと思うかという問いに、七七％余が「安心して生きる権利」をあげている。そして、「つらくてどうしようもない」という経験をしたことがある、と答えた者が、四〇％におよぶ。平均的な日本人の子どもではこれだけの率の回答が返ってくるだろうか。回答者の多くは、社会の中にあってマイノリティとして扱われる経験をしてきたようである。「つらい経験」の中身が何かは分からないが、重い数字といわなければならない。

（1） 外国人の子どもが「非正規」、すなわち在留資格のない状態であっても、日本の学校に就学することが妨げられないことは、教育委員会や学校の対応のなかで事実上確認されているといえる。また、欧米諸国の多くでも、同様である。

（2） 自国が消滅し、他国に併合されるとか、自国と日本が外交関係を絶った場合、他の国への国籍変更（切り換え）に応じず、日本への帰化もしないといったケースで生じる。例えば日本と台湾の国交断絶（一九七二年）の後、台湾出身の無国籍者がかなり生まれた。陳（2010）などを参照。

（3） 「アンデレ事件」については、くわしくは奥田（1996: 35 以下）などを参照。

（4） これは、本人の家族が被扶養者として滞在することが認められるもので、就労を認めないのが原則である（近年、資格外活動の許可を得た場合に一定範囲で働くことができるようになった）。扶養者の死亡、離婚など、扶養できない状態になれば、家族も滞在の資格を失う。また在留資格によって家族滞在が認められないものがあり、もともと純粋に人権原理にもとづく受け入れではない。

（5） 子どもの福祉のみを目的とする同条約からすると、（外国人の子どもが当事者となることはないが）日本の普通養子、つまり家名やあとつぎの存続のため近親者から養子を採る制度はどう判断されるか。この未成年者の場合でも自己の直系卑属または配偶者の直系卑属を養子にする場合には家裁の許可は不要とされている（民法、七九八条）が、養子縁組は何らかの権威ある機関によってオーソライズされるべきとする第二一条と抵触するのではないか。

【コラム4】 高等教育進学のポジティヴアクション

日本で育った、日本語を母語としない生徒がどれだけ大学に進学しているか、適切なデータを知らない。私立大学では多様な入試方法が行われ、ニューカマー生徒にも一部それによって入学の道が開かれているようだ。県立、市立等の公立大学では地域のニーズに応えるという意味で、外国人生徒にも受験しやすい道を開いているところがある。しかし国立大学については、留学生ではない外国人のための進学のポジティヴアクション（特別入試）は、例を聞かない。

外国での例としては、アメリカの大学進学に関する人種・民族によるアファーマティヴアクションが有名であり、批判は多いが、まだ実施されている州はある。インドの大学進学における指定カースト、指定部族のためのクォータなども知られている。

参考に供したいのは、フランスの有力高等教育機関（国立）のパリ政治学院（Sciences Po. の愛称）が二〇〇一年以来続けている、教育優先地域（ZEP）のリセの出身生徒のための特別入試制度である。同学院は、ZEPに属する五〇以上のリセと協定を結んでこれを実施している。ZEPは、「恵まれない」（defavorisée, disadvantaged）社会層の生徒に、よりよい教育条件を与えるために一九八〇年代に設けられた中等教育レベルの特別学区である。その指定の際の指標は、当該地域の移民・外国人児童生徒の比率、落第率、失業率の三つであり、これに学校長の申請がくわわる（宮島 2006: 157)。全国で七〇〇以上が指定されており、そこでは国費から特別な予算が配当され、教員・補助者の増員、新たな授業科目設置や活動などにあてられる。

フランスの高等教育機関は、大学（universités）とグランド・ゼコール（grandes écoles）に二元化されていて（ともに国立)、前者にはバカロレアを取得した者は原則として自由に（試験なしで）登録できるので、外国人・移民の子弟も数多く学んでいる。ただし、学年が進むごとに選別され、学士号獲得までには相当ふるい落とされる。一方、有力グランド・ゼコールでは、バカロレア取得は最低必要条件で、少数定員の厳しい入学試験に合格しなければならない。こうした選抜制度のため、官界（官僚)、経済界、ジャーナリズム、研究職などに多くの卒業生を送りこんできた同学院では、かねて上層出身の学生がつねに高比率を占めていた。二〇〇一年秋の調査では、同学院在籍者の六〇%が上層出身者で、一般事務員、労働者、職人などのカテゴリを代表する者は五%にすぎなかった（サバ 2009: 175)。その上層階層化に「多様化、民主化」の観点から危機感をいだいた学院首脳が、二〇〇一年よりZEPのリセ出身者に特別入試を行うことを決定、実施した。

入試方法は、筆記試験を大幅に縮小し、口頭回答の試験と長時間の面接を主とする。当初は二〇名足らずの定員で出発し、次第に数を拡大し、合格者が一〇〇人近い年もあり、入学者は定員の一〇%を占めるまでになっている。入学後は一般入試合格者と区別されないように人権への配慮を行い、そのうえで住宅手当と奨学金が彼らのために留保され、希望によりチューターを付けることも行われる。

過去に同学院が行った調査では、特別入試の合格者のバカロレアの評点は、一般入試の合格者のそれの評点よりも有意に低かった。

自身がパリ政治学院教授であるダニエル・サバはこう書いている。「成績がより低いという特徴をもつ受験者グループに、客観的にみてより選別度の低いかたちでの進学の道を留保すること、それこそが他にもまして、シアンス・ポのプログラムを『積極的差別』の一種とみなすことを正当化するものである」(同：176)。この言葉に接して驚く読者もいるだろう。よく常識的な言い方として、「特別措置で優遇された者は、後でついていけずに脱落するから問題だ」という論がなされるが、そういうリスクがあるのは当然で、だからこそ、社会的公正のために彼らに機会を与えるべきだ、という確信が語られている。そうでなければポジティヴアクションを行う意味がない、と。なお、「積極的差別」(discrimination positive) とは、ややアイロニーを含んだ表現だが、アファーマティヴアクションの仏訳語である。

この入試では、ZEP出身者、すなわち「恵まれない」層の出身生徒が対象になっているが、そのなかにどれだけ移民第二世代が含まれているかは正確には知ることができない。ただ、入学者について大学が特別に行った調査では、二〇〇五年には合格者の三分の二が親の少なくとも一人が外国出身であり、二〇〇七年にはその八八・四%が親の少なくとも一人が外国籍であることが分かった。

この特別入試は、今日では国内で広く知られており、意欲ある生徒たちに期待、希望をもたらしているのは確かなようである。だが、一〇年以上を経過した今、いくらか失望感も漂っている。このような特別入試が、当初の波紋の大きさから、フランスの他の高等教育機関にも広がっていくとみられたのに、そうなっていないからである。これら高等教育機関の〝地位防衛〟意識の強さの表れだろうか。

パリ政治学院の行ってきた以上の措置は、移民などマイノリティの子弟の進学がむずかしいとみられる学校の扉を、限られた定員とはいえ開いたものであり、日本の公立高校、一部大学で行われている特別入試とは性格を異にし、いわば「上方で」チャンスを与えるというポジティヴアクションである。さらに根底には、高等教育の学生補充の民主化というねらいがあり、これは日本の中等・高等教育ももっていてしかるべき課題意識といえる。同校の試みが、さしあたり与えるであろうメッセージは、外国人などマイノリティ生徒にはなかなか志望の対象になりにくい国立大学など有力大学が、むしろ彼らのために機会を開くことであろう。

7章 日本的「多文化共生」を超えて

日本の現在・ヨーロッパとの比較も視野に

1 多文化の光景と移民国

しばらく前から流行りことばのように、「多文化共生」の語をひんぱんに耳にする。外国人および外国につながる人々の増えている地方自治体では、これがスローガン的に多用されている。「多文化共生の社会をめざして」、「多文化共生の学校」、「多文化共生のまちづくり」、「多文化共生サポーターを……」、等々。さらに自治体の部署に「多文化共生課」があり、大学の学科名に「多文化共生学科」があるという昨今の動向もこれを反映する。外国につながる子どもの教育のあり方にもかかわる理念、視点でもあるので、以下、論じてみたい。

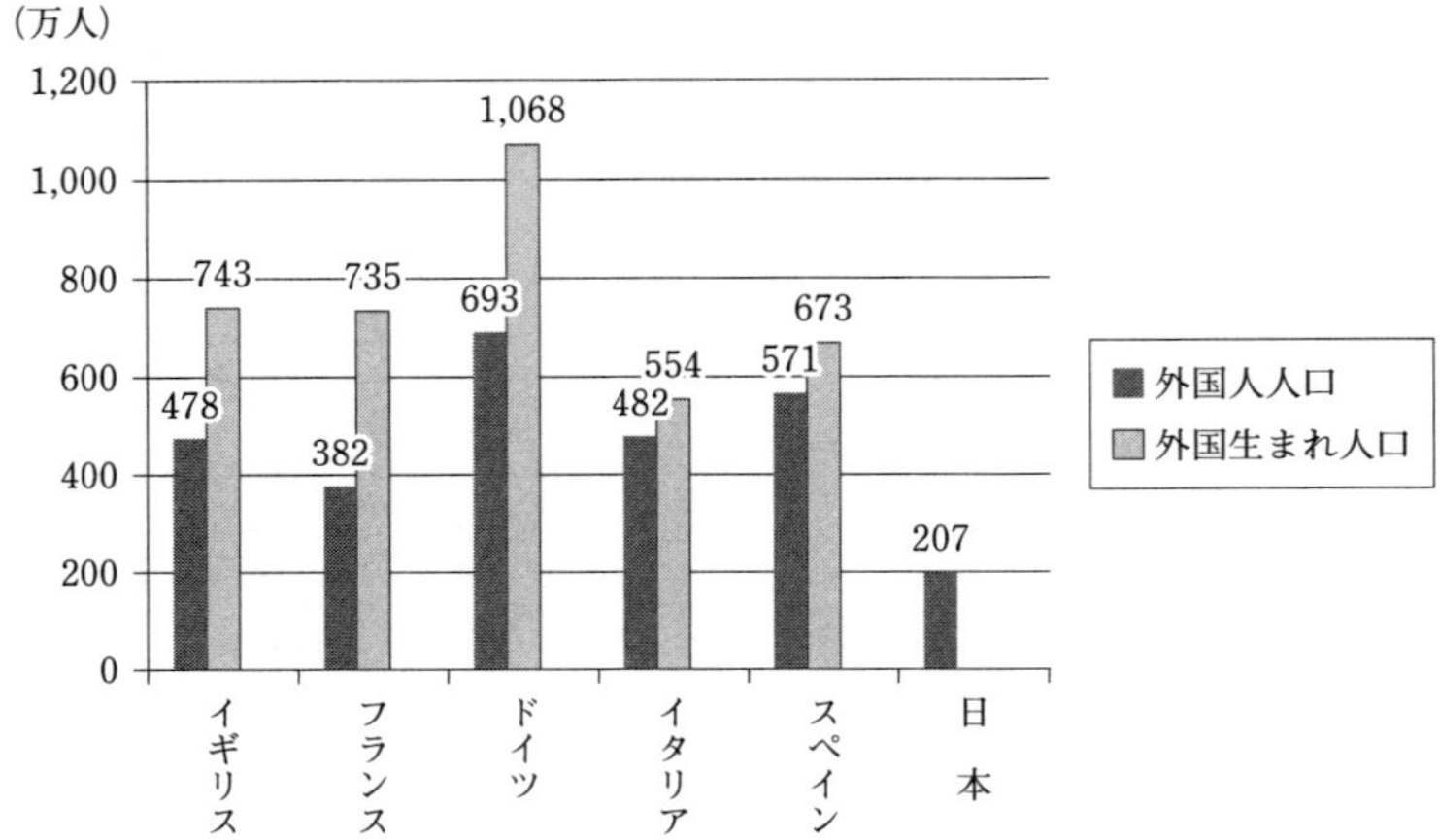

図1　外国人人口と外国生まれ人口(国別，2011年)

もちろん言葉だけが一人歩きしているわけではない。それにはそれだけの現実的背景があり、彼らとの共生が、地域のレベルで具体的な課題になってきているためである。外国人人口は地域によって疎密の差が大きいのがつねだが、多住コミュニティを訪ねれば、職場、学校、保育所、市役所窓口、病院、スーパー、公民館の諸種の講座などで、およそ多民族の光景がみられない所はない。

日本の現状と政策を見るのに、ヨーロッパと比較したいので、後者について一瞥しておく。西欧主要国の外国人人口はより大規模である(**図1**)。それだけでなく、これらの国では、「外国生まれ人口」(foreign-born population)も重視されている。後者は、(ホスト国からみて)外国に外国人として生まれ、現在はホスト国に住んでいる者を指すから、狭義の「移民」という語の意味するところと近い[1]。そこには、もはや外国人ではない、その国の国籍取得者も含まれる。

高度経済成長期に迎えられた外国人労働者がかなりの

割合で定住者に転じ、家族の呼び寄せや国籍取得も進み、また、絶えざる難民の到来とその受け入れも、同じような結果を伴った。ドイツ、フランスなどでは外国人数がだいぶ前のピーク時から減少しているか、または横ばいである（ドイツのピークは一九九七年の約七三六万人、フランスは三〇年来三〇〇万人台）。年々入国は続くのに、帰化などにより外国人が内国人に変わるための減少または不変で、いわば統計のカラクリである。

今ひとつ目に付くのはスペイン、イタリアなど南ヨーロッパのかつての移民送り出し国が逆勢に入り、近年、驚くほどの外国人人口の増加をみていることである。南のアフリカ大陸からの就労機会を求めての入国、難民としての海路の到来、くわえてEUの拡大による東方からの移民も増えている。スペインの場合はさらに別の事情もはたらく。かつての旧い植民地だった南米諸国からの入国が外国人数を押し上げている。ただし、グラフからは、「外国人人口」と「外国生まれ人口」の差が大きい成熟移民国ともいうべき英、仏、独に対し、その差の小さい南欧二国については、外来人口の「若さ」が推定される（なお、「外国人」も移民の二世、三世を含んでおり、二種の人口の差異は相対的なものである）。

そのなかで日本の現在を考えるに、なぜか「外国生まれ人口」の統計が公表されないため、比較の材料を欠いている。「ニューカマー」の名が使われるように、一九九〇年代以降の就労、結婚、留学等の目的の来日者の比重が大きいから、その点で「若い」受け入れ国とみられるかもしれない。国籍取得人口がそれほど多くない点でも「若さ」を思わせる。だが、かつての植民地統治がもたらした数世代におよぶ永住外国人を擁し、ニューカマーの半数はもう「永住者」であり、今後に定住が予想される者を加(2)

えると外国人人口の三分の二に達するという、ヨーロッパ型に近い構成をもっている。とするなら、彼らの条件やニーズにもっと対応した成熟した西欧型に近い統合と共生の政策をもつべきであろう。いま掲げられている「多文化共生」の理念、施策はそれに応えるのだろうか。

2 「多文化」で何を指すのか

ところで、多様化する「人」を多「文化」と表現するのは一種の婉曲語法であるが、また、実際的な難問回避の手段でもある。じっさい、「多民族」(multi-ethnic) というタームがより正確なようにみえながら、実は「民族」という概念を正確に使うのはむずかしい。与えられている (各国の収集する) 統計は、ほぼ国籍別統計に限られているわけだが、たとえばトルコ人、アルジェリア人、マレーシア人などをそれぞれ一個の「民族」とみなせば、そのなかの多様性 (それぞれクルド系、ベルベル系、中国系などの存在) を切り捨てることになり、無理が生じる。まして「人種」(race) のタームの使用は、社会科学では適切かどうか疑問視されている。各国の慣用の用法はまた別で、英米系の国々では race や ethnic の語は一般に使われてきたが、フランスやドイツでは必ずしもそうではない。その英米でも、社会科学や公生活での議論では、「多人種」(multi-racial) といった語はしだいに避けられるようになり、「多民族」という語もそれほど広くは使われず、「多文化」が好んで使われている。

けれども、言い換えにはまた問題も生じる。「多文化」と言うことで、本来なら区別して認識されるべきである諸集団が、一括りにされてしまうことも起こる。先住民、ナショナルマイノリティ、植民地出身者、ゲストワーカー（二国間協定などにより募集され、受け入れられる外国人労働者）、難民、その家族合流者、等々、性質をかなり異にする集団が、区別されずに一つにされてしまう。と思うと、地方自治体によっては「多文化共生」施策とうたわれるものが、もっぱらブラジル人対象だったりする。さらに議論があってもよいテーマがある。国籍や民族の多様化を指して「多文化」とするのが定型的理解となっているが、現代は、それ以外の意味でも社会のなかのアクターの多様化がみられ、そこにも多文化性をみなければならない。たとえば性、世代、言語、性的志向、身体の状況などからみたそれである。女性、子ども、特有言語話者（手話者なども含んで）、同性愛者、身体障がい者、等々である。かつてはその差異が社会的にあまり問題とされなかったが、今日では、反差別、固有価値の承認、人権上の平等・尊重の観点から、多文化を代表するアクターとして位置付けることが行われる。しかし、本章では、主に multi-national, multi-ethnic という意味でこの語を論じることを断っておきたい。

なお、「多文化」と「共生」とを結び付けたこのタームは、なんらかの欧語の翻訳ではなく、和製語であり、それだけに後述するようにこの語とその用法には日本的問題状況も反映されている。ただ、言葉の意味は用いる人、用いられる状況によって変わってくる。ある時期以降、この言葉にこめられていた批判的、アンチテーゼ的な意味が薄れ、行政なども使いやすい言葉になってきて、あらためてこの言葉がどう使われているのか、軽視されたり、括弧にくくられたりして、問われなくなってしまった意味は何か、を考える必要が生じている。

3　欧米の移民の受け入れと「多文化主義」

近年の日本の「多文化共生」の議論は、欧米で言われてきた「多文化主義」(multiculturalism)、または「文化多元主義」(cultural pluralism) を意識し、その影響下に練られてきたのか。直接の関係という点ではわからない。だが、無関係とも言いきれない。たとえば後述する総務省の設置した研究会で、「多文化共生」とは「国籍や民族などの異なる人々が、互いの文化的ちがいを認め合い、対等な関係を築こうとしながら地域社会の構成員として共に生きていくこと」と定義されていて、対等性、文化的差異の相互承認がうたわれ、同化ではないというメッセージを送ることが意図されているからである。多文化主義といわぬまでも、文化多元主義を意識しそれに沿おうという姿勢が読み取られる。

英、米、カナダ、オーストラリア、それに移民社会への進行がみられたオランダやスウェーデンでは、このタームは、当該社会の主流文化と異なる背景、特性をもった民族の存在およびその文化を、社会生活や教育の面で多少とも承認し、権利を認めることを含意してきた。その意味で「多文化主義」は、それなりの認識、もっといえば哲学を含んできたといえる。

語の使用の発端がイギリスにあることはまちがいない。そこには植民地大国でありながらイギリス社会の直接知ることの少なかった、ニューコモンウェルス移民[3] (戦後独立した旧植民地出身者で、インド、パキスタン系が代表的で、「有色」移民とほぼ同義) の陸続たる到来のショックと、それを受け止め、適応していこうとする哲学の形成があったといえる。肯定的な言い方では、異なる文化を尊重し、寛容するということであるが、同化が困難な、または同化にひじょうに長期を要する文化と共存することの不可避性を認めるという現実主義的認識もこめられていた。

「一九四五年以前からもちろん連合王国はアングロサクソン系、ユダヤ系、アイリッシュ、ウェルシュ、スコティッシュ、それにユグノー他のヨーロッパからの難民の混淆体をなしていた。このパッチワークは、重要なことに一九四五年以後というもの（以前はそうではなかった）、文化的にはヨーロッパ種として、ほとんど区別されることはない。それに対し、非白人の移民は、質的に異なる異邦人《エイリアン》とみられ、『多文化』multicultural という言葉は、非ヨーロッパの出自、文化をもつ相当数の人々の連合王国への到来を指して、使われたのである」（Hansen 2000: 4）。

以上の引用では二つのことが言われている。戦前までは、この国ではアイルランド人は必要な労働力ではあるが、宗教も生活習慣も異なる「他者」とみられることが多く、また、大陸から到来するユダヤ人移住者には「エイリアン」（alien）の語があてられてきた。それが戦後、「入れ替わり」が生じる。もうアイリッシュもユダヤ系も「ヨーロッパ種」という同類の大きな袋の中に投げ入れられ、その中の細かい区別は言い立てられなくなる（ただし、紛争の続いた北アイルランドではやや別だった）。こんどは対照軸はなにか。それは、ヒンドゥーイズム、イスラーム、そしてカリブ海諸島出身の移民の特有の黒人文化[4]などが、まさしく異文化としてとらえられるようになるということである。

こうしてアジア系（インド亜大陸）、アフロ－カリビアン系、アフリカ系などが増えてくると、イギリス市民たちの伝統的生活世界も衝撃を受ける。一点景を示せば、一九五八年九月、工業都市バーミンガム市の中間学校ハンズワース校に、一人の非白人の生徒が忽然と登場した。それを皮切りに、学校側の戸惑いをよそに、同校にはみるみるうちにニューコモンウェルス移民子弟が増えてきて、三年後には全生徒の実に三〇％に達した。教員たちをとらえた感情は、正直にいって、はなはだしい「意気阻喪」のそれだった、と当時の教頭が記している（Mckenley 2001: 313）。ほどなくして、人種民族差別の言動も強まる。政治家や政府高官から、また草の根の民衆からも、彼ら「有色」移民は同化が不可能で、イギリス社会になじまず、脅威であるという声が上がった。これ以上の来英を許さず、彼らを故地へ送還すべきだという提案もなされる。その激烈な反移民演説で一世を風靡した、五〇年代の保守党右派政治家イノック・パウエルは有名である。六〇年代からは次第にニューコモンウェルス移民への制限が加えられていく。

だが、排斥一色ではない。移民とその文化を否定するのではなく、尊重し、共存しなければならないと考える人々もマジョリティの中から現れる。そこにアメリカやカナダの文化多元主義の思想や実践からの影響もはたらいたことは興味深い（浜井 2004: 44）。なぜ彼らの固有の存在と文化を尊重するのか。移民たちは異郷に移動しても、自らの言語、宗教や生活の型、関係の型を簡単に変えることはできず、むしろかれ／彼女らが文化の大きく異なるヨーロッパ都市世界の中で自己同一性を失わずに生を送る上で、固有文化は必要な資源となるであろう、と。社会学者J・レックスによれば、イギリスの中に生きる非ヨーロッパ系の移民たちの多くは、異なる価値世界に置き入れられ、不安と緊張を生きているので、少なくとも宗教生活、家族生活、母語、そしてコミュニティを維持しつづけることは必要で、それらが彼らに精神的安定をもたらすだろう、と（Rex 1996: 22）。

ただ、それには次のような異論、反論がつねに伴った。もしも移民たちが自らの母語や宗教に根ざす生活慣行を維持しつづければ、それは許されるとしても、結果として都市のなかの〝言語ゲットー〟に住まうのを余儀なくされるだろう、と。言語ゲットーとは象徴的な言い方で、彼らの母語の飛び交う低賃金の縫製工場（苦汗工場《スウエットショップ》！）などの集中する、他から切り離された貧しい街区を意味する。こうした場の形成は、パキスタン、バングラデシュその他のアジア系の移民の定住の際にたしかに起こったことである。「ゲットー化」を望ましくないとみる人々は、多文化主義を批判し、しばしば「統合」のコンセプトを重視し、論者によっては民族的・社会的「混成」を進めるべきだとする。そして現実認識として、これらのコミュニティを観察する人々は、文化的に独自性を呈するだけでなく、その背後に経済的不平等や貧しさの問題が隠されていることを知る。多文化主義に対し肯定的であるにせよ否定的であるにせよ、文化に関する議論だけに終わらせてはならないと考える。

ところで、母語が維持され使われ、教えられるなかで第二世代が成長するとき、英語習得の遅い、社会生活に適応しがたい子どもが生み出されるのか。それは短絡的だ、と移民の子どもの言語活動を研究する言語学者たちは反論する発言を行ってきた。同じく多文化主義に肯定的であるアメリカやカナダでこの議論は活発だった。複数の言語的背景をもつ子どもたちに、いずれの言語も発達しうるようにと働きかけることは、親子間コミュニケーションを確保するだけでなく、彼らの「知的発達」すなわち物事の認識や理解の可能性を高めるものである、と。[5] 地域や学校によっては、母語ないし継承語[6]であるウルドゥー語、ベンガル語、ヒンディー語などを教えるイギリス型、いわゆるバイリンガル教育を導入するアメリカ型などは、そうした専門家の主張に沿った実践といえる。

多文化主義に関連する施策に、「文化的承認」(cultural recognition) というタームで語られるものがある。これは、移民などマイノリティの文化に対し、単に寛容な態度を示すだけでなく、肯定的に理解するように努め、一定の制度的・法的な対応を行うことを意味する。彼らの言語が学校で教えられること、必要な文書が翻訳されること、彼らの安息日や宗教的祭りを尊重すること (申請があれば休日と認める、など)、その言語や宗教に立脚する学校を公認すること、などの制度的措置がとられることである。それだけでなく、「人」に関わる権利でこの承認がなされることもある。マイノリティが彼らを代表する人々を政治の場に選出する権利を、国または自治体やコミュニティのレベルで認めている例もある。

以上のような考え方は、自由主義的個人主義の明快なモデルとは相いれない。じっさい、欧米、日本を含め、「法の前でのあらゆる個人の平等」をうたわない、アイデンティティの個人の自己決定を認めない社会は存在しない。そのなかで、マイノリティの置かれている条件の不利、厳しさを認識し、画一的な平等か、それともポジティヴアクション (積極的是正措置) かを比較・考量し、あえて採られる考え方だといえる。こうした理念をみちびくものは、「平等」(equality) よりも、むしろ「衡平」(equity) であるといわれる。(7) 文化的承認論で有名な哲学者のC・テイラーは、自国カナダのケベック運動や先住民の例を踏まえながら、できるだけ右の二つを調停しようとした (テイラーほか 1996: 83-84)。かれは集団としての「文化的生き残り」の重要性を認めるのであり、これは多文化主義と親近性をもつ一つのパースペクティヴを示している。

4　多文化社会と日本──教育への含意

日本にはこれだけの議論の前史はもちろんない。それでも時期的に少し遡る必要はある。一九八六年の中曽根康弘首相 (当時) の「アメリカには黒人やヒスパニックがいるため、平均すると日本より知識水準が低い」という発言、すなわち日本は単一民族だから優秀なのだととれる発言があり、(8) これにアメリカ発をはじめ、国際的な批判が起こり、それに触発されるかたちで国内でも「単一民族」認識が問題視されるようになった。アイヌ、沖縄、在日韓国・朝鮮人などの存在に改めて人々の目が向けられるようになる。それが序奏となり、続くニューカマー外国人の増加とともに、日本での「多文化」の認識が押し出されていく。そして外国人が急テンポで増加する一九九〇年代の前半に、「多民族化」や「多文化化」の語を使いはじめた人々は、ボランティアであれ、教員や地方自治体職員であれ、文化背景を異にする人々との相互理解、そして平等な関係を築こうという熱意の持ち主だった。事実、この時期、在日コリアンに対する過去の日本公教育の同化本位の対応への反省が行われ、いくつかの県、政令指定都市では民族文化の尊重が、新たに制定された教育指針のなかにうたわれた。

そして、その過去からの教訓は、ニューカマー外国人の受け入れにも生かされねばならない、とされた。これらの発言や運動の中心は、在日コリアンの民族学級を支えた教育関係者だったといわれ、一九九二年以降、この人々によってスローガンとして「多文化共生教育」が唱えられるようになった[9]。ということは、「多文化共生」という言葉には、これを当初使った際のねらいとして、反差別、反同化、つまり外国人やマイノリティのアイデンティティや固有文化の尊重という思いがこめられていたということである。

しかし比較はむずかしいが、日本の地域社会や学校は当時依然として同化的で、ニューカマーたちが文化的に異質であることに許容的ではなかった。服装、態度、生活行動でもそうだったが、言語的にも学校はモノリンガル世界だった。右のような反省が表明されても、時期的にはほとんど踵を接して、九〇年代半ばに早くも問題化するのは、増加いちじるしい南米系やアジア系の子どもたちへの対応で、「一刻も早く日本語を身に付け、学校生活に参加させたい」というのが学校側の希望ならば、他方、外国人保護者や子どもにとって予想されるのは自言語、母語の危機である。

いずれにしても、日本で暮らしはじめ、日本の学校に通う彼らは、親たちとは別の言語世界に生きるようになる。学校は圧倒的に日本語世界であり、ニューカマー児童・生徒のために設けられた「国際教室」も、日本語指導の場にほかならない。日本語指導、そして習得はもちろん絶対必要だが、学校はその一言語を重視する場となった。そうして母語を急速に使えなくなっていく結果、かえって日本語の理解のための手がかりを失ってしまうという自家撞着も起こる。

「母語・母文化の教育は家庭で」とよく言われるが、両親とも就労していれば親子の接触時間は限られ、また親はたいていよき母語教師ではない。会話の相手ではあれ、読み書きになると、座学が必要である。それをきちんと学ぶ場がほとんどないまま、積極的な母語使用ができない者、読むことは不自由で、母語という〝資源〟を利用できなくなる者が増える。東海地方では、ある市の教育委員会がこれら児童・生徒のための週末の母語指導の教室を開設したこともある。京浜地域でも同国人ボランティアによる母語教室の実践がみられるようになる。が、それらはいずれも多くの困難に遭い、成功しているとはいえない。

また、国籍の上では日本人であるが、外国人の子どもと共通する言語上の問題と学習困難を抱えている子どもがいる。国際結婚児といおうか、親の一人が外国人で、日本人の親からはあまり語りかけや、言語的な指導を受けることがなく、日本語の獲得が不十分で、授業についていくのがむずかしいといったケースである。そうした子どもがどれくらいいるのかは分からない。ただ、数字としてわれわれが知っているのは、現在義務教育年齢にあると思われる一九九九―二〇〇七年に日本で生まれた国際結婚児は、計二二万三〇〇〇余人にのぼることである（厚生労働省『人口動態統計』より）。仮にそのうちの二割が右のような問題を抱えているとすれば、指導の課題はきわめて大きい。日本語指導が必要な児童生徒についての文科省の調査はこれを十分にとらえているとは思えない。指導と援助を必要としている者が、国籍を越えて、日本国籍の子どものなかにも存在していることを見逃してはならない。

5 多文化と社会的不平等

文化の承認要求とこれへの対応は欧米ではいくつかの実践を生んできた。イギリス、オランダはともにアジア系やムスリム系移民の多い国であるが、3章でも紹介したように、保護者の希望により母語の教育を課内、課外で行い、一定の条件の下にムスリム系の学校の公認、国庫補助を行ってきている。アメリカ、カナダ、オーストラリアにはさらに豊富な実践があり、バイリンガル教育、母語（継承語）教育などがそれであるが、多くの紹介があるので、ここでは省略する。

ところで、多文化主義にはしばしば寄せられる批判がある。それは、次のような言葉で言われている。

「いわゆる多文化主義政策（MCP）をめぐる議論は、マイノリティの直面している問題についての人々の診断を誤らせやすい。MCPはとかくマイノリティ集団の直面している諸問題は主要に〝文化的な誤認〟に根ざしており、したがってその解決は、国家による民族的アイデンティティと文化的実践のいっそうの承認にある、と思わせがちである。しかし、これら文化主義者の解決法は、真の問題が別のところにある以上ほとんど、またはなんら得るところがない」（Banting and Kymlicka 2006: 12–13）。

その問題とは、セグリゲーション、差別、不平等にある。社会学的にみるとき、多文化状況は、諸文化A、B、C、D……等の優劣のない対等な共存を意味せず、たいてい社会的不平等や階層化を反映して、序列化されている。文化の違いとは通常、主流文化をモノサシとし、それとの違いによって示されがちで、特に差異化される人々――欧米社会でいえばアフリカ系、アジア系、ムスリムなど――は、社会的にも不利な位置に置かれているのが実際である。低熟練労働、低所得、失業などの不利な条件がそれである。アメリカにおけるアフリカ系（黒人）やラティーノの地位はよく知られていて、それに比べヨーロッパ諸国の移民の問題は新しいが、類似の構造はある。世代交代が進んで第二世代が登場してきて言語能力や教育レベルが向上しても、状況は解消されず、たとえば英、仏、独の社会をみても、EU諸国出身移民に比べ、パキスタン系、アフリカ系、トルコ系などは、有意に高い失業率を示している。

だから、多文化主義アプローチを生かそうと思えば、文化の承認と、文化の担い手たちのこうむっている不平等との闘争とに同時的に関わるような法や措置を実現するのでなければならない。先のレックスは、雇用、社会保障、政治参加などの公的生活領域では反差別、平等の徹底が重要であり、教育というものは多文化の承認を重要な要素としているが、それでも平等の実現が同じく配慮されるべき中間的領域であるとしている（Rex 1996）。多文化主義の肯定あるいは理解に立つ立場からも、初等・中等教育の公共的な性格の維持と無償ないしそれに近い平等性が主張されてきたのである。

さらに単なる平等にとどまらず、特定の不利な（disadvantaged）条件の下にある集団またはカテゴリーに優先的な処遇を行う施策も展開される。アメリカでは一九六〇年代から、黒人や女性を対象に雇用や大学進学にかんするアファーマティヴアクションが行われてきたが、これは不平等の積極的是正の社会的措置である。イギリスでも、地域によって住宅、就学援助、雇用などでマイノリティへの優遇措置が行われる。

ただ、全体として、アメリカではその後アファーマティヴアクションへのマジョリティ市民の側からの反発とマイノリティの側からの幻滅の反応が起こり、見直しも行われてきた(10)。イギリスでも、優先処遇はあっても、パキスタン、バングラデシュ系やカリブ系の移民たちの高失業、低所得ははかばかしくは改善されていない。

6　日本的「多文化共生」の視野

再び日本に立ち帰るとして、多文化共生論はどんな理念にみちびかれ、どんな施策と結びつくのだろうか。

「多文化共生」が、その発端の際の状況とはやや異なり、主にニューカマーの多住自治体の施策と結びつけて解釈されるのが、一九九〇年代末から今世紀にかけてであるが、日本語教育、多言語表示、制度説明等の多言語翻訳、さらには医療通訳配置などが主に打ち出されている。それはそれとして重要なことではある。だが、この発想を教育政策に適用しようとすると、学校は外国につながる子どもたちにどんな働きかけをすることになるか。日本語指導の重要性は明らかで、それが強調されるのは当然だが、それを超える多文化への方向づけはどうか。二言語的・二文化的背景のもとにある子どもの文化的可能性を尊重するという方向は出てこない。ニューカマーの当面の適応が課題とされる結果、定住外国人の要求であったシティズンシップの平等（そこには文化的要求も含まれる）も、後景に押しやられたかの感がある。

地方自治体のみならず、今日では政府も、このタームを取り上げる。総務省は、二〇〇五年、初めて「多文化共生」の語を採用し、外国人が地域社会の構成員として共に生きていくための条件整備を検討する「多文化共生の推進に関する研究会」を設置した。そして〇六年には早くもその報告書が取りまとめられている（総務省 2006）。国レベルでこうした議論、検討が行われたことは画期的で、それ自体は意義なしとしない。

しかし、先に紹介した「多文化共生」の定義（二四〇頁）からの期待に反し、そこに示されている「多文化共生推進プログラム」の考え方は、「日本語によるコミュニケーション能力を十分に有しない外国人住民にかかわる課題を主な検討対象とし……」とある。限定づけが働いている。その下でコミュニケーション支援、生活支援の諸項目が挙げられているが、対等性と相互的文化的承認の理念は姿を消してしまっている。

もし同プログラムのアプローチを子どもの教育に適用するなら、日本語の使用能力が十分でない子どもという規定から出発するわけだから、子どもたちのもっているはずのポテンシャルには目が向けられないだろう。「国の検討すべき取組」で最重点とされているのは「外国人児童生徒に対する日本語教育方法の確立」である。そのこと自体は必要なことだが、ユニリンガルな日本語教育の強化が目指されるのではないか。「多文化」をいう以上は、検討してほしかったのは母語・母文化の保持と教育の意義や日本の教育の中での位置づけであるが、取組事例として東京都内I小学校の母語教室の例が紹介されているにとどまる。

同研究会の報告はさておいても、地方自治体等で現に展開される「多文化共生」の施策では、文化的承認や相互的な文化変容という考え方は弱く、外国人または外国につながる子どもたちに日本語、および日本の学校教育への適応を求めることが先に立っている。

いま一つ、子どもを含む外国人家族がマイノリティとして、経済的に劣位にあること、不平等のなかにあることを、問題としてリアルに捉えていないようだ。周知のように、製造業に働く外国人の多くが間接雇用、非正規雇用の下に置かれ、リーマンショック時に如実に示されたように失業にさらされやすい弱い地位にある。そのため、直接的な問題としては、子どもの就学が脅かされることがある。二〇〇八年の危機の後、ブラジル人学校の学費負担に耐えられない多くの家庭は、子どもを退学させている。また、間接的には、異なる文化が格差づけられた劣位の地位と結びつけられて貶価されるというメカニズムも働き、子どもの学習意欲にも影響をおよぼす。ブラジル、ペルー、フィリピンなどの子どもたちの不就学、不登校、中途退学も一部これによって説明されよう。多文化（主義）教育の国カナダでは、注意深い観察が行われているようで、あるグループの子どもたちの示す学力不振は、社会的格差に原因しており、多数派社会から押し付けられる劣位の地位を子どもたちが内面化してしまうことがそのメカニズムだとされている（カミンズ、ダネシ 2005: 107–108）。文化のレベルで現れる問題が、文化の次元での対応では解決できず、社会経済的な支援や改革を要求していることを示す。

7 相互的に変わる多文化共生へ

相互的に変わること、という多文化共生の基本に立ち戻るなら、何が必要か。それは、日本的な制度およびカリキュラムの問い直し、「人」つまり教育を担うエイジェントに変化をもたらすこと、さらに衡平、公正の理念に沿っての学習支援と制度の改革、ではなかろうか。本書で述べてきたことの繰り返しになるかもしれないが、以下に確認したい。

学校制度のあり方やカリキュラムについては、一斉主義の授業、教育選択を困難にする「一条校主義」、学習指導要領や検定教科書による枠づけの問題、校則や学校文化にみられる規律主義などに触れてきた。その見直し、問い直しをせず、これらへの子どもたちの適応をもっぱら要求するとしたら、一方向の同化と言われてもやむをえない。

最も基本的な、実現すべき課題は、外国人の子どもの就学を確かなものにすることであろう。就学義務化はそれ自体が目的でないことはすでに述べたが、現状がつづくかぎり、義務化を通して、外国人の子どもへの学校、教育委員会の姿勢の一新を強く望むほかない。しばらく前の新聞ルポで、東京都の外国人多住区の一つS区で、中学に入りあぐねている一五歳のインド人少年が登場した。区教委から夜間中学へとたらいまわしにされ、やっと区立中がかれを受け入れることになったが、その間に区教委からは、「外国人を簡単に受け入れると（受け入れ先の）校長に叱られる」といった言葉まで飛び出した、と記者は伝えている。[11]中学に学びたいと真剣に願い出ている生徒に対して、である。こうした教育風土があるかぎり、それを変えるためにも、この改革は必要である。

次に、多文化を容れる教育の実現がある。在日コリアンたちは子どもの教育に心を砕き、民族の学校をもちながら、普通教育と母語・母文化の教育の統合をめざしてきたが、今、ニューカマーも、可能ならば自らの母語・母文化を子どもたちに伝えたいと願っている。そうした親たちにブラジル人学校や中華学校は存在理由をもつが、ただ、地理的偏在の問題があり、また高額の授業料を払い子どもを通わせられるかという不安もある。外国につながる子どもたちの過半が公立学校中心に日本の学校に学んでいる以上、これを日本語ユニリンガルの場とせず、保護者たちとの対話の上で、その学校のなかに多文化教育プログラムを実現するのが正道ではなかろうか。希望者には課外に一ないし二の母語・母文化の授業を開設できるようにすること、それは可能なはずである。

なお、ごく個別には、教員や指導協力者の熱意によって教室が開かれている。東海地方の学校にポルトガル語指導のいくつかの例があるが、最近、首都圏内の自治体で、複数の中学校で、中国系生徒への母語教室が行われていて、市教育委員会も講師の交通費を予算化しているといった例もある。それらのささやかな芽は、今後育っていく地盤が与えられるだろうか。

さらに変化が導入されるべきは、「人」つまり教育を担うエイジェントの多文化化である。欧米では多文化の教育や文化の政策では、それを担う人々（教師、自治体職員、その他専門家）も多文化化することに意が払われている。国ごとの事情がちがうが、一般に多文化主義と親近性をもつ国では、マイノリティの子どもに母語・母文化を伝達でき、共感的に指導できる、同じマイノリティの出身の教員が配置されていて、日本の学校とはだいぶ違う。重国籍の認められる英、仏社会では、外国出身の教員や公務員はより生まれやすく、その点で日本に近いドイツでは、多いとはいえないが、帰化による国籍取得者は少なくない。日本では、教員や地方公務員の圧倒的マジョリティが日本人から成っている。外国人教員の採用は法的には禁止されていないが、その任用にハードルが置かれていることが、志望者が少ないことの理由であろう[12]。この制限は取り払われるべきであろう。

外国人教員不在のなか、多住都市で、指導スタッフに工夫をこらす試みもある。2章で紹介したが、東海地方のT市は十数名の外国人児童生徒教育相談員やスクールアシスタントを雇用し、うち半数以上はブラジル人等の母語の使用者で、教室で授業のサポートもすれば、子どもや保護者の種々の相談にも応じている。

外国人、または外国出身の教員や公務員が身近に登場するならば、外国人生徒たちにロールモデルを提供し、その学習や将来の進路の追求を励ますという効果をもつであろうことはいうまでもない。

外国人生徒の高校進学は、長い目で見てかれらの将来の社会参加を可能にするとみられるだけに最近とみに重視されるようになった。ここでは、日本の制度の側は、二つの対応課題の前に立たされている。

一つは、文化資本の観点からは、こと日本語や制度理解に不利を負っている外国人生徒に、いかにエンパワーメントを進めるかであり、その指導の態勢は残念ながら後期義務教育（中学校）の中には十分にはない。学習支援ボランティア教室などとの連携が必要である。第二の対応は、一部都道府県で試みられているような入試におけるポジティヴアクション、特別入試制度である。従来日本で自明視された、本人の努力と自己責任にゆだねることを「公平」とみなすという観念を転換させようとする点では、これは意義がある。だが、進学を望む生徒たちに真に機会を与えようとするなら、中・下位の高校だけにではなく、あらゆるレベルの高校に進学枠を設けて、チャレンジさせるべきだろう。マイノリティに対する「衡平」（エクイティ）の考え方を受け入れるのに、ある人々は痛み、不利益を感じるかもしれない。しかしそのことへの理解、説得、合意を追求せず、抵抗の少ない所に枠を設けるというのでは、制度も人々の意識も変わることにならない。

この課題は、いまや大学進学にも引き継がれようとしている。

対話的な共生——結語にかえて

今日、多文化であることへの逆風もないわけではない。近年ではヨーロッパでも、文化的承認において消極的な姿勢がみられる。公立学校の教場の中でのイスラームのスカーフ着用を事実上禁じたフランスの「宗教的標徴禁止法」が成立したのは、二〇〇四年のことである。そうした法が移民との秩序ある共存のためには必要なのだと言われるが、少女たちのスカーフ着用の意味を真摯に尋ね、理解しようと努める人々もいる。その後者からすれば、スカーフを「宗教的宣伝」と国が一義的に解釈するのは、権力の濫用である。移民の問題の政治争点化が従来は抑制されてきた北欧三国（デンマーク、スウェーデン、ノルウェー）でも、「移民への寛容の行き過ぎ」を批判する右派、あるいは中道右派の政党に国民の票が動くという傾向が、このところの選挙に表れている。

こうしたいわば「冷たい」、隔壁をもった多文化平行の社会への反省からだろう、ドイツの社会学者U・ベックは、かれの言い方での「コスモポリタン的」態度の必要性を力説している。ドイツなどヨーロッパ社会において移民その他のマイノリティが生み出している多文化状況を、外的対立ではなく、いかに相互理解的、対話的なものに置き換えていくかが課題である。すなわち、ナショナリズムを克服し、葛藤する諸文化と映るものを行為者が自分の内面に取りこみ、「他者」とされてきた者をもつつみこむ、生活と合理性の別のありかたに関する「対話的な想像力」を発展させること、を訴えている（ベック2002: 14–15）。西欧社会の現実も「コスモポリタン的」であることからだいぶ距離があることを、ベック自身認めている。今日の日本の状況に引き付けて考えるなら、「コスモポリタン的」とは、自文化中心の文化統合ではない、相互的な理解と承認と自己相対化（自らの基準を自明視しないという意味で）にもとづく多文化共生へ、ということだろう。

その視野においてこそ、多文化の教育の可能性も開かれてくる。日本の学校教育の現実との懸隔は、なお大きい。たとえば、異質であることに寛容でない日本の学校文化は、一つの「模範回答」を用意し、自国流かどうかわからないが「個性的に」答えを出す外国人生徒に、その理由も十分に思いやらず、冷淡に反応しがちである。だが、生徒と対話をしてみれば、かれ／彼女の思考の合理性に気づく場合もある。教育も対話である。対話への努力は続けられなければならない。

（1）移民というものを厳密に狭く解釈するなら、この「外国生まれ人口」に相当しよう。しかし人口学的にではなく、社会学的に考察するなら、ホスト社会で誕生した第二世代も社会文化的に親世代との共通性をもっていることから、世代区分を重視しつつも、広く移民に含めることが行われる。

（2）「定住者」、「日本人の配偶者等」、「永住者の配偶者等」の在留資格保有者がそれである。

（3）イギリスでは、一九四八年の約五〇〇名のジャマイカ人の船載が、有色移民の第一陣として今でも記憶され、語られている（木畑 1987: 247）。

（4）カリプソ、ラップ、レゲエなど、独特のリズム、身体表現、民衆の批判や不満を表す歌詞等で特徴づけられる音楽、ジャマイカで発生し広がった黒人至上主義的、千年王国的な運動である「ラスタファリ運動」などがあげられる。

（5）J・カミンズ、M・ダネシ（2005）などを参照。

（6）「母語」という表現は、幼少時からマジョリティ言語、またはホスト国言語になじんでいる第二世代の子どもにはしばしば適切を欠くので、近年では「継承語」（heritage language）というタームが使われることがある。

（7）画一的に同一の扱いをするのではなく、所与の条件を斟酌して差異的な扱いをすることによって実質的な平等を達成しようとする考え方。

（8）この出来事への一つの考察としては宮島喬（1990）がある。

（9）榎井縁（2008）を参照。なお、大阪市を中心とした半世紀以上に及ぶ公立学校での民族学級の実践については、大阪市立中川小学校（2000）などを参照。

（10）マイノリティの側からは下層の人々の地位を引き上げる力とならないという幻滅、移民出身者も含む中間層、上層からは「逆差別」だという反発が表明される。九〇年代末にはカリフォルニア州などが州民投票によりアファーマティヴ・アクション廃止を決めている。ただし、そうした決定を行ったのは一部の州で、現在も続けている州はある。

（11）「日本の中学　やっと入れた」（朝日新聞、二〇一二年七月一一日）。

（12）教員免状を取得し、都道府県の試験に合格した外国人が任用される場合、「常勤講師」という地位にとどまる。

あとがきと謝辞

ニューカマーの外国人の子どもたちの教育を、〝待ったなし〟の課題だと初めて感じたのは、一九九一年に神奈川県下のいくつかの学校を訪ねた時である。

増えているのは日系人の子どもたちだとあらかじめ聞いていたが、教室の中ではほとんど日本語が聞かれず、スペイン語、ポルトガル語がごく自然に飛び交っていた。日系といっても、かれ／彼女らはなによりもまずペルー人、ブラジル人として育ってきたのだと分かる。特設の日本語指導教室では、母語のそれぞれを使える日本人の指導協力者が「いち、に、さん……」の数名詞などを教えていて、耳のよい子どもたちは発音をすぐに身に付けていく。だが、教室を担当する教員は語っていた。「これから仮名を覚え、漢字を覚え、両方を使って文章をつくり、教科の日本語にアクセスできるまで、ぎゅーと圧縮した時間内に恐ろしく多くのことを学ばなければならない、本当に可哀そうです」。数カ月前に来日したという一児童が教室におずおずと入ってきて、使えるようになった日本語で一生懸命その教員に訴える。日本語指導教室で学び、○年×組という原学級の授業に出ているが、まったく分からない、この教室にいたい、ということだった。その児童と教員との話し合いがしばらく続いていた。

山のように学ぶことがあり、限られた時間でそれを達成するには、強い意欲と動機づけがなければならないが、それは子どもたちに可能なのだろうか。

その後、教員の話も聞きながら、次のことに気付いた。親に連れられ、または呼び寄せられて日本に来たが、来たくはなかったと来日に納得していない子どもが少なくないことである。南米系にも、中国系にも、フィリピン系にもそれぞれの事情、理由から、不本意な来日に抵抗感をもっている子どもがいることが分かった。かれ／彼女らが日本の学校生活と学習へとすんなり入っていけないのは、当然ともいえる。

教員のなかには、そうした子どもたちの心をほぐそうと、指導の手を差し伸べる人々はいて、通常の学級指導のなかでは特別指導はできないからと、地域学習室を自ら立ち上げ、またはこれに協力し、放課後または週末に通ってくる子どもたちに、その子に応じた一からの指導をしているケースがあった。神奈川県下のそうした夜間の学習室を幾度か訪ねたが、「この教室ではどんなことでも質問できる」「勉強が少し分かってきて、面白くなった」と語る子どもたちに出会えた。ただし、それら学習室の指導に幸いにもめぐり逢えた子どもは、外国人の子どもの一部にすぎないだろう。

学ぶことの内容については、外国人生徒は時折感想を漏らしたが、「何を学ぶのか分からない」「興味がもてない」という言葉が発せられたのは特に国語と歴史（日本史）に対してである。国語については、本文中でも触れた（四六頁）。日本史については、閉じた一国史として教えられるからだろう、興味がもてない、だから進んで知ろうという気が起こらない、という声を聞く。インドシナ系で日本育ちといってよい高校生のSさん（日本に帰化）は「幕府で将軍が交代したとか後継者争いがあったとか……一応分かりますよ。でも、つまらないんですよ。私も日本人になったからこれじゃあいけないと思うけど、興味がもてないんですよ」と語っていた。これは、興味をもたない生徒の責任なのだろうか。「外国人の子どもは根気がない」「授業に参加しようという意欲がない」という評価が聞かれ、厄介視する風が教育界にある。だが、それは、何を学んだらよいのか分からない、興味をもちたくとももてないと悩む、こうした子どもたちのへの理解を欠き、「犠牲者に責を負わせる」blaming the victims というマジョリティ側が犯しがちな誤りではないか。

もう一つ気づいた子どもたちの困難は、親または家族による子どもへの支援がむずかしく、少ないことである。来日という移動における生活の連続性の切断が大きく、言語面でのそれと職業生活でのそれが困難をもたらしていた。インドシナ系にせよ、南米系にせよ、親自らが一から日本語を学ばなければならず、読み書きまで進んだ者は少ない。また彼らが母国で携わっていた職業と日本で就いた仕事は大きく質が異なり、本国では学校教師として教壇に立っていた父親が、日本では雑貨製造の小企業で長時間働いている、彼の地では銀行勤めだったのが日本では自動車の部品生産のラインで休日出勤も含めて働いている。親は自分の内にもつ学びの経験・知恵を、言語化して子どもに伝えるのに困難を感じ、子どもは、なぜ親がそういう仕事に就かねばならないのか一部は理解しながらも、受け入れ難いものを感じている。親を尊敬できない、とひそかに悩んでいる子どももいる。

社会学を学ぶ者として、行為者たちの生きる意味世界を捉えることは非常に大事だとかねて考えていて、外国人の子どもたちにつとめてインタビューを試みた。横浜市、神奈川県平塚市、愛知県豊橋市、豊田市などが主なフィールドだった。単独で行う場合、研究仲間と分担して半構造化インタビューを行う場合、といろいろだったが、私自身がインタビューを試みたものの半分以上は失敗に終わったと感じている。小学校高学年から中二くらいまでの子どもたちだったが、自分を表現する日本語力が十分ではなく、くわえて普段めったにない精密コードでの発言を求められ、言葉が十分に出てこない。そばに付き添ってくれたボランティアの方が、言葉を引き出し、補ってくれて、かろうじてコミュニケーションできたことも何度かあった。インタビューが困難だったもう一つの理由は、こちらの質問のトピックが、学校への適応のこと、授業と成績のこと、クラスでの友だち関係やいじめのことなどに及び、当人には楽しくない、つらい経験が多かったからではないか、と思っている。あまり話したくない思い出が多いのか、口が重く、ぽつりぽつりとしか言葉が出てこない。このインタビューのむずかしさは、子どもたちの経験が尋常なものでないことを物語っていて、それなりに意義深かったと今にして思う。

本書の副題にも掲げたように、私が研究仲間とともにここ数年こだわってきたのは、ニューカマーの子どもたちの就学の保障であり、そのためにはまず、国籍のいかんにかかわらず就学義務化を進めることである。と言って適切を欠くなら、外国人の子どもが教育を受ける権利を洩れなく享有できるように、教育委員会と学校が責任感と義務感をもち彼らに就学を働きかけることである。文科省も市町村教委もこの就学促進には努めるようになっているが、まだ不十分だと感じる。

では、学校に毎日通うようになれば、子どもたちは何とかやっていけるか。そうではなく、言語、文化資本などにハンディキャップを負うかれ／彼女らには、個別化した指導が必要である。だが、教員は正課のなかではなかなかできない。そこで、地域社会が、ボランティアがその役割をはたさなければならないのではないか。これは私の感想であり、困難な現状に対する一つの解答でもある。地域学習室には、しばしば教員も熱心なボランティアで関わっていることはすでに述べた。外国人の子どもたちで、地域学習室の個別の、当人をよく知った指導によって授業に追いつけた者は少なくない。ボランティアの献身的努力に支えられている学習室であるが、学校との連携、教育委員会等からの援助がもっとあってよいと思う。

就学義務の問題に立ち返ると、外国人にもこれを適用するには、二つの点で教育理念の見直しが必要となる。その目標を「国民」の育成として自明視するのではなく、それを越える市民としての青少年の育成へ、とその転轍への議論がなされなければならない。当然、学ぶべき知の内容も、従来通りでよいかどうか問い直しが必要になる。右のSさんの言葉はきちんと受け止めたい。いま一つは、就学義務化と多文化の教育のドッキングである。すなわち義務教育学校を「一条校」に限定せず、保護者にとって学校選択（文化選択）が可能となるように、外国人学校（民族学校）も一定の条件の下にそこに含めることである。そのことなしには、国籍の別なく子どもたちに就学の義務を課すことも、かれ／彼女らの教育を受ける権利を実現することもできない。

以上のような問題提起が、外国人の子ども、外国につながる子ども教育のあり方を考える議論の糸口となるならば、幸いである。

そして、日本人の間ではすでに「高校皆就学」が実現の域にあることに鑑み、今のところまだ現実と目標のギャップの大きいニューカマー外国人の高校進学にも考察を加えた。

*

本書をまとめてみて、実に多くの方々にお世話になり、その援助を得たことをあらためて思わざるをえない。太田晴雄氏と佐久間孝正氏は、多文化・多言語教育の研究者として、多くのことを教えてくれた。特に太田氏はかねて豊橋市という南米人の多住市でフィールドワークをしていて、同市で私が観察や研究をするきっかけを与えてくれた点でもたいへん感謝している。その太田氏の紹介で、築樋博子氏(市教委教育相談員)と識ることとなったのは幸いだった。築樋氏は同市における外国人児童生徒の指導協力者たちの活動のすぐれたコーディネーターであるだけでなく、ブラジル人の児童・生徒に寄り添いながら生活と学習において出会っている問題を把握し、私にも、彼らと接する機会を与えてくれた。そのほか、教えを乞うたり、議論相手になってもらったり、共に論文を執筆したり、とお世話になった方は多い。山田貴夫氏、榎井縁氏、加藤明氏、樋口直人氏、加藤恵美氏、山下隆史氏のお名前をあげ、謝意を表したいと思う。

また、私が二十数年にわたって研究評議員を務めた神奈川県教育文化研究所は、その自由闊達な議論の風土と、教育現場とのつながりの深さによって、私の問題関心を養い、探究の機会を与えてくれた。

多くの小中学校の教諭と直に意見交換ができ、数次にわたる調査の機会をもてたのも、同研究所のメンバーであったからこそである。

そのほか、神川県教育委員会、同教育局指導部高校教育企画課、静岡県企画広報部多文化共生課、横浜市教育委員会、川崎市総合教育センター、豊橋市教育委員会、浜松市企画調整部国際課、同市国際交流協会、美濃加茂市市民協働部多文化共生課などで資料提供を受けたり、管内の外国人の子どもの教育にかかわる課題に質問させてもらった。浜松市のムンド・デ・アレグリア校にもたびたび訪れ、率直な質問をさせてもらい、校長の松本雅美氏からは懇切な対応をいただいた。これらの機関、責任者、担当職員の方々の協力がなかったなら、私の知識、認識もずいぶんと限られたものになっていたであろう。この場を借りてお礼を申し上げたい。

最後に、さまざまな機会に外国人児童生徒や教員やボランティア指導者にインタビューする際に協力してくれた共同研究者の皆さんに、特に感謝の気持ちを表したい。なかでも本書第1章の考察の基となったインタビューを分担し、担ってくれた方々には多くを負っていて、その名は五八頁に挙げた。

＊

本書を東京大学出版会から刊行することについては、編集部の宗司光治氏の督励があった。私と太田晴雄氏との共編『外国人の子どもと日本の教育』を担当してくれた氏は、本書の刊行の意義を了承され、学術書の出版事情の厳しき折にもかかわらず、「是非、実現しましょう」と企画を進めてくれた。原稿をまとめる段階でも細かい助言をいただいていて、感謝の気持ちでいっぱいである。

引用・参考文献の書誌的な調べと校正には、法政大学大学院社会学研究科博士課程の宮下阿子さんがあたってくれたことを記したい。

二〇一四年八月

宮島　喬

文　　献

※著者姓名をアルファベット順に配列（日本姓の場合も）．［　］内の数字は原著刊行年を示す．

阿部彩，2008，『子どもの貧困――日本の不公平を考える』岩波新書

阿部太郎，2011，「世界同時不況と東海地域の日系外国人」佐竹眞明編『在日外国人と多文化共生――地域コミュニティの視点から』明石書店

安藤仁介，1999，「国際人権規約」畑博行・水上千之編『国際人権法概論』［第 2 版］有信堂

浅沼茂，2011，「カリキュラム・エンパワーメントと教授言語の問題」江原裕美編著『国際移動と教育――東アジアと欧米諸国の国際移民をめぐる現状と課題』明石書店

芦部信喜，2002，（高橋和之補訂）『憲法』［第 3 版］岩波書店

Banting, K. and W. Kymlicka, eds., 2006, *Multiculturalism and the Welfare State: Recognition and Redistribution in Contemporary Democracies*, Oxford University Press

ベック，U., 2002，（小井土彰宏訳）「コスモポリタン社会とその敵――世界市民主義宣言」小倉充夫・梶田孝道編『国際社会 5　グローバル化と社会変動』東京大学出版会

Bourdieu, P., 1972, "Les stratégies matrimoniales dans le système de reproduction," *Annales. Économies, Sociétés, Civilisations*, Vol. 27, No. 4–5（juillet–octobre）

ブルデュー，P., 1990［1979］，（石井洋二郎訳）『ディスタンクシオン』I，藤原書店

ブルデュー，P., J. - C. パスロン，1997［1964］，（石井洋二郎監訳）『遺産相続者たち――学生と文化』藤原書店

Brown, P., 1990, "The 'Third Wave': Education and the Ideology of Parentocracy," *British Journal of Sociology of Education*, Vol. 11, No. 1

陳天璽編，2010，『忘れられた人々――日本の「無国籍」者』明石書店

陳天璽，2011，「華人とは誰か――教育とアイデンティティ」『華僑華人研究』8 号

崔佳英，2013，「外国につながる子どもの進路形成と教育システム」『外国

人の子どもの教育を受ける権利とその保障』(平成 22–24 年度科学研究費補助金基盤研究 B 研究成果報告書，研究代表者：宮島喬)
Collier, P., 2002, “Social Capital and Poverty: A Microeconomic Perspective,” in C. Grootaert and T. van Bastelaer, eds., *The Role of Social Capital in Development: An Empirical Assessment*, Cambridge University Press
クルマス，F., 1987 [1985],（山下公子訳）『言語と国家——言語計画ならびに言語政策の研究』岩波書店
カミンズ，J., M. ダネシ，2005 [1990],（中島和子・高垣俊之訳）『カナダの継承語教育——多文化・多言語主義をめざして』明石書店
江原裕美，2011,「日本における外国人受け入れと子どもの教育——国際移動と『外国人子女教育』の課題」江原裕美編著『国際移動と教育——東アジアと欧米諸国の国際移民をめぐる現状と課題』明石書店
榎井縁，2008,「『多文化教育のいま』を考えるにあたって」『解放教育』493 号
Entzinger, H., 2006, “The Parallel Decline of Multiculturalism and the Welfare State in the Netherlands,” in K. Banting and W. Kymlicka, eds., *Multiculturalism and the Welfare State: Recognition and Redistribution in Contemporary Democracies*, Oxford University Press
Gibson, M. A. and J. U. Ogbu, 1991, *Minority Status and Schooling: A Comparative Study of Immigrant and Involuntary Minorities*, Garland
GISTI, 2007, *La scolarisation des enfants étrangers* (*Les cahiers juridiques*)
ゴフマン，E., 1980 [1963],（丸木恵祐・本名信行訳）『集まりの構造——新しい日常行動論を求めて』誠信書房
浜井祐三子，2004,『イギリスにおけるマイノリティの表象——「人種」・多文化主義とメディア』三元社
浜松市企画部国際課，2007,『浜松市における南米系外国人の生活・就労実態調査報告書』
浜松多文化共生事業実行委員会，2012,『平成 23 年度 浜松市委託事業・外国人の子どもの不就学ゼロ作戦事業』(報告書)
Hansen, R., 2000, *Citizenship and Immigration in Post-war Britain*, Oxford University Press

比嘉康則・藪田直子，2013，「日本における外国人学校施策の展開」大阪大学未来戦略機構第五部門『「外国人学校」の社会学――「往還する人々」の教育戦略を軸に』
樋口直人，2011a，「総論――『移住者と貧困』をめぐる日本的構図」移住連貧困プロジェクト編『日本で暮らす移住者の貧困』現代人文社
樋口直人，2011b，「高校進学をめぐる国籍間格差――2000 年国勢調査にみる実態」『解放教育』527 号
広沢明，1995，「子どもの権利条約と国内の課題」永井憲一編『子どもの権利条約の研究』［補訂版］法政大学出版局
本多エステル・ミカ，2013，「母語・母文化保持の大切さ――ポルトガル語の授業をとおして」坪谷美欧子・小林宏美編著『人権と多文化共生の高校――外国につながる生徒たちと鶴見総合高校の実践』明石書店
堀義秋，2001，「外国人の子どもの受け入れと進路保障」神奈川県教育文化研究所編『外国人の子どもたちとともにII――学習と進路の保障をもとめて』
井草まさ子，2013，「私の出会った外国につながる子どもたち」坪谷美欧子・小林宏美編著『人権と多文化共生の高校――外国につながる生徒たちと鶴見総合高校の実践』明石書店
池谷秀登，2009，「不登校児童・生徒と貧困」子どもの貧困白書編集委員会編『子どもの貧困白書』明石書店
今井貴代子，2008，「『今－ここ』から描かれる将来」志水宏吉編著『高校を生きるニューカマー――大阪府立高校にみる教育支援』明石書店
稲葉奈々子・樋口直人，2010，『日系人労働者は非正規就労からいかにして脱出できるのか――その条件と帰結に関する研究』全労済協会
INSEE (Institut national de la statistique et des études économiques), 2005, *Les immigrés en France*
乾美紀，2008，「高校進学と入試」志水宏吉編著『高校を生きるニューカマー――大阪府立高校にみる教育支援』明石書店
イシカワ，エウニセ・アケミ，2007，「進学を果たした日系ブラジル人の若者の学校経験」『外国人児童・生徒の就学問題の家族的背景と就学支援ネットワークの研究』（平成 16-18 年度科学研究費補助金基盤研究 B (1)研究成果報告書，研究代表者：宮島喬）
岩田正美，2007，『現代の貧困――ワーキングプア／ホームレス／生活保護』筑摩書房
科学研究費（基盤研究 B）による研究グループ，2013，「外国人児童・生

徒の直面する就学問題と教育関係者が提起する問題――『外国人児童生徒の就学に関する意見調査』報告」『外国人の子どもの教育を受ける権利とその保障』(平成 22-24 年度科学研究費補助金基盤研究 B 研究成果報告書, 研究代表者：宮島喬)
鍛治致, 2000,「中国帰国生徒と高校進学――言語・文化・民族・階級」蘭信三編『「中国帰国者」の生活世界』行路社
鍛治致, 2008,「大阪府におけるニューカマーと高校入試」志水宏吉編著『高校を生きるニューカマー――大阪府立高校にみる教育支援』明石書店
鍛治致, 2011,「外国人の子どもたちの進学問題――貧困の連鎖を断ち切るために」移住連貧困プロジェクト編『日本で暮らす移住者の貧困』現代人文社
柿本隆夫, 2001,「外国籍生徒をめぐる『言葉の状況』と国語教育――中学校の現場から」神奈川県教育文化研究所編『外国人の子どもたちとともに II――学習と進路の保障をもとめて』
かながわ自治体の国際政策研究会, 2001,『神奈川県外国籍住民生活実態調査報告書』
かながわ国際交流財団, 2013,『外国人コミュニティ調査報告書 2――ともに社会をつくっていくために』
関東弁護士会連合会編, 2012,『外国人の人権――外国人の直面する困難の解決をめざして』明石書店
勝野尚行, 1996,『子どもの権利条約と学校参加――教育基本法制の立法思想に照らして』法律文化社
川本和良, 1997,『ドイツ社会政策・中間層政策史論 I』未來社
川崎市外国籍市民意識実態調査研究委員会, 1995,『川崎市外国籍市民意識実態調査報告書――事例面接調査編』
木畑洋一, 1987,『支配の代償――英帝国の崩壊と「帝国意識」』東京大学出版会
King, M., 2004, "Children's Rights as Communication: Reflections on Autopoetic Theory and the United Nations Convention," in M. D. A. Freeman, ed., *Children's Rights*, Vol. I, Ashgate
喜多明人・森田明美・広沢明・荒牧重人編, 2009,『逐条解説 子どもの権利条約』日本評論社
小林宏美, 2013,「国境を越えて形成される家族関係――日本語を母語としない生徒への聞き取り調査から」坪谷美欧子・小林宏美編著『人権と

多文化共生の高校——外国につながる生徒たちと鶴見総合高校の実践』明石書店
小島祥美，2010，「不就学の子どもたちと自治体の取り組み」外国人人権法連絡会編『外国人・民族的マイノリティ人権白書 2010』明石書店
小島祥美，2011，「ブラジル人学校の現状と課題を考える」江原裕美編著『国際移動と教育——東アジアと欧米諸国の国際移民をめぐる現状と課題』明石書店
小島祥美，2012，『2011 年度 外国人生徒と高校にかかわる実態調査報告書（全国の都道府県・政令指定都市の教育委員会＋岐阜県の公立高校から）』（科学研究費補助金若手研究 B 研究成果報告書）
厚生労働省，『人口動態統計』（各年度）
黒澤義夫，2011，「大阪市の教育現場での取組みと広がり」財団法人アジア・太平洋人権情報センター編『外国にルーツをもつ子どもたち——思い・制度・展望』現代人文社
前山隆，2003，『個人とエスニシティの文化人類学——理論を目指しながら』御茶の水書房
マニッツ，S., 2008［2004］，「学校における集合的連帯と社会的アイデンティティの構築」S. ルヒテンベルク編（山内乾史監訳）『移民・教育・社会変動——ヨーロッパとオーストラリアの移民問題と教育政策』明石書店
Margolin, C. R., 2004, “Salvation versus Liberation: The Movement for Children’s Rights in a Historical Context,” in M. D. A. Freeman, ed., *Children’s Rights*, Vol. I, Ashgate
増田登，2001，「理解の壁はどこにあるのか——社会科を手がかりにして」神奈川県教育文化研究所編『外国人の子どもたちとともに II——学習と進路の保障をもとめて』
松本雅美，2010，「ムンド・デ・アレグリア学校の挑戦」（http://www.mundodealegria.org/schoolintroduction/message/schoolintroduction/message_205.html）
Mckenley, J., 2001, “The Way We Were: Conspiracies of Silence in the Wake of the Empire Windrush,” in *Race, Ethnicity and Education*, Vol. 4, No. 4
宮地尚子，2011，「外国にルーツをもつ家族と子どものケアに必要な視点」財団法人アジア・太平洋人権情報センター編『外国にルーツをもつ子どもたち——思い・制度・展望』現代人文社

宮島喬，1990,「ネオ・ナショナリズムと対外意識」古城利明編『世界社会のイメージと現実』東京大学出版会
宮島喬，1994,『文化的再生産の社会学――ブルデュー理論からの展開』藤原書店
宮島喬，1996,「外国人労働者から市民へ」宮島喬・梶田孝道編『外国人労働者から市民へ――地域社会の視点と課題から』有斐閣
宮島喬，1999,『文化と不平等――社会学的アプローチ』有斐閣
宮島喬，2001,「外国人生徒はどのように生き，学ぶか――不確かな未来のなかで」神奈川県教育文化研究所編『外国人の子どもたちとともにII――学習と進路の保障をもとめて』
宮島喬，2003,『共に生きられる日本へ――外国人施策とその課題』有斐閣
宮島喬，2006,『移民社会フランスの危機』岩波書店
宮島喬，2009,「雇用と失業からみる社会的統合の現状」宮島喬編『移民の社会的統合と排除――問われるフランス的平等』東京大学出版会
宮島喬，2011a,「グローバル化のなかの人の移動と民族――教育を考える視点から」江原裕美編著『国際移動と教育――東アジアと欧米諸国の国際移民をめぐる現状と課題』明石書店
宮島喬，2011b,「『就学を希望する者のみ』でよいのか――外国人の子どもと教育を受ける権利」『解放教育』527号
宮島喬，2012,「外国人の〈教育を受ける権利〉と就学義務――その適用をめぐる諸問題」宮島喬・吉村真子編著『移民・マイノリティと変容する世界』法政大学出版局
宮島喬，2013,「外国人の子どもにみる三重の剥奪状態」『大原社会問題研究所雑誌』657号
宮島喬，2014,『多文化であることとは――新しい市民社会の条件』岩波書店
宮島喬・加藤恵美，2005,「ニューカマー外国人の教育機会と高校進学――東海地方A中学校の『外国人指導』の観察にもとづいて」『応用社会学研究』47号，立教大学社会学部研究室
宮島喬・鈴木美奈子，2000,「ニューカマーの外国人と子どもの教育と地域ネットワーク」宮島喬編『外国人市民と政治参加』有信堂
宮島喬・築樋博子，2007,「親の就業形態とライフスタイルが子どもの就学におよぼす影響――ブラジル人保育所／学校と家族・子ども」『外国人児童・生徒の就学問題の家族的背景と就学支援ネットワークの研究』

（平成 16–18 年度科学研究費補助金基盤研究 B (1)研究成果報告書，研究代表者：宮島喬）
文部科学省，2005，『外国人児童生徒のための就学ガイドブック（7ヵ国語版）』
文部科学省，2013，『平成 25 年度 学校基本調査報告書（初等中等教育機関，専修学校・各種学校編）』
中島智子編著，1998，『多文化教育――多様性のための教育学』明石書店
二井紀美子，2011，「日本で育った子どもたちの今」江原裕美編著『国際移動と教育――東アジアと欧米諸国の国際移民をめぐる現状と課題』明石書店
二宮周平，2007，『家族と法――個人化と多様化の中で』岩波書店
西川信廣，1997，「公立学校の多様化と公共性――イギリスとアメリカとの比較の観点から」松浦善満・西川信廣編著『教育のパラダイム転換――教育の制度と理念を問い直す』福村出版
入管協会，2012，『平成 24 年版 在留外国人統計』
OECD, 2008, *International Migration Outlook: SOPEMI*
岡本奈穂子，2007，「外国人保護者への支援の現状と課題――川崎市の諸例から」『外国人児童・生徒の就学問題の家族的背景と就学支援ネットワークの研究』（平成 16–18 年度科学研究費補助金基盤研究 B 研究成果報告書，研究代表者：宮島喬）
奥田安弘，1996，『家族と国籍――国際化の進むなかで』有斐閣
奥田安弘，2002，『数字でみる子どもの国籍と在留資格』明石書店
奥田安弘，2004，『国籍法と国際親子法』有斐閣
大曲由起子・樋口直人，2011，「『移住者と貧困』を指標でみる」移住連貧困プロジェクト編『日本で暮らす移住者の貧困』現代人文社
大村敦志，2008，『他者とともに生きる――民法から見た外国人法』東京大学出版会
小野善郎・保坂亨編著，2012，『移行支援としての高校教育――思春期の発達支援からみた高校教育改革への提言』福村出版
大阪市立中川小学校，2000，「民族学級 50 年のあゆみ」大阪市立中川小学校編『民族学級開設 50 周年記念』
太田晴雄，1996，「日本語教育と母語教育――ニューカマー外国人の子どもの教育課題」宮島喬・梶田孝道編『外国人労働者から市民へ――地域社会の視点と課題から』有斐閣
太田晴雄，2000a，「日本国籍を有しない子どもの不就学の現状」『外国籍

住民と社会的・文化的受け入れ施策』(平成 9–11 年度科学研究費補助金基盤研究 B 研究成果報告書，研究代表者：宮島喬)
太田晴雄，2000b,『ニューカマーの子どもと日本の学校』国際書院
太田晴雄，2005,「日本的モノカルチュラリズムと学習困難」宮島喬・太田晴雄編『外国人の子どもと日本の教育――不就学問題と多文化共生の課題』東京大学出版会
太田育子，2009,「子どもの権利」渡部茂己編著『国際人権法』国際書院
大谷千晴，2013,「あなたはあなたのままでよい――外国につながる子どもたちと共に」神奈川県教育文化研究所編『わたしがわたしであるために――子どもの自尊感情を大切にする教育』
大谷美紀子，2011,「別居・離婚に伴う子の親権・監護をめぐる実務上の課題」『ジュリスト』1430 号
Phalet, K. and I. Andriessen, 2003, "Acculturation, Motivation and Educational Attainment: A Contextual Model of Minority School Achievement," in L. Hagendoorn, J. Veenman and W. Vollebergh, eds., *Integrating Immigrants in the Netherlands: Cultural versus Socio-Economic Integration*, Ashgate
Portes, A. and R. G. Rumbaut, 2001, *Legacies: The Story of the Immigrant Second Generations*, University of California Press
ロールズ，J., 1979 [1951–1969],(田中成明編訳)『公正としての正義』木鐸社
Rex, J., 1996, *Ethnic Minorities in the Modern Nation State: Working Papers in the Theory of Multiculturalism and Political Integration*, MacMillan Press
Ribert, É., 2006, *Liberté, égalité, carte d'identité: les jeunes issus de l'immigration et l'appartenance nationale*, La Découverte
サバ，D., 2009,(宮島喬訳)「『積極的差別』政策におけるフランス的モデルと移民」宮島喬編『移民の社会的統合と排除――問われるフランス的平等』東京大学出版会
坂本文子，2013,「高校へ進学できた外国人生徒たち――外国人生徒の高校進学過程の分析」『理論と動態』6 号，社会理論・動態研究所
坂本文子・渋谷淳一・西口里紗・本田量久，2014,「ニューカマー外国人の子どもの教育を受ける権利と就学義務――教育関係者への意見調査等を手がかりに」『大原社会問題研究所雑誌』663 号
佐久間孝正，2002,「多文化，反差別の教育とその争点――イギリスの事

例を中心に」宮島喬・梶田孝道編『国際社会4　マイノリティと社会構造』東京大学出版会
佐久間孝正，2005，「多文化に開かれた教育に向けて」宮島喬・太田晴雄編『外国人の子どもと日本の教育——不就学問題と多文化共生の課題』東京大学出版会
佐久間孝正，2006，『外国人の子どもの不就学——異文化に開かれた教育とは』勁草書房
佐野通夫，2011，「日本にいる外国の子ども」江原裕美編著『国際移動と教育——東アジアと欧米諸国の国際移民をめぐる現状と課題』明石書店
笹尾裕一，2011，「教育現場の最前線では今——神奈川県の高校からの報告」財団法人アジア・太平洋人権情報センター編『外国にルーツをもつ子どもたち——思い・制度・展望』現代人文社
笹尾裕一，2013，「生徒の想いや背景の把握と進路指導」坪谷美欧子・小林宏美編著『人権と多文化共生の高校——外国につながる生徒たちと鶴見総合高校の実践』明石書店
Sayad, A., 1979, "Les enfants illégitimes," *Actes de la recherche en sciences sociales*, No. 25（janvier）
Schor, R., 1996, *Histoire de l'immigration en France: de la fin du XIXe siècle à nos jours*, A. Colin
芝野淳一，2013，「横浜山手中華学校」大阪大学未来戦略機構第五部門『「外国人学校」の社会学——「往還する人々」の教育戦略を軸に』
志水宏吉，2002，「学校世界の多文化化——日本の学校はどう変わるか」宮島喬・加納弘勝編『国際社会2　変容する日本社会と文化』東京大学出版会
新保真紀子，2008，「校内サポート体制」志水宏吉編著『高校を生きるニューカマー——大阪府立高校にみる教育支援』明石書店
静岡県県民部多文化共生室，2008，『静岡県外国人労働実態調査（外国人調査）報告書』
静岡県県民部多文化共生室，2010，『静岡県多文化共生アンケート調査（日本人調査・外国人調査）報告書』
就学事務研究会編，1993，『就学事務ハンドブック』［改訂版］第一法規出版
出入国管理法令研究会編，2010，『入管法Q＆A』［改訂四版］三協法規出版
総務省，2006，『多文化共生の推進に関する研究会報告書』

杉本均，2002，「イスラーム教徒における社会文化空間と教育問題」宮島喬・加納弘勝編『国際社会 2　変容する日本社会と文化』東京大学出版会
鈴木美奈子，2000，「構造不況のなかの在日カンボジア人——就業および家族生活への影響」『外国籍住民と社会的・文化的受け入れ施策』（平成 9–11 年度科学研究費補助金基盤研究 B 研究成果報告書，研究代表者：宮島喬）
多文化共生センター東京 21，2011，『東京都の外国人ルーツの子どもたちの高校進学に関する実態調査報告書』
田房由起子，2000，「『難民』から『市民』へ——ベトナム出身住民の社会参加と教育」宮島喬編『外国人市民と政治参加』有信堂
田房由起子，2005，「子どもたちの教育におけるモデルの不在——ベトナム出身者を中心に」宮島喬・太田晴雄編『外国人の子どもと日本の教育——不就学問題と多文化共生の課題』東京大学出版会
高橋徹，2010，「学齢超過，中学入学拒否」外国人人権法連絡会編『外国人・民族的マイノリティ人権白書 2010』明石書店
高谷幸・稲葉奈々子，2011，「在日フィリピン人女性にとっての貧困——国際結婚女性とシングルマザー」移住連貧困プロジェクト編『日本で暮らす移住者の貧困』現代人文社
竹ノ下弘久，2005，「『不登校』『不就学』をめぐる意味世界——学校世界は子どもたちにどう経験されているか」宮島喬・太田晴雄編『外国人の子どもと日本の教育——不就学問題と多文化共生の課題』東京大学出版会
棚原恵子，2005，「つねにグローバルに人権を問い，外国人と関わる」（インタビュー）神奈川県教育文化研究所編『地域がはぐくむ人権』
テイラー，C. ほか，1996［1994］，A. ガットマン編（佐々木毅・辻康夫・向山恭一訳）『マルチカルチュラリズム』岩波書店
寺本めぐ美，2013，「オランダにおける 1980 年代以降の住民政策とトルコ系・クルド系住民の活動——『柱状社会の枠組』への対応に注目して」『移民政策研究』5 号
手塚和彰，1995，『外国人と法』有斐閣
豊橋市，2003，『日系ブラジル人実態調査報告書』
トラン・ゴク・ラン，1992，構成・吹浦忠正『ベトナム難民少女の 10 年』中央公論社
Tribalat, M., 1995, *Faire France: une grande enquête sur les immigrés*

et leurs enfants, La Découverte
坪谷美欧子，2001，「外国籍生徒のサポートを地域ぐるみで——地域の学習室の意義と今後の課題」神奈川県教育文化研究所編『外国人の子どもたちとともにII——学習と進路の保障をもとめて』
坪谷美欧子・小林宏美編著，2013，『人権と多文化共生の高校——外国につながる生徒たちと鶴見総合高校の実践』明石書店
都留民子，2000，『フランスの貧困と社会保護——参入最低限所得（RMI）への途とその経験』法律文化社
上杉孝實・平沢安政・松波めぐみ編著，2013，『人権教育総合年表——同和教育，国際理解教育から生涯学習まで』明石書店
若井彌一，2003，「教育を受ける権利」今野喜清・新井郁男・児島邦弘編『学校教育辞典』［新版］教育出版
ウォルマン，S., 1996［1984］，（福井正子訳）『家庭の三つの資源——時間・情報・アイデンティティ　ロンドン下町の 8 つの家庭』河出書房新社
ヴィヴィオルカ，M., 2009［2001］，（宮島喬・森千香子訳）『差異——アイデンティティと文化の政治学』法政大学出版局
山本薫子，2005，「外国人労働者をめぐる貧困と排除——就労・居住・消費の局面で」岩田正美・西澤晃彦編著『貧困と社会的排除——福祉社会を蝕むもの』ミネルヴァ書房
山脇千賀子，2005，「日本の学校とエスニック学校——はざまにおかれた子どもたち」宮島喬・太田晴雄編『外国人の子どもと日本の教育——不就学問題と多文化共生の課題』東京大学出版会
山脇啓造・横浜市立いちょう小学校編，2005，『多文化共生の学校づくり——横浜市立いちょう小学校の挑戦』明石書店
世取山洋介，1995，「子どもの権利条約案の起草段階の研究——審議過程における日本政府代表の発言の検討」永井憲一編『子どもの権利条約の研究』［補訂版］法政大学出版局
Zéroulou, Z., 1988, "La réussite scolaire des enfants d'immigrés. L'apport d'une approche en termes de mobilization," *Revue française de sociologie*, Vol. 29, No. 3
張建国，2011，「東京中華学校の現状から日本の教育の明日を考える」『華僑華人研究』8 号
趙衛国，2010，『中国系ニューカマー高校生の異文化適応——文化的アイデンティティ形成との関連から』御茶の水書房

著者略歴

1940年　東京生まれ

1963年　東京大学文学部社会学科卒業

お茶の水女子大学教授，立教大学教授，法政大学教授等を経て

現　在　お茶の水女子大学名誉教授

主要著書

『デュルケム社会理論の研究』（1977年，東京大学出版会），『デュルケム理論と現代』（1987年，東京大学出版会），『外国人労働者迎え入れの論理』（1988年，明石書店），『ひとつのヨーロッパ いくつものヨーロッパ』（1992年，東京大学出版会），『文化的再生産の社会学』（1994年，藤原書店），『ヨーロッパ社会の試練』（1997年，東京大学出版会），『文化と不平等』（1999年，有斐閣），『共に生きられる日本へ』（2003年，有斐閣），『ヨーロッパ市民の誕生』（2004年，岩波書店），『移民社会フランスの危機』（2006年，岩波書店），『一にして多のヨーロッパ』（2010年，勁草書房），『社会学原論』（2012年，岩波書店），『多文化であることとは』（2014年，岩波書店）など．

外国人の子どもの教育

就学の現状と教育を受ける権利

2014年9月26日　初　版

［検印廃止］

著　者　宮島《みやじま》　喬《たかし》

発行所　一般財団法人　東京大学出版会

代表者　渡辺 浩

153-0041 東京都目黒区駒場 4-5-29

http://www.utp.or.jp/

電話　03-6407-1069　Fax 03-6407-1991

振替　00160-6-59964

印刷所　株式会社理想社

製本所　誠製本株式会社

ISBN 978-4-13-053021-7　Printed in Japan